寻找鱼多的池塘
投资长赢之道

金伟民 著

清华大学出版社
北京

本书封面贴有清华大学出版社防伪标签，无标签者不得销售。
版权所有，侵权必究。举报：010-62782989，beiqinquan@tup.tsinghua.edu.cn。

图书在版编目（CIP）数据

寻找鱼多的池塘：投资长赢之道 / 金伟民著. —北京：清华大学出版社，2022.10
（2023.11重印）
　（投资滚雪球系列）
　ISBN 978-7-302-62024-2

Ⅰ.①寻… Ⅱ.①金… Ⅲ.①金融投资－基本知识 Ⅳ.①F830.59

中国版本图书馆CIP数据核字(2022)第189442号

责任编辑：顾　强
封面设计：周　洋
版式设计：方加青
责任校对：王凤芝
责任印制：宋　林

出版发行：清华大学出版社
网　　址：http://www.tup.com.cn，http://www.wqbook.com
地　　址：北京清华大学学研大厦A座　　邮　编：100084
社 总 机：010-83470000　　邮　购：010-62786544
投稿与读者服务：010-62776969，c-service@tup.tsinghua.edu.cn
质 量 反 馈：010-62772015，zhiliang@tup.tsinghua.edu.cn
印 装 者：大厂回族自治县彩虹印刷有限公司
经　　销：全国新华书店
开　　本：148mm×210mm　　印　张：10.875　　字　数：272千字
版　　次：2022年12月第1版　　印　次：2023年11月第2次印刷
定　　价：79.00元

产品编号：083689-01

前　言

　　不知不觉，我退休已经 7 年了，2017 年我写了一本普及量化投资知识的书《十年十倍：散户也可以学习的量化投资方法》，2019 年我又写了一本关于基金定投的书《聪明的定投：让工薪族理财不再难》。两本书都有不错的销量。但不管量化也好，基金定投也好，都只是投资的方法。退休前因为忙于工作，我在投资上并没有投入很多精力，更不用说做全面的总结了。退休 7 年来我又一次经历了牛熊周期，也有时间对 15 年来自己的实战进行一次比较全面的总结，在清华大学出版社顾强老师的不断鼓励下，决定写一本内容全面一点的针对非专业读者的书。

　　我 2007 年入市，就阴差阳错地使用量化的方法满仓轮动封闭式基金（以下简称"封基"）。2008 年逢大熊市，我又做了分离债，之后的 10 多年里，又做过分级A、可转债，大部分年份都投资了这些非股票的"四大金刚"，即使在2016—2020年投资股票的5年中，我也是用量化投资策略来选股，不管品种还是方法，都是非主流的小众品种和方法，但就是这些非主流的品种和方法，15年的时间给我带来了25倍的收益。

投资的方法千万种，能长期稳定盈利的都是好方法，我想通过这本书把它们总结出来并分享给广大读者。

投资中的各门各派，我个人觉得没有优劣之分。每种门派都有其长处和短处，各种方法都会遇到不适应期，正确的态度应该是吸取各门各派的长处，最终形成适合自己的方法。

我相信这本书的读者大部分都不是专业学投资的，都需要有一个学习的过程。和学习投资知识相比，投资的学习方法更为重要，我在这本书中用了整整一章来探讨怎么学习投资才能更加高效，以帮助读者朋友们达到事半功倍的效果。

A股市场有别于港股和美股市场，涨跌的波动性比较大。A股的另类品种，相比之下具有更高的价值，比如美国市场的可转债发行价就不像A股那样"一刀切"，也不像A股的可转债那样正股下跌了还可以下修转股价等。所以我根据A股的具体情况总结了一套独特的投资方法：宽度重于深度，选择重于努力。投资者需要尽可能地去拓展自己的能力圈，以年为单位去选择未来相对优势最大的品种和方法。

除了股票、基金、债券等，我在这本书里还重点介绍了可转债这个另类投资品种。我还是坚持自己的风格：实事求是，用数据来说明问题。包括基金、债券、可转债等，相关的各种策略都不是十全十美的，都有短处，有一些甚至还不推荐使用，我认为告诉读者哪些是正确的固然重要，但通过数据告诉读者哪些是不可为的同样重要。

对于一些资金量大又不想自己操刀的读者来说，资产配置也是一个课题。我在书中介绍了资产配置的各种方法，以及如何用刚刚兴起的 FOF（Fund of Funds，基金中的基金）来做资产配置的方法。

我的这本书不是一本专门讲量化投资的书，只是根据大部分非专业读者的需求，通过福尔摩斯破案、"三只乌鸦"等生动的例子帮助初学者了解量化投资，同时通过具体的案例介绍我自己如何通过使用 Excel（微软公司的办公软件）和果仁网做量化投资。

在书的最后，我还总结了普通人在投资中最容易出现的十大心理误区。

除了投资相关的知识，我还在书中回忆了自己的一些投资经历，这些经历也是我人生的巨大财富。

感谢伟大的改革开放，使得我们普通人能通过投资实现资产增值。

感谢伟大的互联网，感谢雪球网、集思录、宁稳网、果仁网、东财网、微信公众号，使得我有机会学到新的知识，结识五湖四海的朋友。

感谢我的外公外婆、祖父祖母、父亲母亲和其他的长辈，是你们培养、教育了我。

感谢我相濡以沫 36 年的妻子，在背后默默给了我最大的支持。

感谢天南海北的网友，对书的内容和书名提出了很多很好的建议和意见。

感谢清华大学出版社的顾强编辑，不厌其烦地给了我很多具体的指导。

金伟民

2022 年 8 月 1 日

目 录

第一章 认清投资市场和目标

2　A股不比美股差
6　A股不是同涨同跌
10　把战胜市场作为投资目标
13　认清自身的不足
15　扬长避短

第二章 投资方法与心态

18　投资中的各门各派
21　选择鱼多的池塘钓鱼
23　为什么要分散投资
27　为什么经验不灵了
30　股市里没有标准答案

32 投资中的过犹不及

33 投资中的变与不变

35 投资中的确定和不确定

37 "鱼"与"渔"的问题

38 投资风格漂移

40 大跌之下，怎么应对

42 抵御过度交易的诱惑

第三章　投资的学习方法

46 如何学习投资

48 把自己当作"中位数人"

50 有所不为才能有所为

54 投资和本职工作比翼齐飞

56 上班真的很耽误赚钱吗

57 弄斧去班门

60 养成良好的习惯比投资知识更重要

62 圣人无常师

63 谈谈"成功三角形"

第四章 笔者的投资体系

66 投资的深度和广度

74 满仓轮动不择时

77 选择对自己有利的品种

80 拒绝成功路径依赖

第五章 公司与行业

84 什么才是股票长期上涨的动力

87 如何对股票估值

91 买股票，买的是未来

93 笔者的行业观

106 为什么 ToC 比 ToB 的赛道更好

第六章 像股票一样交易的场内基金

110 什么是场内基金

112 封闭股基

120 封闭债基

123 指数 ETF

130 黄金 ETF

133 场内货币 ETF

135 股票 LOF

137 指数 LOF

139 QDII 基金

143 REITs 基金

第七章　选择多、门槛低的场外基金

148 什么是场外基金

151 买股票好还是买基金好

154 主动型基金能不能跑赢指数

156 去哪里买基金

158 基金的冠军"魔咒"

161 长期冠军基金有没有"魔咒"

165 基金拿到晨星奖后的表现

168 从基金公司的角度选基金

171 指数基金，普通的发明不普通

173 买估值便宜的指数基金就好吗

- 176 用格雷厄姆的方法投资指数基金
- 179 买宽基指数基金还是行业指数基金
- 182 指数增强基金一定比指数基金好吗
- 184 Smart Beta 指数基金
- 187 浅谈 ETF 投资策略

第八章　保守的债券及债券基金

- 192 债券的基础知识
- 197 修正久期和骑乘效应
- 200 购买债券 ETF
- 203 开放式债券基金

第九章　特殊的债券：可转债

- 206 可转债是什么
- 208 可转债的"七种武器"
- 217 可转债的"三个知道"
- 220 可转债打新策略
- 223 轮动策略

243 多因子策略

252 死守策略

256 "摊大饼"策略

258 套利策略

260 抢权配售新债策略

262 下修博弈策略

263 回售套利策略

265 可转债是市场送给散户最好的礼物

第十章　资产配置

270 什么是资产配置

273 资产配置的4种策略

275 资产配置中的各类资产

278 CORREL函数、组合和再平衡

281 利用FOF做资产配置

第十一章　量化投资

286 福尔摩斯破译密码和量化投资

288 量化投资的本质是概率

289　量化中的世界和真实的世界

293　"三只乌鸦"和"红三兵"

297　低市盈率策略

299　北上资金策略

301　用 Excel 做量化

306　利用果仁网做回测

309　正确对待量化

第十二章　投资的心理误区

312　赌博心理

313　从众心理

313　迷信心理

314　短线心理

317　炒消息心理

317　贪婪心理

318　恐惧心理

319　锚定心理

322　惯性心理

323　喜新厌旧心理

324　后记　和中国资本市场一起成长

第一章
认清投资市场和目标

毋庸置疑，大多数中国投资者投资的都是 A 股市场。2021 年 A 股市场的沪深 300 指数（以下简称"沪深 300"）下跌 5.20%，而美股的标普 500 指数（以下简称"标普 500"）上涨 26.89%。有人看了这个数据，就说 A 股老是跌，美股老是涨。那么 A 股真的不如美股吗？我们的投资目标又是什么？

A 股不比美股差

沪深 300 是 A 股市场中自由流通市值最大的 300 只股票组成的指数,按照自由流通市值加权计算。标普 500 是标准普尔 500 指数的简称,英文缩写为 S&P 500 Index。从 1976 年 7 月 1 日起,其成分股由 400 种工业股票、20 种运输业股票、40 种公益事业股票和 40 种金融业股票组成,按照股票上市量加权计算。所以把它们作为中美两国股市的标志进行对比是比较合适的。

相对标普 500,沪深 300 的历史比较短,是从 2004 年 12 月 31 日基数 1000 点开始,当时标普 500 的点位是 1211.92 点。经过 17 年多的涨涨跌跌,截至 2022 年 3 月 21 日,标普 500 的点位是 4461.18 点,而沪深 300 的点位是 4258.75 点。17 年多的时间,标普 500 上涨了 268.11%,年化上涨率是 7.86%,而沪深 300 上涨了 325.88%,年化上涨率是 8.78%。显然,如果看这 17 年多的数据,沪深 300 是战胜标普 500 的。

那为什么大家会感觉 A 股不如美股涨得好呢?我们对比一下表 1-1 中的数据,沪深 300 大幅度跑赢标普 500 是在 2006 年、2007 年,距今已经十几年,而 2021 年、2022 年沪深 300 都跑输标普 500。对于人的记忆,近期影响要大于远期影响,导致很多人觉得 A 股不如美股,这也是可以理解的。

表 1-1　标普 500 和沪深 300 涨幅比较（2005—2022 年）　　　%

时间	标普 500	沪深 300	指数差值
2005-12-30	3.00	-7.65	-10.66
2006-12-29	13.62	121.02	107.40
2007-12-31	3.53	161.55	158.02
2008-12-31	-38.49	-65.95	-27.46
2009-12-31	23.45	96.71	73.26
2010-12-31	12.78	-12.51	-25.30
2011-12-30	0.00	-25.01	-25.01
2012-12-31	13.41	7.55	-5.85
2013-12-31	29.60	-7.65	-37.25
2014-12-31	11.39	51.66	40.27
2015-12-31	-0.73	5.58	6.31
2016-12-30	9.54	-11.28	-20.82
2017-12-29	19.42	21.78	2.36
2018-12-31	-6.24	-25.31	-19.07
2019-12-31	28.88	36.07	7.19
2020-12-31	16.26	27.21	10.95
2021-12-31	26.89	-5.20	-32.09
2022-03-21	-6.40	-13.80	-7.40
累计	268.11	325.88	57.77
年化	7.86	8.78	0.92

对比看一下图 1-1 的数据，就更加清晰了，沪深 300 在过去的 17 年多时间里出现了 3 个波峰，第一个波峰是 2007 年 10 月 17 日，创出了 5891.72 点的点位；第二个波峰是 2015 年 6 月 9 日，创出了 5380.43 点；第三个是 2021 年 2 月 18 日，创出了 5930.91 点的历史新高。但沪深 300 创出新高后一路下跌的幅度也很大。第一次是从 2007 年 10 月 17 日最高点的 5891.72 点跌到 2008 年 11 月 4 日的 1606.73 点，13 个月下跌了

72.73%。第二次是从 2015 年 6 月 9 日的 5380.43 点最高点跌到 2016 年 2 月 9 日的 2821.21 点，8 个月跌了 47.57%。第三次是从 2021 年 2 月 18 日的 5930.91 点，跌到 2022 年 3 月 16 日的 3942.86 点，13 个月下跌了 33.52%。沪深 300 的每次调整，跌幅都远远大于美股的标普 500。

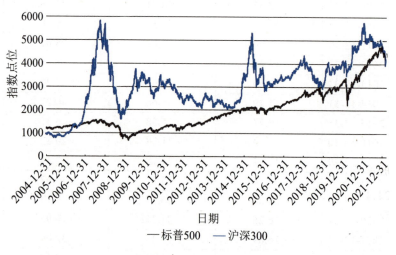

图 1-1　标普 500 和沪深 300 走势比较

我们再对比一下标普 500 和沪深 300 持有 1 天、3 个月、1 年的胜率和平均收益率。比如，标普 500 的 3 个月胜率为 69.16%，是指在 17 年里的 4429 个交易日里，有 3063 个交易日买入持有 3 个月后赚钱的比例。而平均收益率 1.46%，就是持有 3 个月的平均收益率。

从表 1-2 的对比中我们可以看到，由于标普 500 的波动不大，随着持有时间的增加，胜率明显提高，从每天的 53.20%，到 3 个月的 69.16%，再到 1 年的 81.88%；而沪深 300 持有时间从 1 天到 1 年，胜率也只从 49.91% 提高到 58.88%，提升了不到 10 个点。

表 1-2　标普 500 和沪深 300 的胜率和平均收益率比较（2004—2021 年）

	日涨幅		3 个月涨幅		1 年涨幅	
	标普 500	沪深 300	标普 500	沪深 300	标普 500	沪深 300
正收益天数 / 天	2378	2231	3063	2390	3447	2479
负收益天数 / 天	1955	1951	1366	2039	763	1731
零收益天数 / 天	137	288	0	0	0	0
总交易日数 / 天	4470	4470	4429	4429	4210	4210
胜率 /%	53.20	49.91	69.16	53.96	81.88	58.88
平均收益率 /%	0.04	0.05	1.46	2.21	9.73	21.43

长期涨幅上，A 股并不比美股差，胜率上 A 股却不如美股，那么 A 股的涨幅去了哪里呢？我们再看平均收益率，持有 1 年的情况下，沪深 300 的胜率只有 58.88%，标普 500 的胜率却高达 81.88%，但持有 1 年的平均收益率，沪深 300 高达 21.43%，而标普 500 只有 9.73%。也就是说，标普 500 涨得比较平均，而沪深 300 涨得非常不平均，要么暴涨，要么暴跌。

正因为沪深 300 的波动很大，虽然长期来看业绩并不差，普通投资者却很难驾驭，所以相较于美股来说，A 股投资者大部分不赚钱甚至亏钱，只有少部分人赚了大钱。这就是 A 股的现状。只有认清这个现状，我们才可能在 A 股市场中赚钱。

A股不是同涨同跌

过去A股市场规模不大，数量和品种也少，所以上证指数基本可以代表整个市场的情况。但随着市场不断扩大，A股市场的分化变得越来越严重。

前面我们提到的沪深300，是自由流通市值最大的300只股票组成的指数。最常见的规模指数，除了最大的沪深300以外，还有中证500指数（以下简称"中证500"）和中证1000指数（以下简称"中证1000"），其中中证500是自由流通市值排名从301到800的500只股票组合的指数，而中证1000是自由流通市值排名从801到1800的1000只股票组合的指数。我们可以简单地把沪深300、中证500、中证1000作为分别代表大、中、小企业的指数。

表1-3列出了从2016年1月1日到2022年3月31日，6年多时间内3个指数每年的涨幅，从表中我们可以看出，3个指数在2016年、2018年、2019年、2020年、2022年这5年中基本上是同涨同跌，只不过幅度有所不同，但在2017年、2021年这两年中，3个指数的表现差异很大。2017年表现最好的沪深300涨了21.78%，表现最差的中证1000跌了17.35%。而到2021年，表现最好的中证1000涨了20.52%，表现最差的沪深300跌了5.20%。也就是说，2017年是"大票"行情，而到了2021年则变成了"小票"行情。现在的市场更加分化，不会像过去那样一涨皆涨，一跌皆跌。

除了规模，行业的影响也是非常大的。表1-4中列出了申万一级行业的对比,以2022年一季度为例,虽然整个市场都在下跌,各大宽基指数跌幅达到两位数,但在申万一级行业中,依然有煤炭、房地产、综合、银行4个行业是上涨的,涨幅分别达到22.63%、7.27%、3.45%、1.66%,而垫底的电子、国防军工、汽车等行业,则分别下跌了25.46%、23.30%、21.40%。两极分化特别严重。

表1-3 三个规模指数的年度涨幅（截至2022年3月31日）   %

代码	名称	2016年	2017年	2018年	2019年
000300	沪深300	-11.28	21.78	-25.31	36.07
000905	中证500	-17.78	-0.20	-33.32	26.38
000852	中证1000	-20.01	-17.35	-36.87	25.67
代码		2020年	2021年	2022年	累计	年化
000300		27.21	-5.20	-14.53	13.18	2.00
000905		20.87	15.58	-14.06	-16.98	-2.93
000852		19.39	20.52	-15.46	-36.20	-6.94

表1-4 申万一级行业比较（截至2022年3月31日）   %

行业	2022年一季度涨幅	行业	2022年一季度涨幅
煤炭	22.63	有色金属	-8.60
房地产	7.27	钢铁	-10.13
综合	3.45	纺织服饰	-10.19
银行	1.66	医药生物	-10.79
建筑装饰	-0.97	基础化工	-11.06
农林牧渔	-1.05	通信	-11.07
交通运输	-7.36	建筑材料	-11.64
石油石化	-8.50	环保	-12.51
行业	2022年一季度涨幅	行业	2022年一季度涨幅
社会服务	-12.65	传媒	-18.70
美容护理	-14.26	机械设备	-19.12
商业贸易	-14.44	食品饮料	-20.36
非银金融	-14.87	家用电器	-20.49
公用事业	-14.92	汽车	-21.40
轻工制造	-15.80	国防军工	-23.30
计算机	-16.97	电子	-25.46
电力设备	-17.78		

我们再来看看表 1-5 中个股和指数的对比，依然是差异很大，在规模指数表现分化的 2017 年、2021 年，个股的表现似乎更加接近中证 1000 而不是沪深 300，我们再看个股的算术平均涨幅和中位数涨幅的差异，几乎都是算术平均值高于中位数，而且不管涨跌都是如此。这说明在个股中，表现好的永远是少数。

表 1-5 个股和指数的对比（截至 2022 年 3 月 31 日）

个　　股	2016 年	2017 年	2018 年	2019 年
收益大于 0/ 只	693	690	221	2681
收益等于 0/ 只	0	4	2	4
收益小于 0/ 只	2058	2284	3193	836
合计 / 只	2751	2978	3416	3521
胜率 /%	25.19	23.17	6.47	76.14
年平均盈利 /%	-9.24	-13.42	-31.32	27.01
中位数 /%	-14.49	-20.69	-33.75	15.95
沪深 300 收益 /%	-11.28	21.78	-25.31	36.07
中证 500 收益 /%	-17.78	-0.20	-33.32	26.38
中证 1000 收益 /%	-20.01	-17.35	-36.87	25.67
个　　股	2020 年	2021 年	2022 年	
收益大于 0/ 只	2000	2620	1071	
收益等于 0/ 只	8	3	10	
收益小于 0/ 只	1716	1497	3522	
合计 / 只	3724	4120	4603	
胜率 /%	53.71	63.59	23.27	
年平均盈利 /%	18.28	23.96	-9.83	
中位数 /%	3.00	9.93	-12.89	
沪深 300 收益 /%	27.21	-5.20	-14.53	
中证 500 收益 /%	20.87	15.58	-14.06	
中证 1000 收益 /%	19.39	20.52	-15.46	

可能大家不太容易理解，具体举例来说，假定市场只有 3 只股票，1 只跌 5%，另外 2 只都跌了 10%，那么算术平均值的跌幅是 8.33%，而中位数的跌幅还是 10%。同样，如果是上涨的情况，假定一只股票涨 10%，另外两只各涨 5%，那么算术平均值涨幅是 6.67%，而中位数涨幅是 5%。在这两个例子中，表

现好的永远是少数。

个股和指数一样分化，那么公募基金的表现呢？表 1-6 统计了从 2016 年开始截至 2022 年一季度的混合型基金的表现，虽然从胜率、平均值、中位数可以看出，混合基金整体的表现还是依附于整个市场的表现，但差异还是非常大的，扣除 2022 年一季度，其他年份最好的基金都有接近翻番的表现，最差的基金下跌都很多，即使在行情好的 2019 年，最差的基金也可以下跌 18.86%。

表 1-6 混合基金的分化（截至 2022 年一季度）

	2016 年	2017 年	2018 年	2019 年
正收益 / 只	448	1621	427	2777
零收益 / 只	4	4	2	1
负收益 / 只	811	217	1890	9
胜率 /%	35.47	88.00	18.41	99.64
平均值 /%	-7.61	11.59	-14.33	32.93
中位数 /%	-5.64	8.56	-16.79	31.48
最大值 /%	92.10	213.50	257.66	268.79
最小值 /%	-42.49	-28.18	-45.19	-18.86

	2020 年	2021 年	2022 年
正收益 / 只	3243	3355	169
零收益 / 只	0	3	5
负收益 / 只	18	1072	5877
胜率 /%	99.45	75.73	2.79
平均值 /%	43.81	8.43	-11.85
中位数 /%	41.63	6.19	-13.44
最大值 /%	166.56	109.36	34.28
最小值 /%	-28.98	-32.50	-30.05

总结一下，我们面对的 A 股市场，虽然是波动很大的分化的市场，但长期来看还是能赚钱的。不管股票还是基金，每年表现的离散性是很大的。

把战胜市场作为投资目标

A股市场虽然分化，但最能反映整个市场的指数还是沪深300，那么我们能否把它作为投资目标呢？当然可以。但我们要知道，最常见的沪深300是价格指数。所谓价格指数，就是每次分红送股，价格指数是不把分红送股给算进去的。几乎所有的指数都是这样的价格指数。

价格指数比较容易计算，但会带来一个问题：分红越多，对指数的影响反而越大。过去A股市场分红不大，影响不大，但这几年分红比例越来越高，影响也越来越大了。根据表1-7的统计数据，从2005年12月31日到2022年4月1日，沪深300的价格指数的年化收益率是8.79%，而全收益指数的年化收益率高达10.58%，每年相差1.80%。

表1-7 沪深300价格指数和全收益指数涨幅对比
（截至2022年4月1日） %

年份	沪深300价格指数涨幅	沪深300全收益指数涨幅	差异
2005	-7.65	-7.66	0.01
2006	121.02	125.23	4.21
2007	161.55	163.28	1.73
2008	-65.95	-65.61	0.34
2009	96.71	98.58	1.87
2010	-12.51	-11.58	0.93
2011	-25.01	-24.05	0.96

续表

年　份	沪深 300 价格指数涨幅	沪深 300 全收益指数涨幅	差　异
2012	7.55	9.80	2.25
2013	-7.65	-5.33	2.32
2014	51.66	55.85	4.19
2015	5.58	7.22	1.64
2016	-11.28	-9.26	2.02
2017	21.78	24.25	2.47
2018	-25.31	-23.64	1.67
2019	36.07	39.19	3.12
2020	27.21	29.89	2.68
2021	-5.20	-3.52	1.68
2022	-13.44	-13.44	0.00
累计	327.62	467.09	139.47
年化	8.79	10.58	1.80

但不管是沪深 300 价格指数还是沪深 300 全收益指数，都仅仅是一个指数，我们是无法买卖一个指数的，我们只能买它的指数基金。

表 1-8 统计了 56 只跟踪沪深 300 的各类 ETF（交易型开放式指数基金）、LOF（上市型开放式基金）和开放基金，从年化收益率来看，不管是算术平均值的 4.29%，还是中位数的 4.13%，年化收益率都超过了沪深 300 的价格指数和全收益指数。其中除了分红等原因外，还有一个最主要的原因就是打新收益。

从对比结果看，不管是拿沪深 300 的价格指数还是全收益指数作为目标，都不是过高的目标，因为简单买几个沪深 300 指数基金，长期来看就可以轻松战胜沪深 300。

表 1-8 沪深 300 指数基金和价格指数、全收益指数的涨幅对比（截至 2022 年 4 月 1 日） %

	2016 年	2017 年	2018 年	2019 年	2020 年
平均值	-8.57	22.31	-23.11	37.74	33.40
中位数	-8.58	22.62	-22.61	38.08	31.21
沪深 300 价格指数	-11.28	21.78	-25.31	36.07	27.21
沪深 300 全收益指数	-9.26	24.25	-23.64	39.19	29.89
	2021 年	2022 年	累 计	年 化	
平均值	-1.39	-12.96	35.60	4.29	
中位数	-2.20	-12.80	34.04	4.13	
沪深 300 价格指数	-5.20	-13.44	14.61	1.90	
沪深 300 全收益指数	-3.52	-13.44	29.99	3.69	

但我们似乎并不满足于此，4% 多一点的年化收益率似乎低了点。表 1-9 统计了 6440 只主动型的混合基金从 2016 年初到 2022 年 4 月 1 日的数据，年化收益率的平均值可以达到 6.90%，中位数低一点，也可以达到 5.41%，还是比沪深 300 的指数基金要高。

表 1-9 混合基金收益率（截至 2022 年 4 月 1 日） %

	2016 年	2017 年	2018 年	2019 年	2020 年
平均值	-7.80	11.37	-14.31	33.12	44.44
中位数	-6.12	8.45	-16.86	31.82	42.64
沪深 300 价格指数	-11.28	21.78	-25.31	36.07	27.21
沪深 300 全收益指数	-9.26	24.25	-23.64	39.19	29.89
	2021 年	2022 年	累 计	年 化	
平均值	8.75	-11.84	62.18	6.90	
中位数	6.36	-13.44	46.53	5.41	
沪深 300 价格指数	-5.20	-13.44	14.61	1.90	
沪深 300 全收益指数	-3.52	-13.44	29.99	3.69	

那么，我们普通人凭什么战胜沪深 300，甚至战胜专业的基金经理呢？

认清自身的不足

要想战胜专业的基金经理，我们首先要认识到自身的不足和缺陷。

第一是专业知识与技能缺乏。有人觉得投资很简单，无非4个字：低买高卖。但实际上并不是那么简单，因为高了还可能更高，低了还可能更低。

现代社会分工越来越细，经济日新月异发展，导致每个行业需要的知识和技能积累也越来越多，要求越来越高。每个人都在自己的岗位上努力学习和工作，以换取其他产品和服务。俗话说得好，隔行如隔山。现代社会的知识浩如烟海，一个人穷其一生也不可能学完，偏偏投资理财是很多人一生中都要遇到的问题。过去股票数量少，普通投资者可以熟悉所有的股票和它们所在的行业。但现在股票与基金的数量之多，涉及行业之广，别说一个普通投资者，就是基金公司的研究员也细分到行业，没有能横跨所有行业的研究员。相较之下，业余投资者显然存在极大的短板。

第二是信息闭塞。普通投资者和专业机构相比，在信息获取上也是短板。比如，机构能去上市公司做实地调研，普通投资者就很难做到。信息爆炸的年代，信息泛滥对普通投资者并不是一件好事，即使这里有很多有益的信息，普通投资者也要学会有所不为。为什么这样说？现在很多媒体平台的话语权都掌握在专家和意见领袖手里,他们的成功容易造成幸存者偏差。但普通人即使努力够 10 000 小时也不一定能成功。

第三是精力有限。大部分普通投资者在自己本职工作上已经耗费了大部分精力,再加上其他生活琐事,很少有人能像专业人士那样去学习和研究投资。

扬长避短

在认清自身不足的前提下，普通投资者又怎么能战胜市场，甚至战胜基金经理呢？

诚然，在同样条件下，100米赛跑我们跑不过苏炳添，下围棋无法战胜柯洁，但如果条件变了呢？比如说100米我们可以抢跑，下围棋可以让我们足够多的子？

问题是，投资中是否存在合法"抢跑"的机会呢？

笔者试着分析了一下为什么散户可以战胜基金经理，大概有以下几个原因：

一是资金量。一般而言，基金经理操盘数额至少上亿，即使看到很多机会也无法操作。比如可转债基金很难战胜可转债的等权指数，主要原因就是很多表现不错的小盘股可转债，因为交易量不大，基金很难操作。

二是冲击成本，这和资金量相关。同样可以操作的股票，普通投资者可以做，基金经理就不行，因为基金经理买卖的资金量大，操作一天甚至好几天都是很正常的事情。所以，同样条件下买卖，基金经理的冲击成本要大于普通投资者。

三是被动操作，什么叫被动操作？开放式基金，买基金的基民很多时候都是非理性的，明明大盘暴涨即将到顶，仍然有大批申购基金涌入，即使不买股票，收益也会被摊薄，买了股票更有可能被套在高位。在大盘暴跌快见底时，大批赎回导致基金经理被迫卖出股票。

四是各种规定限制了基金经理。比如，不管股票基金还是混合基金，都有最低仓位的规定，当然规定最低仓位主要是为了稳定股市，但普通投资者可以把权益类仓位降低到零。当然，基金经理是因为合同规定而死守最低仓位，这种比较有失公允。另外，还有规定要求基金经理也不能随便买卖股票，出于风控考虑，即使基金经理再看好某只股票，仓位都不能超10%，后面只要出现一点点风险，基金经理就有可能在底部"割肉"。当然这些规定有其合理的地方，但对基金经理的制约确实存在。就像现代战争中还穿着冷兵器时代的盔甲，虽然会降低伤亡，但行动肯定会受到牵制。

综上所述，理性的普通投资者确实可以发挥长处，避免短处，长期跑赢市场甚至基金经理。在下面的章节，我们将讨论具体的方法。

第二章
投资方法与心态

了解投资中的各种方法，是为了找到最适合自己的。投资要战胜市场，首先要战胜自身的心理缺陷。

投资中的各门各派

投资方法有很多种，就像很多武侠小说里的门派一样。在二级市场里也有很多门派，大的门派大致上有 5 个：

（1）**以研究基本面为主要手段的价值投资派**。开山鼻祖应该算格雷厄姆。他的两大弟子中，施洛斯偏防守，属于相对纯粹的价值投资；巴菲特后来转变为偏成长的方向，他们分别形成价值投资的两大主要流派。价值投资派相当于武林中的名门正派，获得了最多高手的认可。但由于太偏重过去的财务指标和安全边际，像巴菲特这样的价值投资大师 2012—2021 年这十年的业绩也没明显跑赢标普 500。但就整体来说，价值投资还是非常值得投资者重视的一个流派。

（2）**以研究 K 线为主的技术分析派**。开山鼻祖可以算亨利·道，大名鼎鼎的道氏理论开创者，江恩和利弗莫尔都是该派别的代表人物。中国比较出名的技术理论是"缠论"。我在《十年十倍》一书中全面回测了几乎所有主流的技术指标，得出一个结论：很多听起来高大上的指标，在历史上长期的表现可能还没有一根简单的均线好。所有的技术指标其实都是对过去 K 线的总结，过去有效的将来不一定有效，最典型的均线指标在 2011 年前的 A 股市场上对指数的有效性特别高，2011 年后可能由于有了股指期货，使得 K 线变得更加复杂，以而降低了有效性。

（3）以追逐热点事件为主的热点事件派。代表人物是索罗斯。最有名的事件是1997年他的量子基金狙击泰铢及港币，引发亚洲金融风暴。索罗斯是利用事件制造更大的事件，普通人根本做不到，普通人做的基本上都是追逐热点事件。这种方法完全看时效性，先知先觉的人"吃肉"，后知后觉的人最多"喝汤"，弄得不好，"吃肉"就会变成"割肉"。

（4）以寻找市场微小的不合理定价为机会的对冲套利派。其代表人物为温斯洛·琼斯和詹姆斯·西蒙斯。这种方法又被称为高频量化法，利用短期存在的不合理价格进行高频套利。这种方法的机会瞬息万变，因为都是从对手盘中获利，所以是这些门派里最神秘的门派，西蒙斯招聘的员工都签了终身的保密协议，而且因为市场容量不大，所以除了大奖章基金表现惊艳外，其他基金并没有特别出色的表现。

（5）以有效市场理论为基础的指数投资派。该门派的鼻祖就是2019年去世的约翰·博格尔。该门派建立在有效市场理论的基础之上，所以在美国等有效性高的市场上表现不错。巴菲特曾经在十年之约中用标普500指数基金战胜了对冲基金高手的对冲基金组合，值得注意的是，他自己的伯克希尔·哈撒韦基金也在同期跑输了标普500。

有意思的是，在中国的股评中，讲得最多的是技术分析派和事件驱动派。价值投资、对冲套利、指数投资三个流派几乎没有出现在股评中。我认为还是时效性问题。价值投资虽然是名门正派，但说来说去就是长期价值、护城河、安全边际、现金流折现、ROE（净资产收益率）等几个基本的观点，股评中如果天天讲这些，一是听众会厌倦，二是这些东西可能短期内不会见效。同样情况的还有指数投资派，更是没多少概念可讲，在A股这样一个市场有效性不高的市场，还不如价值投资有东西可讲。

对冲套利恰恰和价值投资相反，它的时效性太强、有可能刚讲完就失效了，而且市场容量有限，做的人一多就不是"割韭菜"了，而是"镰刀互割"。况且，假如市场里有类似西蒙斯这样的开着"联合收割机"来的人，你不被"割"就很好了，就别想"割"人家了。

所以最后只留下技术分析派和事件驱动派，成为股评中两大长盛不衰的门派。听了可能有点效果，但也可能无效。一般对无效的解释，技术分析派专家往往会说不能光看A指标，还要看B指标；事件驱动派专家会说进入太晚了，或者说这是强势调整，长期还是看好。

笔者从价值投资派学了点ROE和估值，从技术分析派学了一点均线，从事件驱动派学了一点中长线的事件驱动，从对冲套利派学了一点量化投资的思想，从指数投资派学了一点分散投资资产配置。自己不盲目崇拜任何一个门派，也不拒绝任何一个门派的思想，笔者觉得只要以开放的心态去学习，在任何门派中都能有所收获，只是不要邯郸学步。

选择鱼多的池塘钓鱼

投资是一件非常专业的事情，除了努力学习投资知识，提升自己的投资水平外，我们还需要做好选择，尽可能去鱼多的池塘钓鱼。

大家知道，沪深 300 是代表 A 股市场自由流通市值最大的 1～300 只股票的集合，中证 500 是排序 301～800 的股票的集合，中证 1000 是排序 801～1800 的股票的集合，而国证 2000 是自由流通市值排序从 1001～3000 的股票的集合。这 4 个指数基本上代表了股市中的大、中、小、微企业。市场从 2018 年熊市到 2022 年再次大跌，走完了一个牛熊周期，在这 4 年多时间里，表现最好的国证 2000 的年化收益率才 0.57%，最差的中证 1000 年化收益率是 -2.39%。但就是在这同期，集思录上的可转债的等权指数，年化收益率高达 15.67%，远远超过各大规模指数。

表 2-1 可转债等权指数和各大规模指数的收益比较
（截至 2022 年 4 月 11 日）   %

年份	沪深 300	中证 500	中证 1000	国证 2000	可转债等权
2018	-25.31	-33.32	-36.87	-33.77	-3.07
2019	36.07	26.38	25.67	23.45	27.97
2020	27.21	20.87	19.39	16.87	23.26
2021	-5.20	15.58	20.52	29.19	35.61
2022	-17.01	-18.07	-21.00	-16.99	-10.03
累计	1.72	-3.53	-9.82	2.47	86.52
年化	0.40	-0.84	-2.39	0.57	15.67

不仅如此，在 2018 年熊市，跌幅最小的沪深 300 也跌了 25.31%，而可转债的等权指数仅仅下跌了 3.07%，2022 年市场下跌的时候可转债依然体现了这种抗跌性，熊市里的抗跌，会给投资者更好的感受，更容易使得投资者长期投资。至于可转债为什么会大幅度跑赢各大规模指数，本书有专门的章节来讨论。

显然，相较于各大规模指数，可转债就是一个鱼多的池塘。在近 400 只可转债里做选择，比在 4000 多只股票里做选择，至少跑赢的概率会高很多。

但问题没那么简单。过去的数据只能代表过去，并不能完全代表将来。看上去鱼多的池塘可能没有多少鱼，或者很多是死鱼，抑或是非常不容易钓到鱼。而且现在看到的是过去的数据，我们要寻找的不仅是鱼多的池塘，更重要的是要找到将来鱼多的池塘。这就需要我们不断去学习。

为什么要分散投资

有人觉得集中投资好,有人觉得分散投资好。我们还是通过一个案例来说明。

假定我们有 100 万元资金,备选 10 只股票,每只股票都是连续 9 年每年涨 20%,但有 1 年跌 50%,但我们不知道具体是哪只股票哪年跌 50%。我们假定这 10 只股票下跌的那一年不在同一年,也就是说每年都有 1 只股票下跌 50%。

如果我们全部仓位都投资某一只股票,假定下跌发生在最后一年,那么 100 万元到了第 9 年会变成 515.98 万元,第 10 年一下子跌到 257.99 万元。通过计算我们可以知道,腰斩这一年不管发生在第 1 年还是第 10 年,最终资产都是 257.99 万元。

表 2-2 集中投资和分散投资对比 单位:万元

第 N 年	集中投资	分散投资
0	100.00	100.00
1	120.00	113.00
2	144.00	127.69
3	172.80	144.29
4	207.36	163.05
5	248.83	184.24
6	298.60	208.20
7	358.32	235.26
8	429.98	265.84
9	515.98	300.40
10	257.99	339.46

但如果是分散投资呢？一年后的资产 =100×（90%×1.2+10%×0.5）=100×（1.08+0.05）=100×1.13=113（万元），依此类推，最终 10 年后资产变成 339.46 万元。

为什么会出现分散投资后的最终资产会大于集中投资呢？其实，我们这样的计算，默认每年 10 只股票的权重相等，就等于每年年底做了一次再平衡，比如第 1 年后把 9 只 12 万元的股票各卖出 0.7 万元，用这 0.7×9=6.3（万元）买入亏损 50% 的股票，使得 10 只股票的市值都等于 11.3 万元，相当于做了一次高抛低吸。

盈利更多还是次要的，最主要的是在上述这个例子中，虽然每年都会遇到一只腰斩的股票，但因为每年这只股票的仓位只有 10%，所以影响不大，况且还有 9 只都是盈利的。而集中投资就不一样了，虽然有 9 年都没遇到亏损股票，但一遇到就是致命的，造成整个账户腰斩。

不仅如此，我们再想象一下两种方法的投资过程。集中投资，即使每年都增长 20%，突然有一年资产腰斩，这种打击是非常致命的，实际上也很难坚持下去。但如果一个投资，每年增长 13%，我们对其中一只股票腰斩已经有心理预期，就很容易坚持下来。所以公募基金有强行规定，一个基金的仓位不允许超过 10%。所以到今天为止都没有纯保险题材的主动基金和指数基金，因为目前 A 股上市的保险公司只有 7 家，无法做到最大仓位不超过 10%。

而且集中投资因为前 9 年每年都能稳定盈利 20%，投资者很有可能会不断加仓不断新建仓。结果前面 9 年赚钱的人不多，赚的金额也不高，到了最后一年腰斩却一个也逃不了。

我们在讨论分散投资时有个假设，就是亏损 50% 这件事情，不是发生在同一年的不同股票上，而是发生在不同的年份。可如果这 10 只股票都是在同一年发生了亏损 50% 的情况，那么最终也收不到分散投资的效果。

那么如何避免这种情况呢？我们可以选择相关度小的品种组成投资组合。具体地说，可以在 Excel 中用相关系数函数 correl (array1, array2) 来定量计算。这个函数用起来非常方便，array1 和 array2 是两组不同的数据的涨幅，correl 函数会自动计算出这两组不同数据的相关系数，范围是 -100% ～ 100%，100% 说明完全相关，而 -100% 说明完全负相关，负相关和不相关不同。A 涨 B 也肯定涨，是正相关；A 涨 B 有时涨有时跌，是不相关；A 涨 B 一定跌，是负相关。我们在做组合时，尽可能不要选相关系数大的两类资产，比如说上证 50 的股票，100% 都包含在沪深 300 里，它们的相关系数非常大，如果你已经配置了一个沪深 300 指数基金，就没必要再去配置另外一个上证 50 指数基金。再比如，权益类品种和债性品种很多时候都会出现"股债跷跷板"现象，是资产配置的好搭档。

虽然上面的例子不是真的，但类似的情况在现实投资中十分常见。那我们为什么会经常在媒体上看到某位大神全仓一只股票获得成功呢？因为股民喜欢听这样的故事。现实投资中，即使再小的概率，全仓一只股票都是很致命的，这么说的前提还是假设有一年发生腰斩而不是爆仓。期货投资更是这样，很多时候我们赚了很多钱，但一次爆仓就归零了。

2022 年 7 月 9 日，南方基金公告直接将停牌很久的融创中国的股价从停牌前的 4.58 港元直接下调到 1.37 港元，下调了

70.09%。融创中国在 2020 年 1 月 3 日股价最高时达到 46.175 港元，如果按照最高价计算，那就是下跌 97.03%。要知道融创中国在前几年还是中国房地产业的三强之一，某知名投资人甚至喊出了 8848 港元才是融创中国的未来价格。

再举一个例子，比尔·盖茨从 1992 年就开始减持微软的股份，他在基金经理的建议下，将资产分散到无数只股票中，如果只计算微软现在的市值，那盖茨的这些操作不仅无效，还少赚了很多钱。但这是事后诸葛亮的说法，毕竟当年谁也无法预料微软是否会倒闭，更无法预料今天的微软会有那么高的市值。分散投资的结果，对盖茨来说只不过是少赚了一点，但如果微软倒闭，全仓微软股票将会让一切归零，哪怕概率再小，都是比尔·盖茨不能接受的。从这个意义上说，我们不要以成败论英雄，盖茨的分散投资决策还是正确的。美国的柯达、摩托罗拉等公司也曾红极一时，当时也没人会想到它们今天的结果。

当然，我们不否认确实有个别投资者靠一只股票获得成功，适合自己的就是最好的方法，但对绝大部分普通投资者来说，需要学会分散投资，再好的品种都不要赌上一切。

为什么经验不灵了

有人说,股市是一个上半场用金钱换经验,下半场用经验换金钱的地方。不可否认,很多老股民的业绩比新股民要好很多,但还是有不少老股民,在市场里也花了一二十年的时间,积累了很多经验,投资效果还是不佳。究其原因,我们可以发现这些经验不同程度地遇到了异于这些经验的情况。

我们先来看一个例子,现在很多媒体上都有各大指数的 PE(市盈率)估值,包括对应的百分位估值。按照这个理论,如果 PE 的百分位处于历史最低点,那么将来会价值回归。我们先看看沪深 300 截至 2010 年底的情况(见图 2-1),2007—2010 这 4 年中,沪深 300 的 PE 最高是 51.62,最低是 12.41。那么,按照低估理论,从 2011 年起沪深 300 的 PE 大概率会在 12.41 以上运行。

我们再看下去,如图 2-2 所示,2011—2022 年的 11 年里,沪深 300 的 PE 并没有像我们认为的在 12.41 以上运行,绝大部分时间反而是在 12.41 以下运行,并创出了 8.02 的历史最低。而且这 11 年中 PE 的中位数是 12.30,比 2010 年前的最低值还要低。2022 年 4 月 15 日的 PE 是 12.11,也低于 2010 年前的最低值。这就像 2010 年前,你以为沪深 300 的 PE 到 12.41 已经见底,结果下面还弄出了"违章建筑"。

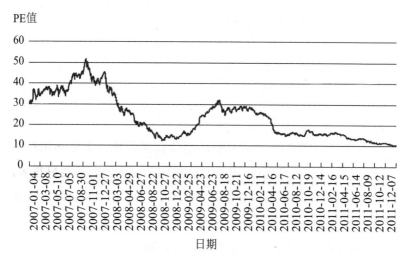

图 2-1 2007—2011 年的沪深 300 加权 PE

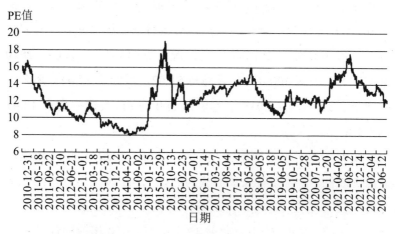

图 2-2 2011—2021 年的沪深 300 加权 PE

就事论事，究其原因，是 2010 年中国市场发生了一件大事，就是出现了股指期货。过去市场只能靠做多赚钱，有了股指期货后，做空也能赚钱，这对整个市场的估值的影响是不言而喻的。

再加上市场容量越来越大，股票的稀缺性也越来越小，整个市场的估值下跌是非常正常的事情。2011年后的10多年中，除了2015年上半年的疯牛行情里PE接近20倍，大部分时间PE都是在10倍多一点的水平运行，直到现在也只是在12倍左右。

还有一个反面例子就是2020年4月20日发生的中国银行"原油宝"事件，原油价格跌成负数，也是我们过去的经验里所没有的。以上两个例子说明，历史上大概率发生的事情，将来不一定发生；历史上从来没发生过的事情，将来也有可能发生。过去的经验不一定靠谱，需要我们具体分析。

那么别人的经验，特别是名人的经验可不可信呢？同样我们也不能照搬。笔者经常举的例子就是巴菲特十年用标普500战胜主动基金，他通过这个活生生的例子告诫大众说持有普通的指数基金要比主动型基金好。很多人照搬到中国，但多次回测数据表明，在中国基金历史上，作为主动型的混合型基金是能战胜沪深300指数甚至全收益指数的。那么问题又来了，过去中国的主动型基金能战胜指数，将来会不会继续长期战胜指数呢？如果将来散户慢慢退出市场，随着市场变得越来越有效，主动型基金整体上是很难跑赢指数的，但这个过程会经历多长时间，我们也很难预测。

所以，过去的经验也好，数据也好，模型也好，都会受到周围环境、地域、时间等因素的影响，我们不能刻舟求剑。

说了那么多反面例子，那是不是经验就没用了呢？应该说，过去的经验大部分情况下都是有用的，只不过我们不能神化特别是不能神化名人的经验。永远保持学习的心态，我们才能在市场上活得更久。

股市里没有标准答案

经常有网友问这样的问题：成长型股票好还是价值型股票好、股票型基金好还是债券型基金好、股债比例最佳是多少，等等。很多人都想在股市里寻找一个标准答案。

追求标准答案是很多人在学校里养成的根深蒂固的习惯，但一旦毕业走上社会，不少人就会感到迷茫，一个很重要的原因就是没有标准答案了。

就拿前面的问题来说，牛市的时候，成长股比价值股涨得更快，股票型基金比债券型基金涨得更快，但到了熊市却恰恰相反。

另外不同的人可能答案也是不相同的。比如说股债比例高，当然在牛市的时候收益率的期望值就会高，但即使在牛市，股债比例后面的波动率也会高，不同的人对回撤的承受能力是不一样的。有人回撤20%能忍受，但有人连10%都受不了。股债比例高的，即使在大牛市，可能都会因为接受不了大的回撤多次追涨杀跌导致收益不佳甚至亏损。

比如在A股历史上最大的一个牛市年2007年中，有2月27日、5月30日、6月4日等多次大跌，上证指数一天的跌幅就分别高达8.84%、6.50%、8.26%。虽然这一年涨幅高达96.66%，但如果受不了这些大跌，即便在大牛市，一样很难取得好的收益甚至会亏损。

有人觉得大牛市里这些跌幅不算什么，但你如果没有亲身经历过，很难体会当时的绝望。人的承受能力天差地别，有人说，一个人能承受的最大回撤，是这个回撤出现后晚上依然能睡得很香。

另外，每个人的资金状况也不一样。比如刚刚踏上工作岗位的年轻人，存量资金很少，都是以增量资金为主，当然可以采取激进一点的策略。退一万步说，即使全部输光，年轻就是最好的本钱。但对像笔者这样退休多年的人来说，绝大部分都是存量资金，策略当然要保守得多。

笔者满仓经历了2008年以来的所有熊市，2015年又经历了抑郁症的考验，承受能力可能比大部分网友要强一些，但给出的答案肯定和大家的有差异，也只能给大家参考。

投资中的过犹不及

在投资中,过犹不及的案例比比皆是。比如,强调企业的成长性固然没错,适当给出一些高的估值,特别是在牛市阶段,也情有可原,但如果把估值推高到100倍甚至更高,2021年后就会遭到报复。成长股估值大跌,反而是估值偏低的价值股迎来了一波反弹。

再比如,可转债投资中,有两个最重要的因子:转股溢价率和价格。其中,溢价率低代表股性强,牛市中收益率会很高,同样在熊市中也会跌得惨不忍睹。有人只看收益不看风险,100%用了溢价率因子,2021年当然赚得盆满钵满,到2022年则回吐了不少。

最难把握的是"不及"到"过"的转折点,或者我们称其为阈值,古人说的"水满则溢,月圆则亏",就是指"不及"到"过"的转折点。月圆日是靠天文学精密的计算得到的,投资中我们同样可以运用量化投资去计算出这个阈值,"不及"的,我们顺势而行;"过"的,我们逆势而行。这才是对待投资正确的态度和方法。

当然,投资和天文学还是有差异,天文学里的月圆可以计算得分秒不差,但投资做不到,抄底逃顶只不过是一种美好的愿望,能大致差不多就已经很好了。

投资中的变与不变

2021年上半年,笔者逐步把坚持了几年的细分行业龙头策略,改成了后来的可转债轮动。有个网友问,你不是说守拙比取巧重要,为什么现在变成了可转债策略呢?

在投资中,变和不变都是相对的,没有绝对的变和不变。每个人采取的策略不同,变和不变的内容也不一样。就拿自己举例,如果要归纳一下笔者的投资理念,可以用三句话来概括:长期价值投资、中期策略取巧、短期操作守拙。

(1)长期价值投资,不是指持有一只股票十年不卖。笔者还是会坚持用数学方法去大致估算持有品种的胜率和赔率,是长期和最有价值的品种相伴,而不是长期和某个品种相伴。2018年中以500多元的价格买入茅台后,笔者没几个月就遇到了茅台历史上唯一一个跌停,也一直坚定地扛到了2021年。当然,笔者是真的没本事在2600元的价位卖出茅台去换可转债,这样太完美的操作只是自己心目中可望而不可即的目标,当时笔者既没有能力预知茅台到了顶部,也没有能力预知可转债到了底部。一直到2021年7月初我才完成了这个操作,虽然晚了5个月,但2021年账户的收益还是达到了42.13%,跑赢了绝大部分基金和投资者。

(2)中期策略取巧,2007—2022年的15年,笔者曾多次变换策略,只不过这种变换是以年为单位的,比如2007年我用的是封基策略,2008年我用的是分离债策略,到2009年,"4

万亿"行情来了后我还是在错误地守拙,坚持了分离债策略,结果这一年我虽然取得了18%的收益率,但却成了自己15年投资历史上跑输沪深300最多的一年。

从2009年开始,笔者慢慢对自己的投资理念做了修正,在中期,或者准确地说以年为单位,还是要考虑寻找最佳策略。之后的10多年中我有成功也有失败,比如2015年下半年我选择了当时最好的品种——分级A,2016年我选择了小市值策略,跑赢了沪深300整整30%多;但到了2017年我没有及时变换,结果再次跑输沪深300指数17%多;2018年我片面理解价值投资,死扛了一年,结果亏损了27%多,成为我亏损最多的一年。

这种策略的变换,应该是以年为单位的,不是今天小市值明天赛道股,我们根本做不到以天或者周为单位去捕捉市场风格。而且这需要我们对投资的广度有足够的认识,如果你在2015年下半年不熟悉分级A,最多是空仓,也不可能在市场暴跌时反而还取得正收益。正因为熟悉了封基、分级A、债券、可转债等多个品种,我才能在中期选择最佳的策略。

当然,由于个人认知和能力问题,我也不太可能每次都在最佳时期切换,因为是以年为单位,所以自己一般是右侧切换而不是左侧切换。原因就是每次行情的顶点很难用历史数据算出来,以茅台为例,在股价到2600元之前,其实已经有人多次预测1000元就见顶了。

(3)短期操作守拙主要是需要谋定而后动。就拿现在的可转债轮动来说,我当然也有违反自己原则的时候,看到有机会总想操作一下,但多次操作下来做个对比,其实还是守拙按照策略轮动的好。守拙不是不动,而是按照既定的策略动。如果出现问题,应该修改策略而不是随意操作。

投资中的确定和不确定

一般来说，一个利好公布，第二天至少市场开盘会高开，但也不全是这样。一个利好公布，第二天也有可能会低开。其中原因十有八九是大家对这个利好已经有预期，而公布的实际利好不及预期，而这个预期已经反映在盘面上了，所以利好一公布，不及预期反而低开。

同样，利空公布，第二天不跌反涨，十有八九是因为利空并没有预计的那么大，前面的下跌已经透支了未来，"靴子"落地反而上涨了。

这种投资中的不确定，我们作为普通投资者是很难捕捉的。在媒体的股评中，我们经常可以听到专家们分析行情，预测明天的走势。但如果你足够有心，把这些预测记录下来核对一下实际的涨跌，十有八九准确率都是不高的。

有人会说投资太难了，市场不确定因素太多，普通投资者与专业人士相比，各方面都存在短板。况且，即使是专业人士操作的基金，跑输指数的也有一大批。

确实，市场不确定因素太多，短期去赌涨跌，不仅耗费精力，效果也不好。不管用什么理论和技术，过去没有，将来也不可能有确定的办法保证每次都能操作正确。退一万步说，即使真有这种办法，那所有人都用这种战无不胜的办法都赢钱，那么谁输钱呢？况且大部分投资者都不是专业投资者，也没那么多精力去研究各种办法，对这些业余投资者而言，与其追求短期的不确定性，不如追求长期的确定性。

有人会说，在中国 A 股市场哪有什么确定的事情。我们回到 2015 年 6 月 12 日上证指数 5178 点的牛市高点，到今天绝大部分指数都被腰斩，但当时 ROE 最高的三个板块——食品、家电、银行，到今天仍然是下跌最少的，食品板块指数不仅没有下跌，还涨了不少。长期上涨最根本的原因，不是政策，也不是概念，而是巴菲特说的企业的价值增长，驱动价格不断上涨。从这个意义上说，长期上涨是确定的事情。

ROE、PE、PB 这些，业余投资者没必要天天去关注，因为你越是关心，越容易被它们牵着鼻子走，结果反而会忘记长期上涨的根本原因。

"鱼"与"渔"的问题

今天我们的教育方式存在的最大弊端可能就是授人以"鱼"而不是"渔",这个问题和股市投资其实也是密切相关的。很多人言必称巴菲特、格雷厄姆等大师,但很少考虑中国和美国国情的差异;各种技术指标学了不少,但就是没做过认真的回测,如果严格按照这些技术指标做,历史上的收益率能有多少?回撤有多大?有意思的是,媒体上专家教你某个技术指标,拿出一段某个指数或者个股的K线来证明这个技术指标的正确性,看的人听了频频点头,觉得讲得有理,殊不知你可以找出一个正面的例子,也一样可以找出一个反面的例子。股市里所有的技术指标都无法用演绎法来证明,大部分只不过是历史概率的总结。即使过去大概率成功了,也不代表将来会成功,笔者曾经多次举例过的"红三兵"就是一个典型的例子。过去的成功概率很高,现在受各种因素影响,成功率反而会大大下降。所以在股市投资上,笔者更愿意和大家交流的是"渔鱼之术",只有"渔鱼之术"才能保证我们源源不断有"鱼"吃。

投资风格漂移

几年前,笔者从基金公司那里知道,评价一个基金经理的标准中有一项是其投资风格是否漂移。对于被动的指数基金,基金经理很难在一个白酒基金业绩不好的时候去买新能源的股票,但在主动型基金里,风格漂移的现象还是很普遍的。比如,华夏大盘很长一段时间买的是小盘股票,而易方达小盘则买的是大盘股。

行业内普遍把这种风格漂移现象当作负面的,但笔者不这样认为。就拿大小盘风格来说,持续的时间不会是几天,至少几个月甚至几年。如果你是一个大盘基金或者小盘基金,你明明知道最近几个月甚至一两年的风格就是相反的,还会坚持原来的风格,宁可净值受损失吗?当然,如果指数基金或者合同里有强行规定,这也没办法,只要不违反合同,肯定要把投资者利益放到第一位,至于风格漂移就是其次的事情了。净值都没有了,不漂移又能怎么样?

至少笔者自己就是做过风格漂移的。2019—2021年,笔者做茅台组合赚了不少,但2021年春节后茅台组合损失惨重,甚至出现了亏损,笔者后来逐步减仓甚至全部清仓茅台组合,把2018年500多元买的第一重仓贵州茅台全部以2000元左右的价格清仓。

如果要10年持有一只股票不换的话,恐怕还是要推荐茅台股票。之所以清仓茅台,也是笔者的风格漂移导致的。笔者曾经说过一个观点,自己在深研一只股票上肯定不如很多专家,但自己的优势在于研究的宽度而不在于深度。因为有足够的宽度,所以当时笔者把茅台组合和可转债做了一个对比,不管胜率还是赔率,当时的可转债都远远超过茅台组合,所以笔者才会"漂移"到可转债上。

到 2021 年底,自己的几个账户合计全年的收益是 42.13%,战胜了 90% 以上的公募基金和主流的宽基指数。但如果当时还坚持茅台组合,可能就是亏损的结局。

如果说 2021 年一年的时间太短不能说明问题,那么笔者从 2007 年开始"漂移"了 15 年多,截至 2022 年 7 月 11 日,自己的收益率是 2441.93%,年化是 22.17%,战胜了其间所有的公募基金,这就足够了。

当然这种漂移是以年为单位的,要选择最有利的策略,而不是每天变来变去,我们也没这个能力天天变来变去。适当退后一些,才能看得更加清楚。

大跌之下，怎么应对

下跌，下跌，然后反弹，再下跌，再下跌，事后看每次反弹都是减仓的机会。2022年初，大家充满了牛市的憧憬，但之后的时间，专家们说的A股市场走出独立行情，慢慢就再也没人提及了。如果看指数，截至2022年4月19日，跌幅最大的创业板指数下跌了26.16%，表现最好的上证指数也跌了12.25%，3000多只A股股票，跌幅中位数高达16.90%，很多股票已经把前几年的涨幅全部吞没了。

我们这里不谈高手，高手的投资收益在2022年创新高的不少，我们只针对上班的普通投资者，谈谈怎么应对这样的大跌。虽然已经很低，但不代表已经是底部了。前期因为疫情，很多上班族都在家办公，上万亿的成交量，有他们的贡献，但随着复工复产的推进，很多人都已经上班，不可能天天盯着盘面操作。所以我觉得，对上班族来说，最好的策略还是把主要的精力都放在自己的本职工作上，通过自己在岗位上的努力赚取更多的本金；如果是刚踏上工作岗位不久的，可以做好定投；有大笔资金积累的，要做好资产配置，以不变应万变。这样投资的性价比是最高的。

在定投基金里，我还是推荐长期向上而且波动率比较大的，在这个基础上，估值越低越好。所谓长期向上，是指ROE比较稳定向上的，比如食品、医药等大消费种类，热门品种科技基金也可以适当配置，缺点是估值太高。如果能用一些策略，如有限价值平均策略，效果会更好一些。但一定要定一个目标止盈，否则定投的钝化效应会使你的定投效果越来越差。

关于资产配置，后面的章节会有详细阐述。这里再重点提及可转债。笔者是一个重度量化投资者，过去一直没有拿到可转债的历史数据，不敢重仓，直到2021年初从宁稳网上获得了10多年的可转债全部的历史数据，做了详细的回测后才发现了一些期权模型在历史上的表现并不那么理想的问题，而一些原来没注意到的因子却对收益贡献很大，笔者2021年正是靠可转债才获得了全年42.13%的收益率。

总之，对上班族来说，事先做好大跌的准备，到时候按照既定的策略"无脑操作"，可能比看着盘面去决定操作要强很多。

抵御过度交易的诱惑

除非有像西蒙斯这样高频交易的本事,对大部分普通投资者来说,交易次数都是越少越好。但只要做了投资,不管股票还是基金甚至债券,很多人只要有时间都会有交易的冲动。空仓有加仓的冲动,满仓有做轮动的冲动,赚钱了有止盈的冲动,亏损了有做T(通过低买高卖,把成本价降下来)的冲动。总之,频繁交易对很多投资者而言,就像有烟瘾的烟民一样,明明知道不好,偏偏还戒不了,即使戒了还会故态复萌。

为什么说对普通投资者,要抵御住过度交易的诱惑呢?首先在投资者中,只有少部分人可以通过频繁交易获得阿尔法收益,而这少部分人大概率不是普通投资者。在知识、信息、时间等方面,普通投资者都不如专业投资者。这就好比4个人打麻将,不可能4个人都赢钱,如果3个人赢钱,那输钱的这一个肯定很惨。而长期看,4个经常打麻将的人的水平会趋于平均,因为如果有一个人老输钱,那他可能就不玩了;而如果有个人水平特别高老是赢钱,时间长了大家也不愿意和他一起玩了。当然,跟打麻将不一样的是,买股票还有印花税和佣金等交易成本。时间长了,多交易的后果对大部分普通投资者来说必然是输多赢少。很多投资者即使输多赢少还是每天都乐此不疲,大概是享受交易的快感吧?

当然，这里所强调的抵御过度交易的诱惑，不是说不要操作，一年操作几次还是有必要的，甚至如果你有可行的轮动策略，一个月甚至一周交易一次也不是不可以，只不过频繁交易对普通投资者除了增加交易的快感外，很少会带来超额收益。

第三章
投资的学习方法

投资看起来简单，无非是一买一卖加上持有不动。但和其他学科一样，投资也需要有一个学习的过程，学习投资相关知识固然重要，也需要重视投资的学习方法。

如何学习投资

知识改变命运,知识也带来财富。笔者从2007年开始投资封基,到2022年7月,资产增加了约25倍,年化收益率超过了23%。其实笔者和绝大部分人一样,专业并不是学投资的,也是通过后天学习,一步步从不懂到懂的。

在学校学习书本知识固然重要,但信息时代瞬息万变,书本也只能提供最基本的知识,很多最新的知识还是需要通过互联网学习。笔者的封基知识最初都是通过一个叫"和讯网"的基金论坛获得的。后来,笔者通过在网上不断学习和交流,才慢慢成长起来。

和书本学习相比,网络学习是双向的。很多知识只有通过双向的交流,才能获得更深刻的理解。笔者曾经写过一篇文章《弄斧去班门》(亦收录于本章),传统的看法是把班门弄斧看作负面的,是不自量力,但在我看来,弄斧只有去班门,才会提高更快。你接触的人水平越高,你的水平也会越高。

除了学习,思考和总结也很重要。

这里举巴菲特的例子。巴菲特曾经说过,一个什么都不懂的人,投资美国的标普500可以战胜大部分专业投资者,他也通过和对冲基金经理的十年之约,用标普500打败了对冲基金经理的主动基金组合。那么,巴菲特的经验我们能原封不动搬到中国来吗?不能。这不是因为巴菲特说错了,而是中美两个股市存在差异。美国股市主要交易者以机构为主，超额收益非常难获得；而中国股市存在大量散户的无效交易，使得专业的基金经理能通过有效操作获取超额收益。

这个例子就说明了思考的重要性。股市瞬息万变，任何刻舟求剑式的学习，最后的结果都是不理想的。

作为一个非专业投资者，要想很快地进入一个陌生的领域，还有一个很重要的关键，就是要善于总结，随时把自己的经验与他人共享。有人把自己总结的经验当宝贝一样藏起来密不示人，其实除了一些高频博弈类的策略，绝大部分经验都不会因为被分享出来就失效了，因为这个市场太大了。分享出来最大的受益者其实不是读者，而是分享者，因为通过向外表达，会逼着你对自己的想法和思路做一次整理总结，久而久之，你自己的能力会有显著的提高。

也有人不敢写是怕自己不专业，写错被人笑话，这没关系，笔者一直认为，互联网时代要善于"班门弄斧"，弄斧只有去班门才能经受考验。过去，你的文章除了发表，可能没几个人能看到；今天有的文章的阅读量可以达到十万甚至百万的量级。总会有高手提出不同意见，不管正确与否，都会逼着你进一步思考。这样能很快地帮助我们成长起来。

孔子说过思考和学习的关系："学而不思则罔，思而不学则殆。"笔者总结在投资学习上的经验，可以归纳为三句话：把学习变成习惯，把思考变成习惯，把写作变成习惯。

把自己当作"中位数人"

如果我们每人每年可以赚 10 万元,10 000 个人平均还是 10 万元,但如果这 10 000 个人里有一个人一年赚 10 亿元,平均下来就变成了每个人年赚近 20 万元。显然大部分人是被平均了。但换一种算法,按照中位数来计算,那么大部分人还是一年赚 10 万元。

中位数,又称中点数、中值,是按顺序排列的一组数据中居于中间位置的数。在投资中,我们也要建立中位数思维模式,先把我们自己当作一个"中位数人",而不是最顶部的人,看看能否在不同的场合都能盈利。如果不能盈利,那就放弃,反之则可以坚持。

我们先看反面的例子。比如说投资石油期货,不管是不是遇到跌成负数的情况,都不值得中位数人投资,因为每个月都有移仓成本,时间越长,亏得越多。再比如有些人投资小市值可转债,赚得盆满钵满,但这些小市值可转债属于高价格、高溢价的双高可转债,最终总会有人来买单。这是一个互相摸口袋的游戏,中位数人如果投资双高可转债,时间越长,亏得越多。再譬如追热点,如果是长期热点倒也罢了,但实际上大部分热点都是短期的,参与其中的中位数人,大概率会沦为最后买单的人。

那么,哪些机会对中位数人是有利的呢?比如说,2006 年打对折的封基，对中位数人是非常友好的，不管是死拿还是轮动交易，大概率都能跑赢指数。再比如2008年的分离债、2015年下半年的分级A，包括现在的低价格、低溢价的双低可转债，都是普通的中位数人盈利的机会。再比如投资股票，研究短期的规律并获得超额收益，不是普通的中位数人能做到的，要想做到要么借助最顶部的人，如长期业绩稳定的基金经理，要么只赚企业长期赚的钱，就像芒格说的，股价长期和净资产收益率成正比，可以无视短期的涨跌。总之，不管投资什么、用什么方法投资，我们首先要想一想，如果自己是一个中位数人，那么是否能盈利。

坚持中位数思维，不是说不思进取、只求中庸，而是说我们要先放弃一些中位数人不能盈利的品种和方法，有所不为才能有所为，把精力放在普通的中位数人也能盈利的品种和方法上。选择比努力更重要，不是说不要努力，而是在值得我们普通人努力的事物上去努力。

但事实上，很多普通人并没有把自己当作中位数人，而是当作最顶部的人。看到人家赚钱，就耐不住寂寞也想参与其中，但如果一个品种或者一个方法，投资的中位数是亏损的，理性地说，成功的肯定是少数。人性的贪婪导致一拨又一拨投资者在这些品种和方法上做无效努力，而只有少数幸存者成为赢家。这种情形周而复始，一直在不断地上演着。

有所不为才能有所为

孟子曾说："人有不为也，而后可以有为。"也就是我们常说的有所不为才能有所为。不仅学业上如此，职业选择、投资也是同样的道理。

很多人进入投资这个领域后恨不得学会所有的投资知识，恨不得自己买进的股票天天涨停，一有下跌就浑身不舒服。从价值投资到趋势投资，从巴菲特到西蒙斯，今天学这个明天用那个，一有点挫折就换一个模式，反反复复，最后可能一无所得。

中国古代另一位哲人庄子说过："吾生也有涯，而知也无涯。"有个成语是"学富五车"，就是说古时候的人能读完五车的竹简就是天下有学问的人了。现在别说五车竹简，五十车、五百车竹简的信息可能都填不满一个U盘。现代人的寿命虽然变长，但绝大部分人用来学习的时间并不充裕，而进入股市所需要的知识又与日俱增，一个人就越来越不可能懂得股市的所有知识了。这就需要我们掌握学习的方法，更好更快地掌握股市投资所需的知识。

我们要承认，以我们目前的能力，确实存在很多未知。过去说的"人定胜天"只是表达一种气概，从宏观层面的宇宙，到微观层面的电子，人类对世界了解越多，就越发现已有的知识无法解释很多的现象。

我们需要承认自己认识的有限性，把精力放到能解决的问题上。比如2021年，我们知道代表小市值的国证2000估值相对比较低，而且走得也很好，而国证2000和可转债对应的正股强相关。在2021年选择可转债，就相当于首先选择了国证2000，而可转债相对正股又有优势。在可转债中我们可以通过双低因子或者多因子进行轮动。这样可转债轮动战胜了全体可转债，可转债战胜了正股，而正股最接近的国证2000强于其他指数，三重优势保证了我们在2021年选择可转债轮动可以获得很好的收益。至于具体哪个可转债第二天的涨跌，就不是我们能准确预测的了。所以我们要通过采用分散持有和轮动的办法战胜市场。

我们把投资中的收益率分成目标收益率（贝塔收益率）和超越目标收益率（阿尔法收益率），在很难通过择时战胜目标时，不如采用满仓轮动的办法，也就是先建立一个股票池（基金池或可转债池），这个池的平均值至少和目标值打平，然后建立一套量化的评价标准，据此对池子里的品种进行排序，永远持有排名在前面的品种，这就是满仓轮动。满仓轮动承认我们无法驾驭大盘，但有能力对这些品种进行相对排名，这个相对排名不是100%有效，只能做到大部分有效。如果某天大盘暴跌，那排名第一的品种也会跌，只不过比均值跌得少些；同样，大盘涨的时候，那排名第一的品种也会比均值涨得多一些。这样通过不断的轮动做到有效地追赶目标。

我们可以算一笔账，假定每天能超过均值0.2%，一年内就算242个交易日，那么一年的复利就是62%，即使每天超过均值0.1%，一年下来也有27%，也就是说如果一年内大盘不涨不跌，我们通过有效的轮动也能获得27%~62%的收益率。这应该是非常可观了。即使某年暴跌，把这27%~62%的收益率全部跌光，最多我们也就是打平。如果某一年行情暴涨，那对我们的收益率就将是锦上添花了。当然，现实中我们不可能做到每天都能超过平均值 0.2%，甚至每天超过 0.1% 都很困难，平均每天超过 0.1%，一年有 27% 的阿尔法收益，也已经是顶尖水平了。

承认无为是为了更好的集中精力的有为。不仅仅是投资中的满仓轮动，也不仅仅是投资，整个人生乃至职场又何尝不是如此呢？

从市场、方法、品种看待无为和有为

先说市场，除了 A 股市场，还有期指期货、商品期货、港股市场、美股市场等，这些市场其实可以分成两类：一类是理论上零和的期货市场，扣除佣金后是一个负和市场；另一类是港股市场、美股市场，虽然企业的利润增加会使得每年价值都在提升，但因为很多人不熟悉规则，打新和 A 股市场完全不同，新股破发的也不少见，小盘股几倍的市盈率，虽然遍地都是却没人买，一整天没人交易的都非常正常。笔者在 2007 年大牛市因为抛了香港市场的期权后做了一年的港股，当时用的是 AH 股比价策略，结果做了一年溢价率没缩小反而扩大了。连看一眼即时股价都要收费，这让我很不习惯，一年后还是回到了 A 股市场。另外，这些成熟市场上基本都是专业投资者，在一个总利润恒定的市场里，如果你是一匹中等马，是愿意在下等马遍地的 A 股市场，还是去上等马遍地的期货市场和成熟市场呢？答案是显而易见的，但还是有很多人禁不住诱惑，在一个零和的期货市场，总觉得自己比别人聪明，结果往往是输多赢少。

所以对市场要有所取舍。

再说我们用什么样的方法。传统的方法有看基本面的价值投资、看技术面的趋势投资，以及最近几年兴起的看概率的量化投资。在我看来，不管是看基本面还是看技术面，只要能吃饱就是一碗好"面"。包括交易频次的考量，有一天交易无数次的超高频交易，有每天交易的高频交易，有每周或者每个月交易的中频交易，也有一年才交易两次的低频交易。就像冷兵器时代的武将必须要有自己称手的兵器一样，每个投资者也必须找到至少一种称手的投资方法并通过实盘证明是有效的。每个人的长处和短处不一样，适合自己的就是最好的。

最后是投资品种。《西游记》中，孙悟空为保护唐僧，就用金箍棒在地上画个圈让唐僧待在里面，唐僧在圈内很安全，但一出圈就很容易被妖怪抓走。巴菲特把这个圈叫作"能力圈"。如果圈定在 A 股，除了股票其实还有很多品种，如收益稳定的债券、跟踪指数的 ETF 基金、唯一 T+0 的权益类产品可转债等。如果你只知道买股票，那就会在 2008 年错失指数暴涨 17% 的企业债，2014 年错失翻番都不止的可转债，2015 年下半年熊市错失大涨的分级 A。如果你是刚刚踏上工作岗位的上班族，只有稳定的每月工薪，积蓄也很少，上班很忙也没时间去看盘，就比较适合场外自动扣款的定投了，定投的品种可以是创业板、中证 500 和食品、医药等相对比较激进的基金品种；如果你是已退休人群，不想担风险，可能就比较适合买 AA 级以上的债券及债券基金。

总之，不管是市场、方法还是品种，我们首先要尽可能多去了解，只有充分了解了，才能决定自己的有为和无为，找到最适合自己的，这样才能在股市投资时做到事半功倍。

投资和本职工作比翼齐飞

工薪族通常都背着很重的工作和生活的担子，很少能有大段的时间来学习投资理财的知识。本职工作和业余投资不可能花费同样的精力，如果一定要说一个时间比例，则95%的时间应该花在本职工作上，提高自己的能力和竞争力，从而能更好实现自我价值，多赚本金。

有人可能会说，只拿出5%的时间学习投资，怎么可能取得好的投资收益呢？这中间当然要进行取舍，舍得舍得，有舍才有得。

刚刚踏上工作岗位的职场新人，首先可以学会几乎没有门槛的可转债打新，2022年上半年有60只新债上市，半年平均打新收益大概在700多元，一年估计在1500元左右，虽然不多，但对很多普通投资者来说已经是一笔可观的收益。

其次是定投，选择长期向上的品种，比如优质的主动基金或者沪深300等指数基金，它们长期来看平均收益率都在10%上下，但只需要在第一次买入时花费精力，后面就可以自动定时扣款了。如果再用上平台推荐的智能定投，收益还可以更高一些，同样也只需要在第一次设定时花费点精力。

如果你积累了一大笔资金，可以适当做一些资产配置，比如在股性品种上选择长期业绩表现不错的A股基金，加上美股的标普500或者纳指100基金，或者低估的港股基金。再配置上可转债，用最简单的一个月轮动一次的双低策略。就这些简单的资产配置，经过一个牛熊周期战胜 90% 的股民还是可能性较大的。如果要学不管是技术面分析还是基本面分析，都要花费你大量的精力和时间，效果还不一定好。

最怕你什么都想要，基本面分析、技术面分析再加上择时，天天关心各类新闻，加上频繁操作，最终反而可能收获甚小。当然以上是针对工薪族而言的，不包括专业人士以及准专业人士，还有一部分好高骛远的散户。

上班真的很耽误赚钱吗

每当牛市起来，网上就会有人开始发类似"受够老板的气""上班真很耽误赚钱"的帖子，抱怨上班很辛苦，把时间卖给老板，只能得到一点微薄的工资，最多也就保证温饱。言下之意是，股市行情那么好，还不如去股市搏一次。

这样的言论，我在2007年牛市听到过一次，2015年上半年又听到过一次，2019年第三次听到。为什么漫漫熊市时听不到有人这么说？当然是因为有比较。

当然，个人的选择只要不违法，旁人是无权干涉的。且不说如果大家都不上班靠股市挣钱，这样的股市大概率会崩盘，而且即使你不上班，想靠股市的收益养活自己，也要有足够的本金。一天一个涨停板是爽，但如果2元的福利彩票中了10元的奖，就算收益率高达500%，又有什么用呢？

大部分普通投资者的股市本金都是来自上班挣的工资，这种情况下，即使有天大的本事也很难通过股市获得财富自由。问题的关键是，很多人一到牛市，就开始妄想自己成为一年至少翻番的"股神"。现实生活中这样的事情概率太低了。小概率故事看起来有趣，因为好看；但真正投资，就一定要做大概率的事情，因为只有这样，成功的概率才会高。

对普通人来说，认真做本职工作，努力积累本金，再花时间学习投资，慢慢滚大你的财富雪球，可能才是正道。

弄斧去班门

曾经有网友问道：作为一个刚刚踏入股市不久的小散户，怎样才能在中国股市更好地生存呢？如果用一句话来回答，那就是：和最优秀的人在一起。

什么叫和最优秀的人在一起，又怎么样做到和最优秀的人在一起呢？先从一个大家耳熟能详的成语说起——"班门弄斧"。这个成语的本意是，在最优秀的木匠鲁班面前舞弄斧子，比喻不自量力。笔者是从另外一个角度理解这个成语的。

当年笔者所在的公司国际化后，刚开始，每次开会抢先发言的基本都是老外，中国员工基本都留在后面发言，这除了语言问题外，最主要的还是受中国传统文化的影响，不敢在权威、领导面前表达自己的观点，也就是不敢"班门弄斧"。记得公司刚开始开会的时候，很多人都喜欢坐到后排，不愿意坐到前排，更不要说发言了，慢慢地，这些人就被淘汰了。而有些喜欢"班门弄斧"的人，可能说的话、提出的问题在聪明人看来可笑，但至少他知道了错在哪里，便于以后改正这个错误。那些坐到后排不发言的人，跟叫个木偶来开会有什么区别？换作你是领导，是不是会慢慢把这些人给淘汰了？

作为一个小散户，笔者学的专业也不是金融，能走到今天，最大的体会就是在最优秀的人面前"班门弄斧"。从2006年开始，笔者陆续混迹于和讯网、东方财富网、鼎级网、集思录、雪球网等平台,始终秉承着这个观点:只要有想法,哪怕还不成熟,都愿意拿出来跟大家分享。之后,很多人会善意地提出很多更好的想法,哪怕只有一两点可取之处,也是好的;退一万步说,即使有人恶语相加,笔者也觉得对自己是一个非常好的帮助。互联网平台给我们提供了这样的机会,可以让我们快速成长起来。

那么今天的散户究竟该如何去"班门弄斧"呢?

"班门弄斧"第一招:跟鲁班。有人问自己是新股民,能不能跟着高手操作。确实,类似雪球这样的平台,有很多高手的组合取得了很好的业绩,实时跟着换仓,对于一些换手率低的组合,也不是难事。关键是你怎么进行甄别。现在收益好的,将来不一定好。雪球上的高手水平也是参差不齐,有些人理论不错,但实战不行;有些人只是因为偶然因素成功,还有些人可能长期不错,但短期也会遇到较大的回撤。我们要学会甄别。一般来说,上涨的时候跟着高手操作问题不大,下跌时特别是发生较长时间的下跌时,免不了会产生疑问和动摇。如果不能真正理解,再好的组合也很难跟下去。

"班门弄斧"第二招:用鲁班。如果跟不下去就干脆全部交给鲁班吧。现在公募基金数量上万,私募基金更有好几万只,而A股股票才不到4000只,基金的数量远比股票多。而且直接买基金其实也不省事,一样要进行甄别,一样会遇到回撤大后的信心问题,甚至还可能因为对方的职业道德问题遭受损失。

"班门弄斧"第三招:学鲁班。除了学习经典的教材,更好的方式是找到有互动的平台渠道，如雪球网、集思录、东方财富网等平台，不要怕自己不懂，光浏览是很难有大的进步的，就是要在这些平台上把斧子舞起来，只有这样才能知道自己的武艺究竟如何，认真学习和交流，武艺才能很快长进。另外还要学会把脸皮练厚，即使面对恶意的指责，也要从中汲取哪怕一点可用的知识，同时要学会感恩。这些渠道是免费的，但"鲁班"们没有义务教你。能从"鲁班"身上获得哪怕一点启发，我们都必须怀着感恩的心去对待。

总之，弄斧必须去班门，只有这样才能最大限度地在中国股市活得长一些，活得好一些。

养成良好的习惯比投资知识更重要

有两件事让笔者印象很深刻。

第一件事，一个网友听我说起可转债是 T+0 交易的，就给予否定，说他周围的人都说可转债是 T+1 交易的，而这个网友竟然还是在券商公司工作。

可转债因为太小众，普通投资者不了解它的交易方式也是有可能的，但作为整天和投资品种打交道的专业从业者，出现这种错误很不可思议。

第二件是有一个网友问，听说兴全可转债基金最近 3 年的年化收益率都超过 27%，是否可以投资？能否投资我们暂且不说，基金每年的净值增长上网一查就知道。自己去查了一下，2015 年后，这只基金就没有一年的净值增长超过 27%。

这两件事涉及的都不是什么高深的知识，为什么会有很多人受到误导？

原因是很多人还没有养成良好的习惯，对任何事情都不能盲从，都要问一个为什么。如果你养成了对数据敏感的习惯，看到换手率超过 100% 就会很自然地想到这个品种是 T+0 的；如果你的数据都是来自一手数据而不是道听途说的，上面这种情况就根本不是问题了。

笔者用的所有数据，都是用一手数据自己加工处理过的，时间长了就养成了追根溯源的习惯，处理数据的能力也自然而然得到了提高。总之，一个好习惯的价值远远超过你对投资知识的了解，因为知识会变化，但好的习惯会让你受益终身。

有人可能会说，什么都要自己算多累呀，这还是习惯问题。引用别人加工好的数据，应核实一下，如果不是自己动手，很难知道数据相关的细节。养成习惯，也就不会觉得累了。

圣人无常师

韩愈在《师说》中写道："圣人无常师。孔子师郯子、苌弘、师襄、老聃。郯子之徒，其贤不及孔子。孔子曰：三人行，则必有我师。是故弟子不必不如师，师不必贤于弟子，闻道有先后，术业有专攻，如是而已。"

古人都能认识到学无常师，现代社会更加无法通过一本书、一位老师、一种学说学到人生所需的全部知识。就拿投资来说，各种学派也不是在股市里长期有效，总有不适用的时候。死扛是一种方法，变换策略可能是另外一种方法。比如经典价值投资效果不佳，除了死扛，切换到更好的赛道上去也是一种方法。当然，这需要你去学习过去不擅长的知识，扩大自己的能力圈。

投资上犯错误太正常，关键是我们要不断总结经验，不犯或者少犯类似的错误。同样，如果在投资上取得一点成绩，我们也要看到更多是因为我们选择了正确的方法和品种。就像2021年笔者取得了超过42%的收益率，但仔细拆分，主要是因为我在可转债上的顺势而为，股票和开放基金的投资基本上没赚什么钱。

谈谈"成功三角形"

中国人(甚至整个东亚人)受孔孟文化影响较深,对成功的渴望在全世界民族中都是罕见的。首先,什么是成功呢?古人认为成功是修身、齐家、治国、平天下。在当下的互联网时代,只要你在一个行业里做到顶级,都有成功的可能。

其次,有哪些因素影响你的成功呢?因素当然有很多,但归纳起来,最重要的是三个:天赋、机遇、努力。笔者把这三个因素合起来叫作"成功三角形"。如果我们把成功看作三角形的面积,其大小就取决于三条边的长度,任何一条边存在短板,都会影响成功。如果一条边长度为零,其面积也等于零了。

我们先来看天赋,首先要承认的是,每个人的天赋都是有差异的,但天赋不仅仅指智商。天赋是多维的,老干妈的创始人陶华碧在一般人看来不算有天赋的,但她把辣酱推向全世界,不是一样成功了吗?

天赋有外显的,我们自己知道,别人也能一眼看出来。另外还存在潜在的天赋,比如有些人从来没练过长跑但首次参加比赛就名列前茅。我们必须要承认天赋的衡量标准是多维的。如果一个人有某方面的天赋,自己也喜欢,其实不管做什么,他都不会觉得苦和累,而是会心甘情愿去做。我年轻时做程序员的时候,因为写代码是我的长项,我又喜欢做这个,有时甚至为了一个 bug 会连续 24 小时不睡觉,找到解决方案后的愉悦是外人无法理解的。

第二是机遇。在农耕时代,老干妈辣酱做得再好,也只能影响小范围的地区。当今社会的变化越来越快,很多过去曾经辉煌过的行业现在已经烟消云散找不到踪影了,如果你选择了这些行业,除非转型,否则就会面临残酷的淘汰。拿股市来说,2006—2007年的封基,2008年的债券,2014年的大蓝筹,2015年上半年的分级B、下半年的分级A和套利等,如果你每一步都能踏准,至少财务自由不成问题。但现实中多的是事后后悔,少的是事前看准。这需要我们有敏锐的眼光和视野,我有一个朋友当年从日本回国,别的没买,有钱就买房子,不是因为他特别聪明,而是他看到了日本房地产市场曾经的疯狂和当时中日房价的比较。

第三才是努力。关于个人努力的话题已经被说了很多,我想补充的一点是,中国传统上多把个人努力当作一件痛苦的事情,只有成功了才可以衣锦还乡、光宗耀祖,从俗语"吃得苦中苦,方为人上人"就能看出这一点。我们要成功当然要做好吃苦的准备,这没错,但不是所有成功都必须付出吃苦的代价。同样一件事,苦乐只是认知不同而已。对于不喜欢、不擅长的事情,你才会觉得苦。最关键的是,努力的方向最好是个人优势所在,是你有天赋的一面,而不是社会流行什么你就往哪个方面努力。这样显然成功的三角形就缺了天赋这条边,最后努力的结果也就和成功相差甚远了。

当天赋、机遇、努力三条边都足够长,你离成功也不远了。

第四章
笔者的投资体系

经过 15 年多的投资经历,笔者形成了独特的投资体系,这不一定适合所有人,只是分享出来供参考。

投资的深度和广度

从 2007 年初正式进入股市算起，到 2022 年 7 月 11 日，用基金净值法计算，笔者的累计收益率达到了 2241.93%，年化收益率是 23.17%。同期的 163 只混合型基金，表现最好的华夏大盘，同期的累计收益率是 1363.86%，年化收益率是 18.87%，总之，笔者的实盘不仅大幅跑赢了沪深 300，还跑赢了同期最好的公募基金，对比如表 4-1 所示。

虽然这只是个案总结，其中也有很多偶然因素，并不能说明散户一定能战胜专业机构，但其中的逻辑和经验教训值得分享。

一般来说，我们对投资对象研究得越深，了解得越多，长期收益肯定越多。这里最大的问题就是一个人的精力有限。最早 A 股"老八股"的时候，股民们对它们如数家珍。但现在 A 股股票数量已经接近 5000 只，别说业余投资者，就是专业投资者也不可能深入研究所有股票。

怎么办呢？一般的做法是把广度变小，把深度变深，如图 4-1 所示。比如现在有专门研究银行的，有专门研究地产的，有专门研究新能源的，等等，甚至会再细分到二级行业，如有人专门研究食品里的酒类甚至细化到白酒。

但这样做也有问题，现在股市不像过去那样同涨同跌了，每个行业的涨跌差异非常大。比如，2021 年地产等价值股下跌

表 4-1 实盘收益率对比（截至 2022 年 4 月 29 日）　　　　%

年　份	实　盘	沪深 300	实盘 vs. 沪深 300
2007	180.00	161.55	18.45
2008	-20.00	-65.95	45.95
2009	18.00	96.71	-78.71
2010	29.00	-12.51	41.51
2011	5.16	-25.01	30.17
2012	6.97	7.55	-0.58
2013	9.73	-7.65	17.38
2014	72.47	51.66	20.81
2015	24.00	5.58	18.42
2016	18.96	-11.28	30.24
2017	4.63	21.78	-17.15
2018	-27.43	-25.31	-2.12
2019	55.15	36.07	19.08
2020	36.49	27.21	9.28
2021	42.13	-5.20	47.33
2022	3.87	-11.86	15.72
累计	2441.93	113.35	2328.58
年化	23.17	5.00	18.17

年　份	主要品种	华夏大盘	实盘 vs. 华夏大盘
2007	封基	226.16	-46.16
2008	分离债	-34.86	14.86
2009	分离债	116.08	-98.08
2010	封基	24.24	4.76
2011	债券	-17.10	22.26
2012	封基	5.63	1.34
2013	封基	14.94	-5.20
2014	债券	6.06	66.41
2015	分级 A	28.19	-4.19
2016	小市值	-11.29	30.25
2017	小市值	34.95	-30.32
2018	白马	-19.57	-7.86
2019	白马	44.71	10.44
2020	白马	44.74	-8.25
2021	可转债	4.69	37.44
2022	可转债	-11.16	15.03
累计		1363.86	1078.07
年化		18.87	4.30

的时候,新能源大涨,到2022年初则反了过来。

这种现象引起了笔者的思考:适当放弃一些深度,拓展自己的广度,是不是会更好?

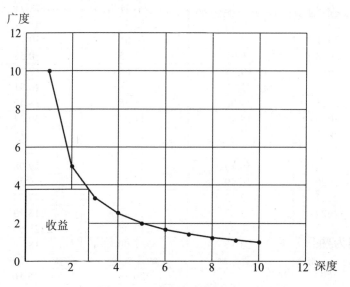

图4-1 深度和广度的关系

每个人的精力都是有限的,特别是我们作为业余投资者,一般不太可能做到深度和广度兼备。大部分投资者选择了深度,而笔者恰恰相反,选择了广度大于深度的投资方法。

为了说明这个问题,先举个实际的例子,2008年是笔者入市的第二年,当年沪深300大跌65.95%,自己也亏损了,但只亏损了20%,要知道当年最有名的王亚伟执掌的华夏大盘也亏损了34.86%。有这样的差别,最主要的原因,是当年王亚伟的债券仓位最高是28.40%,而自己在很长一段时间内都满仓持有了企业债。甚至在股债双杀的2011年,沪深300跌了

25.01%，自己靠债券竟然还盈利了 5.16%。大部分投资者对债券这个品种不太熟悉，在大熊市里最多就是降低仓位。但如果你的视野更加广阔，会发现债券和股票在大部分年份普遍存在跷跷板现象，比如大熊市的 2008 年是历史上债券涨得最好的年份之一。

　　这里强调这样一个观点：扩大视野，拓宽广度，可以弥补深度的不足，而且有的时候选择比努力更重要，比如前文提到的 2008 年、2015 年下半年的大熊市里，如果你的广度只涉及股票，其结果最多就是多跌和少跌的区别，但如果你的广度里包括了债券、分级 A 等债性品种，那就不仅仅是不亏损的事情了。这在 2015 年下半年的大熊市里体现得更加淋漓尽致，我因病没参与 2015 年上半年的大牛市，一直到下半年才入市，当时就是因为熟悉分级 A，结果满仓分级 A，不仅仅 2015 年下半年没亏损，而且三次下折取得了 24% 的收益率。

　　关于广度，下面分 3 点来阐述。

　　第一，股票行业的广度。我们可以看到，很多人只在自己深研的行业里耕耘，有的深研银行，有的深研地产，有的深研消费。这样或许没错，但笔者是把眼光放在了更多行业上，自己不会满仓甚至满融一个行业甚至一个品种，再看好的行业和个股，都会留一分谨慎，因为市场的"黑天鹅"是我们普通人无法预料的，即使你能扛过"黑天鹅"，最终取得了很好的收益，但整个过程中压力很大，甚至影响了身体健康，这就违背了我们投资是为了让生活更美好的初衷。

　　我们把所有的行业分成几类：第一类是传统的"长牛"行业，如食品、医药、家电等，长期来看，这些行业是出牛股的行业，适合长期持有，只不过它有时候估值偏高，比如 2020 年。

第二类是新兴行业，如芯片、5G（第五代手机通信技术，简称 5G）、云计算、新能源、生物医药等，和第一类相比，这些行业过去的财务指标 ROE 不一定高，甚至还可能有亏损，我们主要是看好它们将来的发展，肯定不能用过去的财务指标作为选择的依据。或者选择 ETF 等方式，或者选择得非常慎重，这类品种如果不深度研究根本不敢重仓持有，即使有过深度研究，风险也不小。比如 2020 年光伏行业的大牛股隆基股份，现在来看确定性很高，但这个行业中类似无锡尚德的案例不在少数，宁可踏晚一步都不要踏早一步。

第三类就是类似银行、地产、保险这样的"三傻"行业，估值已经足够低，但就是不涨，在这些行业里，笔者选择了一些成长性相对高、ROE 比较稳定的产品，如招商银行、宁波银行、保利地产、万科 A 等，作为行业配置的一部分。

第四类行业是建筑材料、机械设备、交通运输、化工等行业，这类行业整体没什么亮点，既不成长，价值也不高，关键是其中的一些头部企业，兼有成长和价值，比如建筑材料中的海螺水泥、机械设备中的三一重工、交通运输中的顺丰控股、化工中的万华化学。受益于头部效应，即使整个行业不怎么样，这些个股还是非常值得配置的。

第五类是笔者基本放弃的行业，如采掘、钢铁、煤炭、纺织、军工等，这些行业大部分是资源类行业，在 2007 年的牛市里是突出代表，但今天的宏观经济已经不适合这些行业的高速发展了。当然，不是说这些行业一点机会都没有，短期的反弹还是会有的，像军工 2021 年涨得还非常不错。但毕竟军工这样事件性、只有一个用户的行业，是不可能有丰厚利润的。值得一提的是，这些笔者本来看不上的行业，在 2022 年上半年中出现了机会，最典型的是煤炭，这样一个落后的传统行业，将来大概率要被新能源替代，但在 2022 年上半年却走出了独立行情，遥遥领先于其他所有行业。所以，所有行业本质上都是有周期的，此一时彼一时。

整体来说，除了前面讲到的第五类行业，笔者都会分散持有 ROE 相对高而稳定、估值相对低的细分行业里的头部企业。有人会说，这样分散还不如持有一个沪深 300 指数。我之所以没有这么做，一是因为扣除中石油、中石化等权重大而且业绩不好的行业，战胜指数是大概率的；二是因为行业的头部企业跑赢行业指数也是大概率的。整体来说，还是会大概率战胜指数，况且还有打新的收益。

以上观点是针对长期走势说的，如果短到某一年，甚至可能出现相反的行情。比如煤炭，长期涨幅并不高，行业的技术含量和未来的发展都不甚理想，但因为估值低，2022 年上半年竟然成为上涨最好的一个行业。

第二，品种的广度，这个广度比股票的行业广度更有意义。这就是历史上的"四大金刚"：封基、债券、分级 A、可转债。

（1）封基最大的优势就是打折便宜，笔者刚入市的时候还有折价率 50% 的封基，现在虽然老封基都没有了，但还是有折价率百分之十几的科创板封基和战略配售封基，以及现在刚兴起的定期开放基金，在持仓品种认可的前提下，折价是跑赢市场的一个助推器。

（2）债券这块，现在个人只能买国债和数量非常少的

AAA评级的债券，如果你有500万元以上的资产，可以申请成为合格投资者。合格投资者可以购买AAA评级债券中的Q债，Q债相当于风险比较大的债券，但收益率很高，目前多数都是房地产债券。但现在合格投资者可以买的Q债也只有几只，对大部分普通投资者来说只能借道购买债券基金来购买债券。

（3）分级基金在2020年底到期了，将来也不会再有这个品种，类似2015年下半年熊市的辉煌成绩也只能留在记忆中了。

（4）可转债，这是目前机会最多的品种，因为债券有限制，分级A没有了，封基的数量也不多，只有可转债迎来了历史上最繁荣的时代，目前在交易的可转债已经超过400只。这种上不封顶、下有保底的品种，不管什么人，不管你是想"双低"无脑轮动还是套利投机，都可以找到适合自己的投资可转债的方式。本书有专门的章节介绍这个品种。

第三，除了A股市场，放眼境外，还有两个地方是最值得投资的：一个是美股，一个是港股。美股的特点是依靠互联网赚了全世界的钱，不管是标普500还是纳斯达克指数，权重最大的就是脸书、亚马逊、苹果、微软、谷歌。如果深研不够，那么最值得投资的就是纳指100指数基金和中国互联、中概互联基金等，即便2022年这些品种跌了很多。

总结一下，所谓的广度，就是全行业兼顾成长和价值，有所不为才能有所为，并放眼封基、债券、分级A、可转债的机会和境外的美股、中概股的新经济基金。当然，这种方法也不是十全十美的，同样情况下研究的"深"，从概率上说肯定是好于"浅"，只不过用广度进行弥补，同时也做到了对自己重仓的品种尽可能地深入了解。

当然，广度大于深度的方法，不太会有令人特别惊艳的成绩，但同时也避免了"黑天鹅"的极端影响，比较适合笔者。在笔者的投资经历中，大概经历过10次主要品种的大调整，单独看每年的收益率也没有特别惊艳，但因为大部分年份都选择了合适的品种和策略，长期的业绩还是很稳定的。当然，这不包括2009年和2017年这两年因为延续前一年的成功策略导致的失败。

所以，没必要去争论深度好还是广度好，成长好还是价值好，走极端的都会遇到不适期，每个人都会有适合自己的方法。

满仓轮动不择时

用广度代替深度，有了足够的广度，才能轮动。

所谓轮动，是在自己的能力圈内的品种之间进行轮动。大的轮动是以年为单位的。在表4-1里，大概标注了一下笔者15年来以年为单位切换的品种，大致有白马股、小市值股票、分离债（债券）、分级A、可转债、封基等品种。当然不可能做到正好在每年的年底做切换，也不可能满仓一个品种。

以2021年为例，年初一个多月笔者还是满仓了以茅台为首的白马股，后来主要以Q债为主，下半年重仓了可转债，这一年的主要收益还是来自可转债。

仔细看每年的收益和沪深300的对比，跑输最严重的是2009年和2017年。恰恰这两个年份的前两年，笔者的品种大幅度跑赢了指数，2008年大熊市，因为后期满仓持有分离债，所以做到了大幅度跑赢指数。2009年是"四万亿"行情，当时笔者的思维还停留在2008年的大熊市中，继续满仓分离债，导致严重跑输给指数。2016年，沪深300跌了11.28%，还有年初的熔断行情，但这一年笔者轮动到了小市值股票上，所以大幅度跑赢了指数。而2017年市场风格已经切换到蓝筹行情，笔者由于还是停留在小市值股票上，导致了严重的跑输指数。

综合来看，2009年和2017年这两年严重跑输指数的最主要原因还是没有对风格进行及时轮动，依然停留在前一年的风格上。这两个年份的例子也进一步说明了以年为单位的轮动是非常必要的。

　　肯定有人会问，你切换的依据是什么？在储备了有关多个品种的知识后，笔者会对未来的收益进行估算。比如，2021年从白马切换到可转债，已花费大量时间做了可转债多因子策略的4年数据的回测，包括2018年的大熊市，这个策略依然能做到70%的年化收益率。按照经验，实盘如果实现回测收益率的一半就算成功，那么茅台在2021年的涨幅无论如何都到不了35%。满仓轮动做的是相对比较，所以笔者才会在2021年清仓茅台等白马股，重仓可转债。当初卖出茅台时，茅台的股价只有2000元多一点，但近半年的时间笔者在可转债上已经有超过30%的收益。这个账无论怎么算都是合算的。

　　退一万步说，茅台要涨回到2600元，其切换才算白做，至少它在2021年没有涨回去。问题的关键是笔者利用这些资金在后半年时间内通过可转债获得了丰厚的回报。

　　再打个比方来说明一下满仓轮动。传统的方法好比是用分数线去招生，但过分数线的学生不一定能正好满足学校招生的人数，不是多了就是少了。满仓轮动相当于不确定分数的阈值，如果在这个学校要招1000名学生，那么只要排名在前1000的，不管是多少分都会录取。它是一个相对的概率。

　　除了品种间的轮动，品种内部也是这样的轮动，即大轮动（品种之间轮动）里套小轮动（品种内轮动）。比如当年笔者轮动封基，就是采用市价涨幅、净值涨幅、折价率、年化收益率、分化比例等因子组合得到的排名，和传统打分不同的是，这些因子的权重、组合以及是否合适，不是拍脑袋得到的，而是通过历史数据的回测（一般至少要跨过一个牛熊周期）优化得到的，随着市场风格的变化，这些策略还会做及时的调整。

对此，有人可能会诟病：过去的数据怎么能用于将来呢？对此最有名的例子就是感恩节火鸡的故事，圣诞节前每天早上8点主人都会给火鸡喂食，聪明的火鸡由此总结出一条规律：8点一到就有吃的，但到感恩节，主人就不是给火鸡喂食而是要吃掉它了。但换个角度想想，聪明的火鸡能在有限的生命中总结出这条规律，又有什么不好呢？同样，量化轮动也肯定不是一直有效，应用一段时间后肯定要进行转变。

再说说不择时，不否认有择时的高手存在，但对绝大部分普通投资者来说，择时的难度好比登天。投资做对一两次不稀奇，长期都做对就太难了。每次大跌大涨都会成就一些高手，但基本每次都是不同的高手。轮动相对择时来说容易一些，主要原因就是相对比较与绝对比较，前者更容易。

选择对自己有利的品种

做投资，我们首先要把自己当作普通人。高手水平确实高，但很多技巧是普通投资者学不会的。就如同普通人跟柯洁下围棋，不用猜都知道，普通人的赢面非常低。那么普通人怎样做才能战胜柯洁呢？我们开一下脑洞，如果下的是让子棋呢？比如普通人先下9子、19子、29子……总会存在一个阈值，到达这个阈值，普通人可以很轻松地战胜柯洁。

有人会说这是耍赖，确实是耍赖。但你可能没有想过，投资中确实有可以公开"耍赖"的品种。

比如封基，2006年笔者进入股市时，封基的折价率几乎是对折，也就是说，一只封基净值为1元，市价只有0.5元，举个极端点的例子，如果这只封基全部买了茅台股，现在茅台市价是2000元，那么买这只封基就相当于只花费了1000元，而且这个折价在一定时间内一定会归一，有点类似花1000元买了一张期权。这样用打折的市价买入这只基金，就能很轻松地战胜这只基金的基金经理。这跟上面提到的普通人跟柯洁下让子棋有点异曲同工。

当然现在的封基数量不多，只有几十只，而且折价率最高也只有百分之十几，成交额也不高，不太适合大资金，但对散户来说反而是一个非常好的福利。

再说说可转债，这也是比持有正股更加有利的品种，因为在转股溢价率不高的情况下，正股价格上涨，会带着可转债一起上涨；而正股下跌，可转债因为有债性保底，一般不会同步下跌。可转债是一个涨跌不对称的品种，上涨像股票，下跌像债券。

我国的可转债还有一个颇具特色的"耍赖"之道：下修转股价。这就好比跟柯洁下棋，还可以悔棋。正股跌多了，转股价一调整，可以自然带着可转债涨起来。往往一个周期内正股跌惨了，结果对应的可转债还是上涨的。这就是笔者总结的，可转债是一条可以合法"耍赖"的变色龙。它的胜率要比对应的正股高很多。

再譬如，市场还会存在明显的套利机会。比如有两年华宝油气，当时申购限额很低，场内价格天天跌，但它的跌幅一直没有净值跌得多，导致溢价巨高无比。有人就"开动拖拉机"天天"申购—卖出"，虽然每个账户赚钱不多，但"拖拉机"的威力非常大。在华宝油气下跌的时间段，竟然还有人赚了不少。

过去还有分级A、纯债等品种，都是在某种程度上特别有利于投资者，造成了收益和风险严重不对等的情况。笔者的投资就是储备了很多类似的知识，在这些品种中间做满仓年度轮动，才取得不错的业绩。

也就是说，我们建立了一个能力圈，能力圈内的品种都是相对有利于自己的，满仓轮动也容易取得好的业绩。类似封基、可转债等品种，专业的投资者因为市场容量、等级等因素很难涉足，无疑也是给散户的一个福利。所以在向专业投资者学习的同时，我们散户一定要搞清楚，哪些是值得学习的，哪些是不适合我们的，哪些又是虽然不适合专业投资者但适合我们散户的。

再举个反例,笔者至今都没有把期货、期权放进能力圈去轮动。确实有高手在这些品种里玩得风生水起,但笔者觉得难度相对有点高,毕竟这些品种都属于零和游戏,自认并没有超越其他投资者的能力,所以就不玩。

当然每个人的情况都不一样,哪些品种可以纳入自己的能力圈去轮动或者做资产配置,这取决于每个人的情况。笔者基本不跟别人争论方法的好坏,因为鞋子合不合适只有脚知道。这里只不过分享一下适合笔者自己的方法。

拒绝成功路径依赖

2021年的行情,出乎很多专家的预料,上证指数涨不过3年的魔咒被打破了,这一年,上证指数虽然只涨了4.80%,但毕竟做到了连涨3年。最令人大跌眼镜的是2021年的大白马,年初不少专家说好赛道不讲估值,春节前大白马也真的是一路高歌猛进,但春节后却一泻千里。

延续了好几年的大白马行情,会没有人想到它会跌吗?肯定有人想到。很多人在2019年、2020年就不断提出大白马行情要崩盘,但偏偏这些预测一次次被证明是错的。越是这样,大白马行情的时间一长,不仅透支了未来的估值,还透支了人们对大白马的认知。风险都是涨出来的,终于在2021年春节后爆发了。

这个现象还有一个名称,叫成功路径依赖,是指过去成功的方法不断被强化,以致到最后大家都听不进反面的声音,也都看不见反面的现象。甚至有人被套了还会以价值投资为自己辩解。

笔者在15年多的投资历史中,跑输沪深300最多的两年,都是因为前一年太成功,才导致了下一年的成功路径依赖。以第一次跑输为例,2008年大熊市时笔者因为基本满仓分离债,跌得很少,所以大幅度跑赢了沪深300指数,到2009年还是坚持原来的策略,连轰轰烈烈的"4万亿"行情来了都视而不见,虽然当年靠分离债也取得了 18% 的收益率，但和当年沪深 300 指数 96.71% 的涨幅相比，严重跑输。

同样的错误已经犯了两次，岂能再犯第三次？到 2021 年的四五月份，当时白马趋势已经形成，自己反复考虑要换赛道，但当时只有一小部分可转债用的双低策略在年初表现也不是很好。所以决定潜心研究可转债的策略，经过 1 个多月的反复回测，最终找到了多因子策略，按照这个策略，2021 年初市场大跌时可以不跌，2018 年可以不亏损，从 2018 年初开始，保守的年化收益率可以到 70% 以上，从 2021 年 7 月开始笔者用小账户试验，后来用大账户重仓这个策略的多种变型，最终取得了全年 42.13% 的收益率，其实 2021 年上半年结束时笔者的收益率才只有 8%，全年的绝大部分收益都是来自下半年的可转债。

当时笔者之所以大仓位换品种，就是因为比较了大白马和可转债未来的涨幅，以茅台为例，清仓时它的平均价格 2000 元左右，要想涨回 2600 元，需要涨 30%，基本不可能，自己判断因为可转债的这个策略年化收益高达 30% 以上，卖出茅台换可转债应该是值得的。

笔者的用全市场的宽度替代深度，个股不深研甚至很少看财报的策略，15 年来也算是一种比较另类的成功方法。

很多人在 2021 年底问我怎么看 2022 年，是否还继续看好可转债。笔者思考了很久，依然不敢做出判断。虽然笔者后来在 2022 年初还是重仓了可转债，但我不敢保证全年依然还是这样操作。2009 年、2017 年两次成功路径依赖的失败教训深刻，笔者不想让可转债变成第三次成功路径依赖。虽然每年都会有人对新年行情有个预测，但很少有人说对的，包括笔者自己。

2021年的行情在当年年初又有几个人说对呢？即使有人碰巧说对了，他敢保证下一年继续说对吗？做投资时间越长，对市场越敬畏。笔者宁可像2021年那样，先跟着大趋势走，到行情彻底改变了，回吐一点可转债的利润，再换其他在当时最值得投资的赛道。

第五章

公司与行业

笔者的分析顺序是自上而下的,即市场、行业、公司。行业与行业之间的差异是非常大的,分析公司重要的一点是分析它所处的行业。公司的盈利也是所有投资产品盈利的基础。

什么才是股票长期上涨的动力

经过2019—2021年的牛市后,又迎来了2022年的熊市,截至2022年4月21日,跌幅最大的宽基指数创业板指数跌幅已经高达30.40%。很多人不禁在问,自己的股票应该留着还是出手?到底要选择什么样的股票?股票上涨的真正动力究竟是什么?

先看一个最典型的例子:贵州茅台。如表5-1所示,从2007年初到2022年4月21日,茅台股经过多年的涨涨跌跌,复权涨幅高达3454.19%,年化收益率26.28%。按照这个年化复利计算,可以完成十年十倍的投资目标。

表5-1 贵州茅台股价涨幅(截至2022年4月21日)　　　　　%

年 份	涨 幅	年 份	涨 幅
2007	163.98	2016	56.46
2008	-52.57	2017	111.89
2009	57.91	2018	-14.21
2010	9.06	2019	107.14
2011	17.08	2020	71.36
2012	10.41	2021	3.60
2013	-36.63	2022	-12.34
2014	68.20	总计	3454.19
2015	30.48	年化	26.28

但即使是茅台,也不是每年都能均匀上涨,2008年、2013

年、2018 年，包括 2022 年截至 4 月 21 日，它都是下跌的，跌幅最大的 2008 年下跌了 52.57%，而涨幅最大的 2007 年则大涨了 163.98%。

再来看一下茅台的 ROE 和市盈率在这些年的变化。如图 5-1 所示，茅台的 ROE 这些年从最低的 20% 多升到最高的 50% 多，平均增加了 30% 多，而茅台这些年股价的年化收益率是 26.28%，正好接近 ROE。

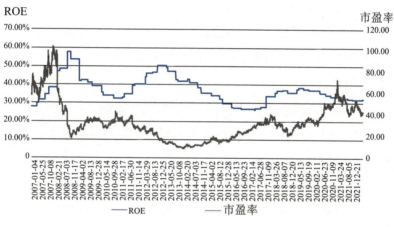

图 5-1 贵州茅台的市盈率和 ROE（2007—2021 年）

ROE，即净资产收益率，顾名思义就是单位资产每年产生的收益。芒格曾经说过，长期持有一只股票的年化回报率大致相当于公司的 ROE。巴菲特选择公司最看重的指标也是 ROE。茅台长期的年化收益率接近 ROE 就是一个最好的例子。

一方面，即使 ROE 一直非常稳定，市盈率不稳定，也会导致股价上下波动。还是以茅台为例，市盈率最低的时候不到 10 倍，最高的时候超过 100 倍。而市盈率本来就是单位盈利的市价大小，也就是说在同样盈利额的条件下，价格可以相差10倍之多。

这10倍的差异，其中有一部分因素是合理的，市盈率里的盈利不管用TTM（滚动12个月）还是什么方法计算，都是过去的盈利，对未来盈利不同的预计，会影响价格的波动，但其中还有一部分因素肯定是情绪等不确定因素。

再则，ROE本身也会波动，它的波动代表企业盈利能力的波动，也会导致价格的波动。

但不管怎么说，如果我们以十年为单位，或者以一个牛熊周期为单位，茅台的年化收益率基本还是和ROE匹配，在平均线上下波动。

当然投资并没有那么简单，未来的一切都在变化中，不管是ROE还是市盈率，都是过去的数据，投资最难的在于对未来的判断。但从长期来看，价格还是围绕着价值上下波动，这一条不会变，只不过波动幅度不同。

即使是贵州茅台，高位买入后也要经过漫长时间的等待才能解套。如果你是2012年7月高位时买入，那不仅要经历价格腰斩，还要等待2年多时间，到2015年上半年牛市来临才能解套。A股市场由于还不成熟，跌的时候往往会跌过头，涨的时候往往也会涨过头。如果你受价格和环境影响买在高位，即使是茅台这样的股票，都有可能会经历一个漫长的下跌期。

如何对股票估值

再好的股票都不能买贵的,那我们怎样对股票进行估值呢?股票的估值有很多种方法,我们先从最简单的开始介绍。

1. 市盈率估值

市盈率,英文缩写为 P/E,顾名思义,是用总市值除以总盈利。总市值是某个时间点的市值,随着股价的变动而变动,一般都是取最新的总市值。因为是代表一段时间的盈利,总盈利在市盈率中有很多种算法。

第一种叫静态市盈率,其中的盈利是一个完整年度的总盈利。假定 2022 年 4 月某家公司 2021 年的年报没有公布,那么我们就只能用 2020 年年报中的盈利数据来计算静态市盈率,显而易见,这样计算的缺点是数据非常滞后。

第二种叫动态市盈率。我们还是假定某公司 2021 年的年报没有公布,只有 2021 年前三个季度的盈利数据,那我们可以假定第四季度的盈利是前 3 个季度的平均值,也就是总盈利等于前三个季度的盈利 ÷3×4。相比静态市盈率,动态市盈率对最新盈利的反映比较及时,但因为很多公司的盈利具有年度周期性,比如第四季度的盈利相对比较多,或者第一季度有大笔奖励性支出,导致动态市盈率的计算一样存在误差。

第三种叫滚动市盈率，也被称为 TTM，其中的盈利采用的是最近四个季度的盈利的合计，还是用上面的例子，某公司 2021 年年报没有公布，那么最新四个季度的盈利就是 2020 年第四季度到 2021 年第三季度这四个季度的合计。相比静态市盈率和动态市盈率，滚动市盈率一方面使用了最新的数据，另一方面克服了季度周期性，所以是目前最常用的市盈率计算方法，一般如果没有特指，通常说的市盈率就是滚动市盈率。

格雷厄姆有个可以参考的合理市盈率公式：合理市盈率 = 8.5+2× 预期增长率 ×100，虽然市场不一样，但至少是一个供参考的标准。

第四种叫席勒市盈率，和前面几种用过去的盈利不同的是，席勒市盈率用的是预估未来 10 年的平均盈利，优点是更加贴近未来，但缺点也很明显，就是预估的不确定性更大。这里不多作介绍。

2. PEG 估值

除了席勒市盈率，其他不管哪一种市盈率，都是用的过去的数据，如果某家公司的盈利比较稳定，那还比较适用，但如果是一只高速成长股，市盈率这种指标可能就不太适用了。PEG 是用公司的市盈率除以公司的盈利增长速度再乘以 100。它弥补了市盈率对企业动态成长性估计不足的缺陷。假如一家公司的市盈率是 20 倍，预测未来的每股收益复合增长率是 20%，那么 PEG 就等于 20÷（20%×100）=1。一般来说，PEG 值如果大于 1，这只股票的价值就可能高估了。

PEG 的难点在于准确地估算出未来盈利的增长。

3. 市净率估值

比较稳度的盈利可以用市盈率来估值，稳定增长的盈利可以用 PEG 来估值，但 A 股市场中还有一批周期股，其盈利有强烈的周期性，往往其盈利最大的时候也是走下坡路的开始，而在盈利最少甚至发生亏损后，往往已经到达底部。这种情况简单地用市盈率或者 PEG 来估值会遇到问题，比如采掘、煤炭、石油、钢铁等行业的周期性都非常明显。这个时候我们可以用市净率（英文简称 PB）来估值。

市净率是总市值除以净资产，所以相对市盈率来说，市净率的波动要小很多，更加适合周期股的估值，一般来说，市净率小于 1，就相当于打折买了股票。但这个打折和封基的打折不太一样，封基的打折有确定的时间，封闭期结束前，市价会越来越接近基金的净值。股票不一样，股票的价格低于净资产，除非拍卖或者有其他变现手段，有可能市净率会长期小于 1，比如很多银行，就是市净率从 2007 年大牛市后一直小于 1，直到今天还有一大批银行股的市净率小于 1。

4. DCF 估值

和上面的市盈率、PEG、市净率等估值不同，DCF 是绝对估值法，DCF 是把投资的标的在未来 15~30 年产生的自由现金流，根据合理的折现率，计算出该资产在目前的价值。如果价格低于该价值，就是低估，反之就是高估。

DCF 估值法的概念非常清晰，就是把未来的现金折算成现在。难点在于对未来现金流的估算。有时模糊的正确好于精确的错误，巴菲特也从来没用计算机算过未来现金流的折现。另外，折现率在不同时间也是不相同的，不过这个差异相较于未来的现金流要小得多。

虽然我们无法准确计算出未来的现金流，但这个思想还是很重要的，比如源源不断可以长期稳定分红的公司就是好公司。

除了上面这几种常用的估值方法，还有股息率等估值方法。不管是哪种方法，都逃不过两大类，一类是用过去的数据估算，一类是根据将来的预测估算。使用过去数据的优点是数据精确，缺点是不能代表将来。而根据将来的预测虽然考虑了未来的影响因素，缺点是不容易预测准。实际运用中，要根据具体公司的特点，灵活运用各种估值方法。

买股票，买的是未来

对公司进行估值，数据来源包括确定的过去数据和预测性的将来数据两类，即使用过去的数据，我们也假定将来的数据和过去没有很大差异。所以我们买股票其实买的是未来，这么说，相信没人会反对，但实际在投资过程中，有很多错误的观念和操作都违背了这个简单的道理。

比如，有的投资者过度关注自己的持仓成本，用持仓成本决定操作，美其名曰止盈止损。理性地想想，这样的操作不太符合买股票买的是未来的原理。大部分投资者都是散户，股票未来的涨跌和我们的成本是没有关系的。即使真的有影响，也是你的成本线正好落在大部分人的成本上。有人说，为什么自己一买就跌、一卖就涨，是不是主力盯上自己买的股票了。其实更深层次的原因是，你的操作和大部分散户趋同，你的想法也和大部分散户趋同，而不是主力盯着你买的股票。

再比如，很多人学会了用财务指标去选股，不管是用市盈率、市净率、PEG、股息率还是ROE，所有这些财务指标都是来自过去的数据，如果没有大的外界因素的影响，大概率会延续，这是很多人用财务指标来选股的依据，但我们相信数据，利用数据，不能迷信数据。比如说使用TTM，10倍的市盈率是假定未来每年的利润和最近四个季度的利润一样，10年的利润就能让我们收回投资。关键是，未来10年的利润真的会一样吗？为了解决这个问题，1960年吉姆·斯莱特（Jim Slater）发明了PEG指标，即用市盈率除以收益的增长率。但这个增长率也是估算的，无非就是用过去的收益增长率去外推未来的增长率，或者由分析师估算未来的增长率。不管是用过去的数据外推，还是用其他估算方法，都只是对未来的推测，误差在所难免。即使是笔者一直推崇的ROE，也不能静态去看。如果只看ROE，很容易把很多周期股也选进去，比如很容易在牛市末端选中券商股，因为财报是滞后的。当券商的ROE最高的时候，往往就到了牛市的末期。再比如很多银行股的ROE并不算特别低，特别是和它们的市盈率相比，但趋势非常不好，每况愈下，而优秀的银行如招商银行则打破了这种趋势。市场给出招商银行相对比较高的PE是有它的道理的。

虽然我们无法做到准确预测未来，也只能用过去的数据去推测未来，至少我们在用这些指标的时候要有一个清晰的认知。未来与过去的数据有一定关系，但并不是完全由过去的数据决定。

笔者的行业观

我们投资买卖的是具体的股票,它们分属于不同的行业。虽然说,三百六十行,行行出状元,但行业和行业之间的差异还是很大的,比如食品行业的 ROE 长期在 20% 左右,而采掘行业过了 2007 年的景气周期后,ROE 长期在 5% 左右,估值有很大差异完全正常。

本文数据如果没有特别说明,均截至 2022 年 4 月 25 日。如图 5-2 所示,如果按照申万一级 28 个行业计算,市值最大的还是银行业,上市银行的数量只有 42 家,只占 A 股市场 4291 家公司的不到 1%,市值却占了 13.47%。银行业的市盈率估值 5.2 也是 28 个行业中最低的,但其最新的 ROE 位列 ROE 最高的 7 个行业之一(其他 6 个分别为食品饮料、基础化工、家用电器、建筑材料、钢铁、有色金属)。

很多人都会觉得银行给的估值太低,不合理,但如果看了图 5-3 这张 ROE 的趋势图,想必也能明白其中的原因。银行的 ROE 从 2011 年 10 月开始一路下滑,直到 2020 年 11 月见底后企稳,并有所反弹。这就是很长一段时间大家对银行未来盈利能力表示担忧,从而给了这个行业最低的估值,但估值从 2021 年开始又相对走强的一个原因。

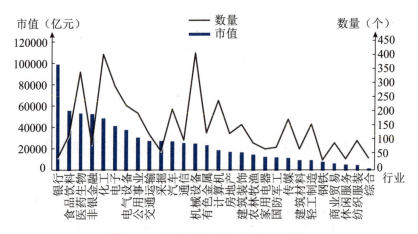

图 5-2 A 股市场行业市值和数量对比

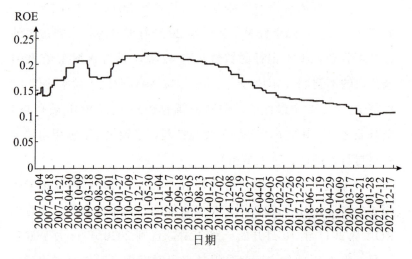

图 5-3 银行的 ROE 变化趋势

但物极必反,银行业被给出如此低的估值,也使得它成为 2022 年相对比较抗跌的板块。一般来说,银行类股票的涨幅,和 ROE、市盈率、市净率都有关系,长期来看还是和 ROE 关系最大，但如果给出的市盈率估值太高，则会出现相反的情况。比如招商银行凭借多年优秀的业绩，换取了比其他银行高很多的市盈率和市净率的估值。但 2022 年 4 月行长出事，导致招商银行股价大跌，截至 2022 年 4 月 26 日，当年的跌幅为 21.14%，几乎是 2022 年银行股中跌幅最大的。相反，本来 ROE 并不高同时市盈率和市净率估值也低的中国工商银行等，2022 年反而获得了正收益。

市值排名第 2 位的是食品行业，但在这个行业里，子行业的市值非常不均匀，整个行业的总市值截至 2022 年 4 月 25 日大概在 5.70 万亿元，而单单白酒就占了 3.95 万亿元，比例高达 69.30%，市值前 10 家的企业，6 家是白酒企业：贵州茅台、五粮液、山西汾酒、泸州老窖、洋河股份、古井贡酒。以高端白酒为代表的食品行业，虽然科技含量不高，却是具有刚性需求的 ToC（面向个人消费者）行业，企业拥有品牌护城河，毛利率普遍比较高。市场也给出了相对比较高的估值，但如果高到一定程度，往往会走向反面，2021 年开始的调整就说明了这一点。

医药生物是市值第三大的行业，目前在 A 股市场上市的公司高达 346 家，其中鱼龙混杂，市场化程度相比银行业要高很多。医药生物的门槛也很高，同在医药行业，各家公司的差异还是非常大的，一般来说，创新药的估值会高于仿制药，医疗服务行业的估值会高于医药生产行业，而医药商业行业的估值可能更接近一般的商业行业。

随着中国人口老龄化程度加深，医药行业也带来了一波机会，但医药行业和食品行业相比，一个很大的区别是，食品几乎都是由个人消费者买单，只有一小部分是企业买单，但医药行业相当大比例是国家医保买单。所以这个行业面对国家这样一个大客户，基本上是没有议价能力的。最近两年医药集采大大压缩了医药行业的利润，导致估值体系也有了较大的变化。

医药行业的专业度比起食品等行业显然要高很多，但市场给了我们一个很好的甄别。如果你买的是基金，那么配置头部企业的行业指数基金或者专业的主动基金都是不错的选择；如果你选择的是股票，那么不做深研，分散买头部企业也是可以的，当然你有深研的能力更好。

不管医药还是食品，经过 2019—2021 年的上涨，几乎都已经没有低估的品种了，历史的估值也已经到了几乎最高的百分位。随着 2022 年的调整，估值越来越低，机会也越来越多。

市值排名第 4 位的是非银金融行业，非银金融行业主要由保险、证券和多元金融组成。

保险是一个非常特殊的行业，收入在当期，赔付在将来，收入时间和成本支出时间严重错配，所以本质上也是金融业。中国的保险覆盖率远远低于西方发达国家，行业前景看好。在非银金融全部 89 家企业中，保险类只有 7 家公司，但市值高达 20432 亿元，占整个非银金融行业的 38.21%。

虽然保险业发展前景美好，这两年的发展也遇到了瓶颈，再加上领头羊中国平安在投资上的不断踩雷，导致从 2021 年开始整个保险业也随着市场进行调整，中国平安从最高点开始，经过 1 年多的调整也缩水了一半多。长期来看，这个行业还是值得期待的。不过目前因为整个 A 股市场只有 7 家保险公司，不符合 ETF 基金单个持仓一般不超过 10% 的要求，所以除了极个别的保险主题的基金外，并没有保险的指数基金。

证券类公司在 A 股市场的 90 家非银金融公司里占了 50 家，市值占大约 13.90%。券商是典型的周期股，现在还摆脱不了靠天吃饭。唯一有看点的是东方财富，因为嫁接了互联网，资产质量明显高于其他券商，整个行业平均的 ROE 不到 8%，但东方财富的 ROE 高达 22%，市值仅次于中信证券。但即使是东方财富，随着市场的调整，2022 年也下跌不少。

　　多种金融类公司在整个非银金融行业的 89 家公司中一共有 32 家，比例不算低，但市值仅仅占 3.38%，基本上可以忽略不计。这个小类里本来有个大白马安信信托，前几年爆雷后一蹶不振，目前市值最高的中油资本也只有不到 600 亿元市值，基本可以不用看这个二级行业了。

　　行业市值排名第 5 位的是化工行业，这是一个重资产的周期行业，市值最高的中国石化的市值有 5000 多亿元，排名第二的万华化学不到 2400 亿元。我们来看看它们的净资产收益率。

　　从图 5-4 的对比，我们可以很清楚地看到，中国石化和万华化学均有比较明显的周期性，但中国石化基本上是围绕着 10% 的中轴在上下波动，而万华化学基本上是围绕着 30% 的中轴在上下波动。这个图说明了两点：一是它们的周期性；二是万华化学的质量比中国石化要好很多。

　　我们再看看中国石化和万华化学从 2007 年初到 2022 年 4 月 25 日涨幅的变化，如图 5-5 所示，中国石化只涨了 1.25%，而万华化学涨了 848.75%。如果折算成年化涨幅，那么中国石化是 0.08%，万华化学是 15.85%。

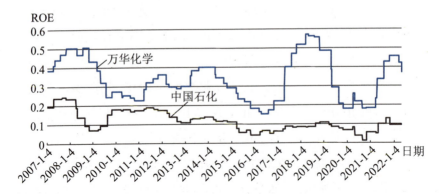

图 5-4　中国石化 & 万华化学 ROE 比较

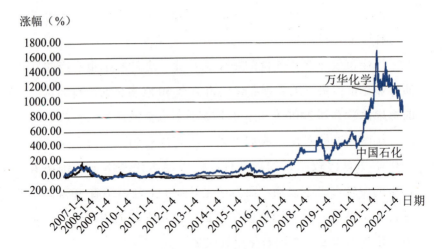

图 5-5　中国石化 & 万华化学股价涨幅对比

但不管是中国石化还是万华化学,它们的年化涨幅和 ROE 相比还是差了很多,这是什么原因呢?

我们比较一下它们 2007 年和 2022 年的市净率就明白了。中国石化 2007 年初的市净率是 3.66,2022 年 4 月 25 日的市净率是 0.65,差了 5.63 倍;万华化学 2007 年初的市净率是

13.41，而 2022 年 4 月 25 日的市净率是 3.46，差了 3.88 倍。也就是说，由于中国石化的估值下降幅度远大于万华化学的估值下降幅度，最终影响了它们的涨幅。

经过对中国石化和万华化学两家公司进行简单分析，我们可以得到两点结论：第一，ROE 高而且稳定的公司，股价的长期表现不会差；第二，即使 ROE 高的公司，也要在便宜的时候买入。万华化学最高涨幅在 2021 年 2 月 18 日到过 1667.65%，如果这个时候买入，到 2022 年 4 月 25 日会跌到 848.76%，跌幅高达 46.33%，一年多时间几乎腰斩。其实这一年多万华化学的基本面并没有怎么恶化。

行业市值排名第 6 位的是电子行业，这个行业的二级行业有半导体、电子制造、光学光电子、元件和其他电子等。和其他行业相比，电子行业的科技含量比较高，目前不是像中芯国际那样离行业最高水平还有相当大的距离，就是像立讯精密、工业富联那样给苹果公司等做配件，只能赚点相对低廉的钱。包括有一段时间大热的芯片子行业，也是因为技不如人而受制于人。对国家来说，这些是非常重要的行业，但对投资者来说目前还不是好行业，或者说，我们散户很难甄别将来的十倍股。

市值排名第 7 位的电气设备，市值排名前列的宁德时代、隆基股份、通威股份、亿纬锂能等，基本都是新能源的上下游产业，这个赛道将来会吞噬传统能源的赛道，而且基本也过了混战时代。过去这个行业以无锡尚德、江西赛维等从先驱变先烈为代价，终于使得头部企业脱颖而出，现在很难说这些企业会一直是领头羊，但概率还是相当高的。缺点还是估值过高，不过经过 2022 年的下跌，估值已经开始有吸引力了。

市值排名第 8 位的是公用事业，二级行业主要有电力、环保、燃气、水务，数量最多、市值最高的还是电力行业，目前市值前 10 名全部是电力行业的：长江电力、龙源电力、三峡电力、中国广核、中国核电、华能水电、华能国际、国投电力、国电电力、川投能源。以电力为首的公用事业是整个社会的刚需，业绩相对稳定，估值也还不高，是追求稳定收益的投资者的选择之一。

市值排名第 9 位的是交通运输，二级子行业有港口、高速公路、公交、航空运输、航海运输、机场、铁路运输、物流等。市值比较大的子行业有物流（7502.69 亿元）、航空运输（4723.30 亿元）、港口（4067.40 亿元）、航运（4040.12 亿元）。物流行业中只顺丰一家的市值就占了 1/3，其他 46 家基本上都是在 500 亿元以下。航空运输总共才 8 家企业，这几年受疫情等影响普遍亏损。17 家港口企业也是上港集团一枝独大，市值也是占了 1/3。而航运中一枝独大更加严重，13 家公司总市值 4040.12 亿元，排名第一的中远海控高达 2173.12 亿元，占比高达 54%。

交通运输受大环境影响非常大，比如这几年受疫情影响，以客运为主的航空业普遍亏损，而以货运为主的航海运输反而进入了景气周期，盈利翻了几倍。

市值排名第 10 位的是采掘业，采掘业主要以石油和煤炭开采为主，目前市值过千亿的中国石油、中国海油、中国神华、兖矿能源、陕西煤业、中煤能源等都是石油和煤炭开采企业。由于最近几年能源涨价再加上进入景气周期，这些估值不高的企业在这几年市场下跌中反而表现不错，但要注意是否过了景气周期。

市值排名第 11 位的是汽车行业,这个行业两极分化很严重,主要是新能源汽车和传统的燃油企业分化严重。比如前几年市值一直位居第一的上汽集团,这两年被做新能源汽车的比亚迪和长城汽车追上了,目前屈居第三。从 ROE 来看,上汽集团并不比比亚迪和长城汽车差,甚至更好一些,但市场给出的市盈率和市净率的数字差了一个数量级以上,最主要还是对整个行业发展方向的预判。

表 5-2 比亚迪、长城汽车、上汽集团比较(截至 2022 年 4 月 25 日)

股票代码	股票名	收盘价/元	总市值/亿元	市盈率	市净率	净资产收益率/%
002594	比亚迪	227.5	6622.85	217.49	6.97	4.75
601633	长城汽车	22.58	2085.41	31.03	3.23	11.33
600104	上汽集团	15.51	1812.10	7.51	0.67	11.49

市值排名第 12 位的是通信行业,市值过千亿的主要是中国移动、中国电信、中国联通三大运营商和中兴通讯这一家设备制造商。最近两年经过调整,市盈率估值都在 10 多倍,ROE 在 10% 左右,估值相对合理。

市值排名第 13 位的是机械行业,经过 2019—2021 年的上涨后,2022 年也进入了调整期。市值排名千亿以上的只有中国中车(1432.07 亿元)和三一重工(1301.17 亿元)两家。目前还是受宏观经济的影响,再加上估值走低,股价一路下滑。

市值排名第 14 位的是有色金属行业,这个行业过千亿的有紫金矿业、赣锋锂业、北方稀土三家公司。这几年由于原材料涨价,这些企业的业绩普遍不错。但由于部分企业前期涨幅过大,

2022 年都有了较大的调整，如赣锋锂业、北方稀土。

市值排名第 15 位的是计算机行业，这个行业有点类似电子，核心技术都不在我们手里，估值还给得远远高于国外的同类企业，也是笔者不敢碰的一个行业。譬如市值排名第二的金山办公，净资产收益率只有 14.80%，但市盈率估值给出了近 70 倍，这还是经过从 2021 年开始的一年多下跌的结果。

市值排名第 16 位的是房地产行业，这是一个最有争议的行业。前几年在宏观政策的影响下，股价一路下滑，而估值同时也随之下降。但到了 2022 年，房地产行业出现了一波逆势反弹。领头羊保利发展甚至迭创新高。要知道房地产行业还和建筑材料、建筑装饰、家用电器、钢铁等多个行业有着密不可分的联系。

市值排名第 17 位的是建筑装饰行业，市值排名前 8 位的全部是"中"字头的：中国建筑、中国中铁、中国交建、中国电建、中国铁建、中国能建、中国中冶、中国化学。这里边市净率破净的有 5 家，另外 3 家也都在 1.11 以下，市盈率平均值在 9 以下，最高的市盈率也不到 10。也就是这些企业的平均 ROE 不到 9%，利润不错，但现金流堪忧，才导致市场给了那么低的估值。

市值排名第 18 位的是农林牧渔，这个行业内有很多与食品行业分不太清楚，比如双汇也养猪，但因为偏加工，就算在食品里；同样，金龙鱼也是加工业，却被分到农林牧渔的农产品加工里。金龙鱼本身是一个低毛利的赛道，ROE 才 5.02%，却给出了最高近百倍的市盈率，经过 2021 年、2022 年连续的大跌后，依然还保持着 63.91 倍的市盈率。

除了市值排名第 2 位的金龙鱼是属于农产品加工业以外，

市值排名第 1、3、4、5 的牧原股份、温氏股份、海大集团、新希望不是直接养猪就是加工猪饲料的。这两年养猪业进入低估，2022 年第一季度甚至一直保持优秀业绩的牧原股份也出现了亏损。不过也有可能到达猪周期的底部了，一般周期股特别是强周期股的股票总是会提前出现行情。

市值排名第 19 位的是家用电器，家用电器行业是一个竞争激烈、头部效应凸显的行业。整个行业 74 家企业总市值 12964 亿元，美的、格力、海尔 3 家头部企业合计市值 7915 亿元，占了整个行业的 61%。家用电器是一个和房地产强相关的行业，这几年随着房地产业走低，家电行业也迎来了一波大的调整。

市值排名第 20 位的是国防军工。在中国，这是一个典型的 ToG（面向政府）的行业，定价权不在企业手里，利润空间有限，而且估值都非常高，比如市值排名第一的中航沈飞，ROE 为 14.9%，市盈率高达 54.34。排名第二的航发动力，ROE 才 3.24%，市盈率却高达 76.25。排名第三的中国重工，干脆是一家亏损企业，市盈率根本算不出来了。这个行业笔者从来没有碰过。

市值排名第 21 位的是传媒业。其中市值前三的是分众传媒、芒果超媒、三七互娱。分众传媒最早靠电梯广告一战成名，但电梯广告护城河不宽。整个行业分化还是很严重的，因为疫情原因，线下电影这几年一蹶不振，整个行业也不是太看好。

市值排名第 22 位的是建筑材料，市值过千亿的有海螺水泥、东方雨虹、天山股份。这个行业也是两极分化，东方雨虹的市盈率是海螺水泥和天山股份的好几倍，而 ROE 差异不大，都是建材行业。有人说是因为水泥的运输半径圈远小于防水材料，这也是一种说法。但不管怎么样，笔者都觉得不是海螺水泥和天山股份被低估了，就是东方雨虹被高估了。水泥与防水材料和石膏板有差异，但这样大的差异也是很难解释的。相信未来海螺水泥如果上涨了，市场又会出现新的解释。

市值排名第23位的是轻工制造，这个行业目前没有千亿企业，市值排名前三的是公牛集团、欧派家居、晨光股份，分别是制造接线板、定制家具和文具用品等细分行业的龙头。不要小看这些细分行业，在这些细分行业里，这些龙头企业保持着一定的品牌优势，ROE普遍在20%以上，市场也普遍给出了20倍以上的市盈率估值。

市值排名第24位的是钢铁业，钢铁业也是一个典型的重资产周期行业，而且还是相对落后的行业。所以市场给出的估值普遍不高。比如领头羊宝钢股份，14.49%的ROE，市场给出了5.43倍的市盈率估值。不过在大盘普遍不好的时候，价格反而容易得到支撑。

市值排名第25位的是商业贸易，这个行业主要以线下商业贸易为主。市值排名前三的是永辉超市、豫园股份、苏宁易购。永辉超市和苏宁易购亏损，豫园股份不到10%的ROE，市场也只给出了9倍的市盈率估值。整个行业吸引力不足。

市值排名第26位的是休闲服务，主要是餐饮、旅游、景点、旅游综合等子行业，其中中国中免一股独大。整个行业中39家公司共5720亿元市值，只中国中免一家就有3387亿元，占比高达59%以上。疫情对餐饮、旅游、景点等行业的影响是非常直接的，如果疫情有好转，那么整个行业会提前启动一波行情。

市值排名第27位的是纺织服装，这是一个低附加值的传统行业。除了人民币贬值带来的出口利好，还有前几年因为疫情导致的部分企业和疫情用品相关的生产带来一波利好外，几乎看不到什么机会。

市值排在最后一名的是综合业。整个行业市场市值才 2114 亿元。其中市值最高的华测检测才 345 亿元市值，这是因为把不能放进前面 27 个行业的企业全部归结到这里来了。目前没什么值得关注的。

为什么 ToC 比 ToB 的赛道更好

ToC（To Customer）是面对直接客户的，ToB（To Business）是面对企业的。为什么大部分大牛股都出自 ToC 的行业？我们先来看一个数据，从 2000 年 12 月 31 日到 2022 年 4 月 25 日，申万食品饮料指数上涨了 1392.57%，年化涨幅高达 13.51%，远远超过其他行业指数。排名第二的电力设备才上涨了 532.80%。

翻番的行业，基本上都是 ToC 的行业，而排在后面的如环保、通信、石油石化等行业基本上都是 ToB 的行业。ToC 行业中最典型的食品行业，品牌的护城河很宽，导致行业 ROE 一直维持在 20% 左右。而且，ToC 企业的现金流也远远好于 ToB 的企业，很多 ToB 的企业看着利润还不错，就是现金流不行。这也和面对客户的话语权有相当大的关系。比如茅台，虽然大部分酒也是通过经销商销售，但经销商需要至少提前 3 个月打款，否则根本拿不到产品。反过来，很多 ToB 的企业，账上则始终有一大笔应收账款。一家企业因为财务问题倒闭通常有两种情况：第一种是资不抵债；第二种就是现金流断裂，哪怕账上有再多盈利都无济于事。

另外，ToC 企业的业务相对简单，不容易被替代。比如酱油、榨菜等，这些东西我们至少吃了几百年，如果没有特殊情况，可能还要吃几百年。当然 ToC 企业也有迭代快的业务，如手机，但还是因为话语权不同，ToC 企业很容易赢家通吃，形成巨大的竞争壁垒。

做投资需要想明白自己想赚什么钱，如果不想整天追涨杀跌，只想慢慢变富，选择赛道还是非常重要的。ToC 行业的赛道，经常把估值炒到高不可及的程度后，哪怕企业的基本面没有变差，都有可能会经历杀估值的过程，2021 年和 2022 年的调整就是例子。但即使有调整，从 5~7 年一个牛熊周期来看，这些赛道长期还是有价值的。

除了食品饮料外，医药生物、家用电器等也是涨幅长期名列前茅的行业。医药生物行业与食品行业类似，随着中国逐步进入老龄化社会，医药的需求会日益增长。需要注意的是，医保政策背后有政府，最近几年政府组织的集采对患者肯定是好事情，但对投资者就不一样了。

虽然说 ToC 行业优于 ToB 行业，但如果出现 ToC 行业被高估而 ToB 行业被低估的情况，出现相反的行情也不是不可能。比如 2022 年初，就是煤炭行业出现了上涨而食品行业出现了下跌。如果你不善于判断大趋势又能忍受回调，不换也可以；如果你能提前判断出趋势走向，换一下品种更好。总之我们要找到适合自己的方法。

第六章
像股票一样交易的场内基金

场内基金的场,指的是股票市场。这一章所讨论的基金,都是用股票账户来进行买卖的基金。

什么是场内基金

场内基金，顾名思义，就是在股票市场里交易的基金。

场内基金是投资者在股票市场内与其他投资者交易，而场外基金是投资者在基金市场内或者通过第三方平台和基金公司做交易。一般场内基金的交易我们称之为买卖，场外基金的交易我们称之为申购或者赎回，基金成立时的第一次申购我们称之为认购。

场内基金因为是和第三方交易，所以只要是交易日的交易时间内，买卖双方都可以进行交易，交易价格随行就市，当然也会有涨停和跌停的限制。场外基金因为是基金公司交易，必须按照基金公司每天晚上公布的净值价格来进行，事先投资者是不知道的，申购时不能决定申购多少份额，只能申购多少金额，还要扣除佣金。

相较而言，场内基金的佣金在优惠后一般在万分之一左右；而场外基金打折后在千分之一左右，场内基金的优势很明显。在最小份额的限比上，场内基金是100份，如果基金单价是1元，金额就是100元左右。场外基金是按照金额申购，一般最低限额是1000元，也有最低是100元的，这取决于每家基金公司的规定。表6-1列出了场内基金和场外基金的区别。

表 6-1 场内基金和场外基金的区别

	场内基金	场外基金
交易场所	股票市场	基金市场
交易对象	其他投资者	基金公司或者第三方平台

续表

	场内基金	场外基金
交易时间	交易日9:30～11:30,13:00～15:00	每个交易日15:00前申赎按当天净值,过后按次日净值
交易价格	随行就市,按照买卖双方约定的价格	按照当天晚上基金公司公布的净值,申购时是不知道的
及时性	交易时间实时	一天一次
佣金	优惠后约万分之一	优惠后约千分之一
最低买入	100份	一般最低1000元起

按照集思录对场内基金的分类,场内基金可以分为封闭股基、封闭债基、指数 ETF、黄金 ETF、场内货币 ETF、股票 LOF、指数 LOF、QDII①、REITs② 这9类,如表6-2所示,下面一一做介绍。

表6-2 各类场内基金

类 别	数量/只	成交额/万元	平均成交额/万元	最大成交额/万元
封闭股基	67	9639	144	821
封闭债基	9	460	51	346
指数 ETF	411	4269021	10387	302474
黄金 ETF	11	143377	13034	94698
场内货币 ETF	33	5194693	157415	3185311
股票 LOF	114	15503	136	3584
指数 LOF	123	18551	151	6560
QDII	77	669316	8692	401575
REITs	12	34277	2856	25601
合计	857	10354837	12083	4020969

---

① QDII 基金指在一国境内设立,经该国有关部门批准从事境外证券市场的股票、债券等有价证券业务的证券投资基金。——编者注

② REITs,一般指专门持有房地产、抵押贷款相关的资产或同时持有两种资产的封闭型投资基金。——编者注

封闭股基

平时我们接触最多的是开基,开基是开放式基金的简称,封基是封闭式基金的简称。所谓开基,是投资者直接或者通过第三方平台与基金公司做买卖,在每个交易日收盘(15:00)前发出买入或者卖出的指令,按照当天公布的净值进行买卖。专业一点的说法,基金第一次募集叫认购,不是第一次募集的买入叫申购,卖出叫赎回。记住,开基是直接或者间接与基金公司做买卖。

中国A股市场是先有封基后有开基,封基比现在流行的开基早出现。1998年,南方基金、国泰基金就首次发行了封基开元、基金金泰,2001年才发行了第一只开基:华安创新。

封基第一次募集也是投资者与基金公司做买卖(认购),但认购以后就有几年的封闭期,也就是在封闭期内,投资者不能和基金公司买卖这只基金。

那如果中间我们要用钱怎么办呢?虽然我们不能和基金公司做买卖,但可以在股市里和其他基民做买卖,只不过买卖的价格不一样。和基金公司做买卖,完全是按照基金净值交易。比如,如果不算申购费用,申购了1000元某个基金,如果这个基金的净值算下来是2,那么1000÷2=500,你就有500份这个基金。

但如果是在二级市场和其他基民做买卖,就不一定是按照净值来成交了，如果封闭期过长，那么交易的价格不一定是 2，也可能是 1，你同样花费 1000 元，可以在二级市场买到 1000÷1=1000 份，多了 500 份。

净价是 2，市价是 1，那么溢价率就等于 1/2-1=-50%，也就是折价率是 50%，通俗地说，就是价格便宜了一半。

封基的买卖不仅价格与开基不一样，时间也不一样，封基的价格就像股票，是在交易日白天的 4 个小时交易时间内连续询价，而开基一天内只有晚上公布净值价格，每天收盘 3 点前申请的，按照当天的净值计算，3 点后申请的，就按照下一个交易日的净值计算。

当然也不是所有封基都可以在二级市场交易，有一部分封基在封闭期内不能交易，那这部分资金就真的变成死钱，不到时间拿不出来了。

封基到期一般都会转成开基。还有一部分封基，按照协议规定，到期后会开放若干天，让投资者申购和赎回，然后再进入下一个封闭期，这种封基就是定期开放的封闭基金，简称定开基。

封基相比开基的好处是，在封闭期内份额稳定不变，这样基金经理的操作就不会被基民"绑架"，牛市中更加容易满仓操作，熊市底部也不会因为基民赎回被动减仓。

对于二级市场的投资者来说，封基的折价是我们戴维斯双击的利器。举例来说，封基中的科创富国（501077），2020 年在二级市场的价格涨了 108.07%，但真正的净值只涨了 95.07%，另外 13% 来自折价率的缩小，这就是折价的封基给我们带来的戴维斯双击。

当然在折价率扩大的时候，市价的涨幅会落后于净值的涨幅，还是以科创富国为例，2021年其净值上涨了7.58%，但市价只上涨了4.27%，中间的3.31%就是因为折价率扩大导致的。

一般来说，上涨时封基的折价率容易缩小，造成戴维斯双击；下跌时封基的折价率容易扩大，造成戴维斯双杀。但随着时间越来越临近开放，折价率缩小是大趋势。

在计算资产时，开基是按照基金的净值计算，而封基是按照基金的市价计算。所以交易时间下午3点结束后，封基可以马上计算出总资产，但开基的总资产要等晚上净值公布后才能真正确认，如果是美股的资产可能还要晚一天。在通达信等软件中，输入一个封基代码，比如501077，你能看到两个科创富国，一个叫上海基金，第二个叫开放式基金，前者对应的就是二级市场的价格，而后者对应的就是这个基金的净值。二级市场的价格是连续的，而净值每天只有一个数字。

封基和开基一样，交易佣金不需要缴纳印花税，不一样的是封基买卖的佣金都是一个标准，而开基一般赎回的费率高于申购（C类基金除外）。一般来说，开基的标准佣金在百分之一左右，但现在市场竞争激烈，默认的佣金基本都打一折，也就是千分之一左右。而封基的佣金更低，一般都在万分之一左右。

投资封基的策略一般有长久持有和轮动操作，我们可以在集思录网站的封基板块上获得相关的数据，如图6-1所示。

第六章　像股票一样交易的场内基金

代码	名称	现价	溢价	当日涨幅	日内价差	成交金额(万元)	净值	净值日期	最近估值	折价率	到期日	剩余年限	年化折价率	用债A	用债B	用净价差	股票占比	报告期	基金公司
160143	创业LOF	0.9000	4.65%	2.62%	-2.03%	23.64	0.9546	2022-04-29	0.9546	5.720%	2022-09-01	0.34	16.725%	0.00%	0.00%	0.00%	84.71%	2022-03-31	南方基金
160325	华夏创业	0.8470	6.01%	3.35%	-2.66%	813.29	0.8928	2022-04-29	0.8928	5.130%	2022-07-24	0.24	21.737%	0.00%	0.00%	0.00%	90.77%	2022-03-31	华夏基金
160526	博时优势	1.0680	2.69%	1.62%	-1.07%	6.41	1.0959	2022-04-29	1.0959	2.546%	2022-06-03	0.10	26.521%	0.00%	0.00%	0.00%	82.86%	2022-03-31	博时基金
160527	研究优选	0.8470	4.31%	2.61%	-1.70%	18.53	0.8899	2022-04-29	0.8899	4.821%	2023-03-20	0.89	5.417%	0.00%	0.00%	0.00%	95.51%	2022-03-31	博时基金
160529	创业增时	0.9460	4.42%	2.20%	-2.22%	205.28	1.0044	2022-04-29	1.0044	5.814%	2022-09-03	0.35	16.707%	0.00%	0.00%	0.00%	82.61%	2022-03-31	博时基金
160645	鹏华回报	1.4280	1.64%	0.67%	-0.97%	5.93	1.4594	2022-04-29	1.4594	2.152%	-	-	-	0.00%	0.00%	0.00%	51.48%	2022-03-31	鹏华基金
160726	嘉实瑞泽	0.9540	1.71%	1.61%	-0.10%	12.29	0.9790	2022-04-29	0.9790	2.554%	2022-06-25	0.16	13.795%	0.00%	0.00%	0.00%	63.95%	2022-03-31	嘉实基金
160926	创业大成	1.0270	2.60%	1.68%	-0.92%	139.33	1.0646	2022-04-29	1.0646	3.532%	2022-08-18	0.30	16.505%	0.00%	0.00%	0.00%	64.09%	2022-03-31	大成基金
161040	创业富国	1.0680	4.30%	3.11%	-1.19%	252.70	1.1139	2022-04-29	1.1139	4.121%	2022-07-14	0.21	19.813%	0.00%	0.00%	0.00%	83.63%	2022-03-31	富国基金
161132	易基科翔	1.7110	3.89%	1.51%	-2.38%	1.02	1.7781	2022-04-29	1.7781	3.774%	-	-	1.467%	0.00%	0.00%	0.00%	93.53%	2022-03-31	易方达
161729	招商国信	1.6650	4.39%	3.14%	-1.25%	0.25	1.7505	2022-04-29	1.7505	4.884%	2022-07-18	0.21	22.301%	0.00%	0.00%	0.00%	86.77%	2022-03-31	招商基金
161837	银华大盘	1.3360	-0.07%	1.42%	1.49%	19.64	1.4170	2022-04-29	1.4170	5.716%	2023-12-27	1.66	3.437%	0.00%	0.00%	0.00%	89.01%	2022-03-31	银华基金
161912	社会责任	2.1440	3.68%	2.27%	-1.41%	349.08	2.1577	2022-04-29	2.1577	0.635%	-	-	-	0.00%	0.00%	0.00%	88.11%	2022-03-31	万家基金
161914	万家创业	0.7370	4.10%	3.13%	-0.97%	266.64	0.7794	2022-04-29	0.7794	5.440%	2022-05-18	0.29	18.567%	0.00%	0.00%	0.00%	95.20%	2022-03-31	万家基金
162720	创业广发	0.8230	4.97%	3.74%	-1.23%	371.50	0.8789	2022-04-29	0.8789	6.360%	2022-08-14	0.41	15.704%	0.00%	0.00%	0.00%	93.33%	2022-03-31	广发基金
163418	兴全合兴	0.7340	3.67%	2.57%	-1.10%	161.87	0.7538	2022-04-29	0.7538	2.627%	2023-01-12	1.21	3.716%	0.00%	0.00%	0.00%	89.34%	2022-03-31	兴全基金
166024	中欧信和	0.9230	3.24%	2.59%	-0.65%	29.35	0.9191	2022-04-29	0.9191	-0.424%	2023-11-29	1.58	-0.268%	0.00%	0.00%	0.00%	98.71%	2022-03-31	中欧基金
166025	中欧成长	0.9450	1.39%	1.25%	-0.14%	53.03	0.9860	2022-04-29	0.9860	4.156%	2023-05-13	1.04	4.006%	0.00%	0.00%	0.00%	48.74%	2022-03-31	中欧基金
166027	中欧价值	0.8030	4.83%	3.78%	-1.05%	120.89	0.8453	2022-04-29	0.8453	5.004%	2022-07-16	0.21	23.383%	-	-	-	99.64%	2022-03-31	中欧基金
167508	安信价值	1.3460	3.30%	2.55%	-0.75%	136.37	1.3668	2022-04-29	1.3667	1.515%	2022-04-30	-	-	1.78%	1.97%	-0.19%	89.42%	2022-03-31	安信基金
168207	中融创业	0.8590	6.18%	3.35%	-2.83%	33.02	0.9048	2022-04-29	0.9048	5.062%	-	0.31	16.224%	0.00%	0.00%	0.00%	88.46%	2022-03-31	中融基金

图 6-1　集思录封基数据示例

接下来逐一解释图 6-1 中的名词。

（1）代码：封基的代码，就是交易时我们输入的 6 位数。

（2）名称：封基的名称。

（3）现价：交易时的实时价格，收盘后就是收盘价。

（4）涨幅：相对前一天的收盘价的涨幅，等于现价 / 前一天收盘价 -1。

（5）当日净增：这个数字在盘中和当天晚上没有公布净值前是集思录按照基金的持仓品种估算的值，不是准确值，只能供参考。

（6）日净价差：等于当日净增 - 涨幅。一般来说，数值越大，说明净值跑得比价格快，有更大的上涨动力。但这是建立在上一个交易日价格和净值合理的基础上。如果本身前一天的净值和预测的差异较大，当天会出现补涨和补跌的现象。

（7）成交金额（万元）：封基的日成交金额，现在最大一般在 1000 万元以下，所以大资金进不来，这也是对小资金的一种保护。

（8）净值：每天晚上基金公司正式公布的净值，在公布前显示的是前一个交易日的净值。

（9）最近估值：集思录动态估算的值。

（10）折价率：价格 / 净值 -1，交易期间价格用实时的数据，净值用估算的值计算。

（11）到期日：封基到期转开放的日期。

（12）剩余年限：离到期日还有多少年。

（13）年化折价率：等于折价率 / 剩余年限。

（14）周净增：最近一周的净值增长率，等于净值 / 上周

净值 -1，其中净值在盘中为估算值。

（15）周价增：最近一周的价格增长率，等于价格/上周价格 -1，其中价格是实时值。

（16）周净价差：等于周净增 – 周价增。

（17）股票占比：最新基金季报中持有股票的占比。

（18）报告期：最新基金季报日期。

（19）基金公司：管理该基金的基金公司。

投资封基一般关注以下因子。

（1）净值增长：净增是封基价格长期增长的真正动力，每天的净值增长不确定因素太大，可以关注月净增或者周净增。

（2）净价差：一般可以关注月或者周的净价差。

（3）折价率：在同等条件下，当然是折价率越大越好。

（4）年化折价率：在同等条件下，当然也是越大越好。

同时满足这些条件的情况是非常少的。这些因子一般可以分成两类，好的和便宜的。净值增长得快，净价差大，这些都可以归纳为"好"；而折价率大、年化折价率大，都可以归为"便宜"。

净值增长得快不快，除了看过去的周增长、月增长外，最重要的还是对未来趋势的判断。当然短期很难进行判断，中长期的判断非常重要。

在"便宜"这个维度上，光看折价率不考虑剩余年限肯定有失偏颇，但如果只看年化折价率，在快到期的时候年化折价率会变得巨大无比，或许用修正的年化折价率会更好一些，用折价率减去一个固定的值，比如 1%，修正的年化折价率公式就变成：（折价率 -1%）/ 剩余年限。

表 6-3 是通过果仁网回测的一个例子,条件如下。

调仓周期:15 天

最大持仓基金数:10 只

筛选条件:当日成交额大于 1 万元

排名条件:20 日净增,从大到小,权重 100;溢价率,从小到大,权重 100

回测时间:2011 年 12 月 30 日到 2022 年 4 月 29 日

单边交易成本:千分之一

表 6-3 封基策略与沪深 300 收益对比(截至 2022 年 4 月 29 日) %

年 份	沪深 300	策 略	跑 赢
2012	7.55	8.56	1.01
2013	-7.65	1.63	9.28
2014	51.66	19.03	-32.63
2015	5.58	34.54	28.96
2016	-11.28	-0.15	11.13
2017	21.78	-2.70	-24.48
2018	-25.31	-6.51	18.80
2019	36.07	48.89	12.82
2020	27.21	72.58	45.37
2021	-5.20	30.60	35.80
2022	-18.71	-20.92	-2.21
总收益	71.21	325.48	254.27
年化收益	5.34	15.05	9.71

从回测结果来看,10 多年来,沪深 300 年化收益率只有 5.34%,而策略的年化收益率高达 15.05%,大幅度跑赢了沪深 300,除了 2014 年、2017 年、2022 年这三年策略收益率跑输沪深 300 外,其他 8 个年份均跑赢了沪深 300。

但同时，我们也要看到封基轮动策略存在的问题，那就是资金容量小。还是用上面这个例子，如果我们把当日成交额从 1 万元提高到 10 万元，年化收益率就从原来的 15.05% 缩小到 12.73%，如果提高到 100 万元，年化收益率就会缩小到 7.39%，如果提高到 1000 万元，我们将有一段时间选不出一个封基。但如果把选择范围从封基扩大到 ETF、LOF，年化收益率一下就能从 15.05% 提高到 25.66%。

这个例子也说明了目前封基的缺点：大部分都集中在创业板和科创板上，一旦双创指数走弱，光靠折价率很难跑赢。

封闭债基

前面我们讨论的封闭股基，持仓是以股票为主，而封闭债券，就是持仓以债券为主。

以集思录上刊登的封闭债基数据为例（见表6-4），一共才9只封闭债基，而且成交额非常小。最大的一只万家强债，在2022年4月29日也只有345.66万元的成交额，添富季红、民生增利、南方金利、易基永昶4只封闭债基连1万元的成交额都不到，确实不是什么主流品种。

但这些债基也有优点，它们绝大部分都是定开债基，平时封闭，间隔一定时间就会开放以便于赎回和申购。还是以万家强债为例，每三年开放一次，最近一次开放的时间是2022年6月9日至2022年7月4日，在这段时间里这只封闭债基可以申购和赎回，过了2022年7月4日，它会再次封闭起来，等下一个三年后再开放。

因为是封闭运作，平时不用考虑基民的申购和赎回，这些封闭债基一般都是高仓位运作，再加上债基可以用正回购杠杆来增厚收益，所以业绩相对开放债基会好一点。

从表6-5中我们可以看出，除了工银纯债、安丰18、添富季红3只封闭债基在个别年份亏损，万家强债等6只封闭债基连续8年保持着正收益，大部分封闭债基的年化收益率都在6%以上，高于同类平均值。虽然不能和沪深300相比，但作为一种稳健的配置，也是值得考虑的。

封闭债基数量少且交易量小，确实不是主流品种，但对小散户来说也是一种选择。

表 6-4 封闭债基相关数据（截至 2022 年 4 月 29 日）

代码	名称	现价/元	涨幅/%	成交金额/万元	最近净值	净值日增/%	净值日期	最近估值
160128	南方金利	1.015	0.00	0.00	1.0150	0.00	2022-4-29	1.0150
160515	安丰18	1.045	0.10	3.10	1.0504	0.01	2022-4-29	1.0503
161014	富国汇利	1.247	0.16	23.34	1.2509	0.07	2022-4-29	1.2507
161117	易基永旭	1.056	0.00	0.00	1.0550	0.00	2022-4-29	1.0550
161911	万家强债	1.018	0.10	345.66	1.0193	0.06	2022-4-29	1.0187
163210	诺安纯债	1.127	-0.09	52.20	1.1270	-0.09	2022-4-29	1.1280
164702	添富季红	0.980	-0.91	0.05	1.0100	0.00	2022-4-29	1.0100
164810	工银纯债	1.000	0.00	35.45	1.0174	0.02	2022-4-29	1.0172
166902	民生增利	1.025	-0.39	0.05	1.0278	0.03	2022-4-29	1.0275

代码	名称	折价率/%	到期日	剩余年限/年	年化折价率/%	债券占比/%	股票占比/%	基金公司
160128	南方金利	0.00	2024-6-18	2.140	0.00	162.20	0.10	南方基金
160515	安丰18	0.51	2022-11-25	0.570	0.90	134.59	0.10	博时基金
161014	富国汇利	0.31	2024-2-12	1.790	0.17	127.16	0.10	富国基金
161117	易基永旭	-0.09	2022-9-14	0.380	-0.25	129.77	0.10	易方达
161911	万家强债	0.13	2022-6-4	0.100	1.33	106.90	0.10	万家基金
163210	诺安纯债	0.00	开放期	0.000	0.00	103.16	0.10	诺安基金
164702	添富季红	2.97	2024-9-18	2.390	1.24	100.93	0.10	汇添富
164810	工银纯债	1.71	2024-8-4	2.270	0.75	99.93	0.10	工银瑞信
166902	民生增利	0.27	开放期	1.060	0.26	106.61	0.10	民生加银

表 6-5 封闭债基业绩表（2014—2021 年） %

代码	名称	2021年	2020年	2019年	2018年	2017年
161911	万家强债	4.63	3.50	5.34	8.40	2.51
163210	诺安纯债	4.58	2.99	5.43	8.45	1.53
164810	工银纯债	4.08	2.97	4.84	4.85	-1.63
161014	富国汇利	6.83	4.57	7.73	8.36	2.58
160515	安丰18	3.84	6.43	5.19	6.84	-0.39
164702	添富季红	-0.80	6.74	7.24	7.04	0.60
166902	民生增利	4.83	1.25	3.32	7.56	3.48
160128	南方金利	5.01	4.29	7.54	10.66	0.98
161117	易基永旭	5.64	3.23	5.54	7.93	2.33
	同类平均	4.70	3.03	4.77	5.87	1.68
	沪深300	-5.20	27.21	36.07	-25.31	21.78
代码	名称	2016年	2015年	2014年	累计	年化
161911	万家强债	2.41	10.68	14.33	64.27	6.40
163210	诺安纯债	6.54	13.45	16.13	75.51	7.28
164810	工银纯债	4.12	8.39	9.76	43.55	4.62
161014	富国汇利	3.56	9.85	12.50	71.20	6.95
160515	安丰18	2.71	17.28	15.20	71.68	6.99
164702	添富季红	4.77	13.58	11.83	62.72	6.27
166902	民生增利	4.57	11.69	14.00	62.52	6.26
160128	南方金利	1.49	13.81	13.35	72.30	7.04
161117	易基永旭	2.89	14.12	13.42	69.29	6.80
	同类平均	2.09	10.19	13.56	55.42	5.67
	沪深300	-11.28	5.58	51.66	112.03	9.85

指数 ETF

ETF，英文全称是 Exchange Traded Fund，是一种在交易所上市交易的、基金份额可变的开放式基金。

交易型开放式指数基金是一种比较特殊的基金，它既可以在二级市场像普通股票那样交易，又可以像开放式基金那样向基金公司申购和赎回，只不过它一般不是用现金申购，需要用一揽子指定的股票按照一定的比例去换回，赎回时通常情况下也不是现金，而是一揽子相关的股票。正因为有两种渠道的存在，所以机构投资者可以进行套利，但也正因为有实时的套利机制，所以封闭基金的折溢价情况在交易型开放式指数基金里很难出现。普通投资者不用关注。

目前申购赎回的最小单位一般都在 30 万份以上，而且需要用专用工具一揽子换股。散户就不用考虑了，所以在一般的申购赎回平台中也看不到 ETF 基金。而且，ETF 一般每 15 分钟公布一次预估净值，理论上存在的套利机会基本上都被场内自动交易工具瞬间获取，对散户来说，也不用像封基那样考虑折价率的事情。

ETF 可以分成被动型和主动型的，目前市场上常见的是跟踪某个指数的被动型 ETF，它的净值走势基本上与所跟踪的指数走势一致。

集思录收集了 411 只指数 ETF，它是目前数量最多的场内基金,也是除了货币基金外成交最活跃的基金。表 6-6 列出了其中规模比较大的指数 ETF。

指数 ETF,也就是跟踪指数的基金,主要包括两大类:一类是宽基指数,一类是行业指数。所谓宽基指数,就是不分行业或者跨行业的,常见的如上证 50 ETF、沪深 300 ETF、中证 500 ETF、创业板指 ETF,不是按照市场(沪市、深市、主板、创业板、科创板),就是按照规模(沪深 300、中证 500、中证 1000)进行区分。行业指数 ETF,比如说常见的证券、光伏、新能源车、芯片、基建、酒、半导体、军工、医疗等,另外还有一类是跟踪某种策略的,比如红利、低波动等,相对比较少见。

指数 ETF 投资的方法包括长期配置法、技术指标法、估值法 3 种方法。

1. 长期配置法

对很多忙于工作、没有时间进一步学习和研究投资的职场人士来说,长期配置指数 ETF 不失为一种好的方法。

我们以成交额最大的沪深 300 ETF(510300)为例,从表 6-7 我们可以看出,从 2013 年初到 2022 年 5 月 6 日收盘,沪深 300 ETF 9 年多的年化收益率是 6.36%,比同期沪深 300 的 4.80% 每年平均跑赢 1.56%。除了 2019 年跑输沪深 300 外,其他 9 年全部跑赢。主要的原因,除了打新增厚,还有分红。最常见的指数分红是自由跌落的,分红越多,指数跌得就越多,而 ETF 的分红是算在净值中的。2019 年沪深 300 ETF 跑输沪深 300,大概率是因为 2018 年熊市分红减少导致的。

表 6-6 指数 ETF 成交额前 10（截至 2022 年 4 月 29 日）

代码	名称	现价/元	涨幅/%	成交额/万元	指数	指数涨幅	估值	净值
510300	沪深300 ETF	4.015	2.55	302474	沪深300	2.43%	4.0144	4.0150
510050	上证50 ETF	2.793	1.60	242410	上证50	1.29%	2.7885	2.7900
512880	证券ETF	0.879	4.15	226538	证券公司	4.74%	0.8811	0.8810
510500	中证500 ETF	6.347	4.10	209260	中证500	3.86%	6.3280	6.3319
159915	创业板	2.244	3.99	184931	创业板指	4.11%	2.2470	2.2469
159949	创业板50	1.013	4.76	183887	创业板50	4.61%	1.0131	1.0130
563000	中国A50 ETF	0.827	2.10	138028	中国A50互联互通	1.81%	0.8259	0.8269
512000	券商ETF	0.843	4.59	126919	证券公司	4.74%	0.8443	0.8442
588000	科创50 ETF	0.986	4.78	124446	科创50	4.88%	0.9874	0.9872
159601	A50	0.828	2.22	117335	中国A50互联互通	1.81%	0.8271	0.8281

代码	净值日期	溢价率	最小申赎/万份	管托费/%	份额/万份	规模变化/亿元	规模/亿元	基金公司
510300	2022-4-29	—	90	0.60	1309189	-16.8	525.64	华泰柏瑞
510050	2022-4-29	—	90	0.60	1898707	-15.58	530.31	华夏基金
512880	2022-4-29	—	100	0.60	3519529	1.63	309.37	国泰基金
510500	2022-4-29	—	40	0.60	607577	-11.8	385.63	南方基金
159915	2022-4-29	—	100	0.60	817545	-0.7	183.46	易方达
159949	2022-4-29	—	100	0.60	1245479	-3.69	126.17	华安基金
563000	2022-4-29	—	150	0.60	1124345	3.99	92.98	易方达
512000	2022-4-29	—	30	0.60	2628812	0.82	221.61	华宝基金
588000	2022-4-29	—	260	0.60	2347317	-3.82	231.45	华夏基金
159601	2022-4-29	—	260	0.60	827819	0.41	68.54	华夏基金

表 6-7　沪深 300 ETF 与沪深 300 收益率比较
（2013 年初至 2022 年 5 月）　　　　　　%

代　码	510300	000300
名　称	沪深 300 ETF	沪深 300
2013-12-31	−5.84	−7.65
2014-12-31	53.51	51.66
2015-12-31	12.11	5.58
2016-12-30	−9.71	−11.28
2017-12-29	23.37	21.78
2018-12-28	−24.17	−25.31
2019-12-31	32.58	36.07
2020-12-31	29.07	27.21
2021-12-31	−4.01	−5.20
2022-05-06	−20.85	−20.88
累计收益率	77.98	54.93
年化收益率	6.36	4.80

虽然长期收益跑赢了指数，但如果在高点进去，也可能会长期处于亏损状态，还是以沪深 300 ETF 为例，如果你正好在 2015 年 6 月 8 日的高点买入，那要到 2020 年 11 月 19 日才能解套，中间有整整 5 年多时间。我们投资的目的是至少要跑赢银行存款利息和通胀，而不是只想要解套。沪深 300 ETF 最近一个高点在 2022 年 2 月 18 日产生，截至 2022 年 5 月 6 日，2 个多月已经下跌了 33.19%。假设还要 5 年才能解套，过程确实有点漫长。所以，买得便宜很重要。

2. 技术指标法

长期满仓类似沪深 300 ETF 等基金，虽然能跑赢指数，但如果买得贵，也会被套很长时间，有没有什么办法可以避免这个问题呢？

举一个非常简单的例子，如果当天收盘点位超过半年均线，我们就买入沪深 300 ETF；如果当天点位低于半年均线，就空仓，这样平均大概每年买入 4 次、卖出 4 次，如表 6-8 所示，年化收益率能从 6.34% 上升到 7.68%，不仅如此，还能大大降低回撤。2019 年大熊市，沪深 300 ETF 亏损了 24.16%，但半年均线法仅仅亏损了 3.95%。当然也有亏损更多的，比如 2021 年沪深 300 ETF 由亏损 4.03% 扩大到亏损 18.01%，长期来看还是提高了收益率，降低了回撤。

表 6-8 半年均线策略与沪深 300 ETF 对比　　　　　%

	沪深 300 ETF	半年均线策略	超　越
2013-12-31	−5.87	−12.36	−6.49
2014-12-31	53.79	60.69	6.89
2015-12-31	6.82	9.62	2.80
2016-12-30	−9.71	−0.90	8.81
2017-12-29	23.40	19.35	−4.05
2018-12-28	−24.16	−3.95	20.21
2019-12-31	38.61	23.49	−15.12
2020-12-31	29.06	12.82	−16.25
2021-12-31	−4.03	−18.01	−13.99
2022-05-06	−20.85	−0.37	20.48
累计收益率	77.57	99.60	22.03
年化收益率	6.34	7.68	1.34

这种趋势操作使用的技术指标毕竟只能代表过去，不能代表将来，详细的利用技术指标来投资指数基金的方法，可以参见笔者的《十年十倍：散户也可以学习的量化投资方法》一书。

3. 估值法

股票的价格不一，低的只有几元钱，高的像贵州茅台这样有上千元，如果没有统一的标准，很难进行横向比较。投资中最常用到的标准就是类似市盈率、市净率这样的指标。

如果有直接用市盈率作为评估的指标，考虑到不同行业在不同时间的市盈率差异很大，比如银行业在 2007 年大牛市时到达过 45 倍的估值，这样的估值未来很大概率不会再有，它的参考意义也不是很大。一般我们使用前 5 年市盈率的百分位作为参考。

以沪深 300 为例，最近 10 年的市盈率在 8~23 倍之间波动，2022 年上半年在 11 倍左右。我们可以用最近 5 年的市盈率百分位来大致衡量一下，使用 Excel 的话就用 percentrank 函数计算。2022 年 5 月 6 日，沪深 300 的市盈率是 11.70，最近 5 年市盈率百分位是 15.50%，也就是说最近 5 年只有 15.50% 的时间比这一天的市盈率还低。

我们设想做这样一个策略，每天持有沪深 300 的仓位是 100%- 市盈率相对百分位，比如说市盈率在 15.50% 百分位时，下个交易日的仓位就保持在 84.50%（100%-15.50%）上。

表 6-9 的回测数据告诉我们，平均持仓仓位是 56.9%，市盈率百分位策略跑赢了指数，且最大的意义不在于跑赢了多少，而在于大大降低了最大回撤：从 46.70% 降低到 21.82%，足足降低了一半多。平均还有 43.1% 的仓位，可以用来买入债券基金或者货币基金来增厚收益。

表 6-9　市盈率百分位策略数据回测与沪深 300 对比　　　　%

日　　期	沪深 300	PE 百分位策略	差　　值
2012-12-31	7.55	7.23	-0.32
2013-12-31	-7.65	-5.72	1.92
2014-12-31	51.66	31.55	-20.11
2015-12-31	5.58	9.30	3.71
2016-12-30	-11.28	0.18	11.46
2017-12-29	21.78	3.49	-18.29
2018-12-28	-25.31	-13.37	11.94
2019-12-31	36.07	29.29	-6.78
2020-12-31	27.21	10.93	-16.28
2021-12-31	-5.20	2.71	7.90
2022-05-06	-20.88	-10.54	10.34
累计收益率	66.63	72.04	5.41
年化收益率	5.06	5.38	0.32
最大回撤	-46.70	-21.82	24.87

从图 6-2 可以看出，2015 年 6 月和 2021 年 1 月沪深 300 的两个尖峰，其实是成交量最大、散户入场最多的时候，也是被套最严重的时候。计算最高点的点位很难，但用市盈率百分位法可以大致确定方向。

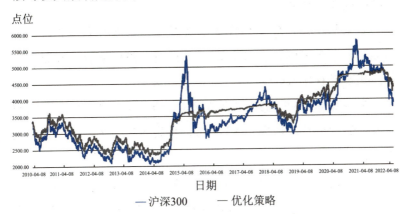

图 6-2　沪深 300 与市盈率百分位策略对比（2010 年 4 月—2022 年 4 月）

这种方法的缺点是很难大幅度超越原来的指数，另外不适用于个股和周期类的指数。

黄金 ETF

黄金是一种特殊的商品。巴菲特一直反对投资黄金,他认为黄金只是一种商品,不能像权益类产品那样自行繁殖出利润,只是抗通胀的工具,所以从来不投资黄金。

诚然,作为一种股权投资,黄金确实没有意义,因为它本身不会产生任何利润;作为一种商品,它的价值也很有限。但作为一种抗通胀的特殊商品,黄金在大类资产配置中有其特殊意义。

在国内市场,投资黄金的渠道有很多,比如可以直接购买实物黄金,也可以购买纸黄金、银行黄金积存产品或者黄金期货,还可以投黄金基金。

如果从操作便捷性和投资难易程度的角度考虑,通过黄金基金尤其黄金 ETF、上海金 ETF 进行黄金投资适合大多数投资者。那二者有什么区别呢?

国内黄金 ETF 均跟踪的是国内金价(AU9999),跟踪国际金价的黄金基金均为 QDII 基金,投资难度更大,申赎耗时也比较长。

截至 2022 年上半年,国内黄金 ETF 的数量已经增加到 10 只,其中华安黄金易 ETF 规模突破 100 亿元,甚至成为整个亚洲市场规模最大的黄金 ETF。在这 10 只黄金 ETF 中,7 只跟踪现货合约,3 只跟踪上海金。

表 6-10 黄金 ETF 成交额前 10（截至 2022 年 4 月 29 日）

代码	名称	现价/元	涨幅/%	成交额/万元	标的	指数涨幅/%	估值
518880	黄金 ETF	3.942	1.34	94698	沪金 99	1.31	3.9488
159937	黄金 9999	3.941	1.42	16651	沪金 99	1.31	3.9479
518800	黄金基金 ETF	3.904	1.53	16361	沪金 99	1.31	3.9068
159934	黄金 ETF	3.906	1.45	10588	沪金 99	1.31	3.9125
518680	金 ETF	3.963	1.38	2293	上海金	1.30	—
518850	黄金 ETF9999	3.984	1.30	1569	沪金 99	1.31	3.9901
518890	中银上海金 ETF	4.007	1.29	446	上海金	1.30	—
518660	黄金 ETF 基金	3.972	1.35	387	沪金 99	1.31	3.981
518600	上海金 ETF	3.966	1.38	313	上海金	1.30	—
159812	黄金基金	3.970	1.66	50	沪金 99	1.31	3.9817
518860	黄金 ETFAU	3.970	1.85	20	上海金	1.30	—

代码	净值	净值日期	溢价率/%	份额/万份	规模变化/亿元	规模/亿元	基金公司
518880	3.9488	2022/4/29	-0.17	286954	-5.07	113.12	华安基金
159937	3.9478	2022/4/29	-0.17	162282	-0.05	63.96	博时基金
518800	3.9069	2022/4/29	-0.07	15972	-0.32	6.24	国泰基金
159934	3.9125	2022/4/29	-0.17	103576	-0.41	40.46	易方达
518680	3.9702	2022/4/29	—	3506	0	1.39	富国基金
518850	3.9901	2022/4/29	-0.15	4028	0	1.60	华夏基金
518890	4.0129	2022/4/29	—	1795	0	0.72	中银基金
518660	3.9806	2022/4/29	-0.22	2715	0	1.08	工银瑞信
518600	3.9745	2022/4/29	—	3679	0	1.46	广发基金
159812	3.9813	2022/4/29	-0.28	1681	0	0.67	前海开源
518860	3.9905	2022/4/29	—	1756	0.05	0.70	建信基金

上海金ETF与常见的黄金ETF的不同之处就在于,它跟踪的不是现货合约价格,而是上海金的价格。上海金的价格是通过集合竞价产生的,是上海黄金交易所于2016年推出的以人民币计价的黄金基准价。之前国内的各种黄金交易价格要参考伦敦金,有了上海金,市场就多了一个黄金基准价的选择。

通过观察我们发现,上海金的走势与黄金现货合约的走势,长期虽然有差异但基本一致,没有特别大的差别。

场内货币 ETF

场内货币 ETF，也叫场内货币基金。这种基金主要投资的品种包括一年期以内的大额存单、央行票据、债券、债券回购、商业票据，即短期低风险高信用债券，在理财产品中风险最低，相对来说收益也比较低。

以表 6-11 中的场内货币基金为例，成交量最大的华宝添益和银华日利，7 日年化收益率都在 2% 左右。

场内货币基金的规模和成交额差异非常大。截至 2022 年上半年，规模超过 1000 亿元的货币基金有华宝基金的华宝添益和银华基金的银华日利，但两者的付息方式有很大区别。华宝添益的利息是每个月累计一次性打入账，银华日利则是直接体现在交易价格中。通过表 6-11，我们可以看到华宝添益的价格始终在 100 元上下波动，而银华日利的价格基本每天都会有一个缓慢上升，直到年底把净值 100 元以上的全部用现金分红，再回到原始的 100 元重新开始。

场内货币基金是 T+0 交易，而且绝大部分券商都是零佣金，部分投资者也会因此频繁交易，毕竟基本上零风险，而且也能满足交易的欲望。一般来说，如果市场出现突然利好特别是大利好，场内货币基金容易下跌。这是因为部分避险者在出现大利好后容易卖出去追高。反之如果出现大利空，场内货币基金容易上涨。但这些上涨和下跌都不是很大，无法与权益类产品的波动相比。

总之，场内货币基金基本上可以看作流动性堪比现金的替代物。

表 6-11 场内货币基金成交额前 10（截至 2022 年 4 月 29 日）

代码	名称	类型	价格	涨幅 /%	成交额 /万元	买入赎回年化 /%	申购卖出年化 /%
511990	华宝添益	交易型	100.014	0.01	3185311	-0.73	0.98
511880	银华日利	交易型	100.779	0.03	1477577	-0.31	0.59
511850	财富宝E	交易型	99.998	0.03	239579	0.10	0.15
511660	建信添益	交易型	100.019	0.02	183877	-0.99	1.27
159001	保证金	交易兼申赎型	100.000	0.00	65881	—	—
511810	理财金H	交易型	100.014	0.01	26051	-0.73	0.98
159003	招商快线	交易兼申赎型	100.002	0.00	4242	—	—
511690	交易货币	交易型	100.020	0.02	3991	-1.04	1.30
511700	场内货币	交易型	100.029	0.02	2339	-1.51	1.82
511800	易货币	交易型	100.016	0.02	1497	-0.83	1.00

代码	名称	七日年化 /%	月均七日年化 /%	年均七日年化 /%	规模变化 /亿元	规模 /亿元	基金公司
511990	华宝添益	1.76	1.85	1.96	2.18	1591.57	华宝基金
511880	银华日利	1.95	1.96	2.04	0.23	1338.85	银华基金
511850	财富宝E	1.76	1.99	2.20	-2.59	130.36	招商基金
511660	建信添益	1.94	2.07	2.20	-1.61	263.17	建信基金
159001	保证金	1.59	1.76	1.91	-1.79	25.89	易方达
511810	理财金H	1.72	1.78	2.02	0.18	29.93	南方基金
159003	招商快线	2.29	2.07	2.10	0.11	4.13	招商基金
511690	交易货币	1.77	1.95	2.23	-0.10	16.39	大成基金
511700	场内货币	2.15	2.26	2.50	-0.05	2.82	平安基金
511800	易货币	1.17	1.68	1.77	0.00	2.46	易方达

股票 LOF

LOF，英文全称是"Listed Open-Ended Fund"，中文释义为"上市型开放式基金"，通俗地说就是场内、场外都能交易的基金。LOF 获准在交易所上市交易后，投资者既可以在指定网点按当日收市的基金份额净值申购与赎回基金份额，也可以在交易所按撮合成交价买卖该基金份额，即在保持现行开放式基金运作模式不变的基础上，增加交易所发行和交易的渠道。

与 ETF 不同的是，LOF 的申购、赎回都是基金份额与现金的交易，最小单位一般是 1000 元，所以比较适合普通投资者申购、赎回。

股票 LOF，顾名思义，持仓以股票为主，与下文即将提到的指数 LOF 不同，股票 LOF 不是跟踪指数，而是主动型的股票基金，只不过既可以申购赎回又可以在二级市场交易。截至 2022 年 4 月 29 日，按照集思录的统计，这样的主动型股票 LOF 有 114 只，其中大部分成交额都不大。以 2022 年 4 月 29 日为例，成交额超过 1000 万元的只有兴全合宜、富国天惠、景顺鼎益、兴全合润、兴全趋势 5 只股票 LOF。

场内投资股票 LOF，成交额是一个比较重要的因素。一天几百上千万元的成交额规模，比较适合小资金。

表 6-12　股票 LOF 成交额前 10（截至 2022 年 4 月 29 日）

代码	名称	现价	涨幅 /%	成交/万元	场内份额/万份	场内新增/万份	换手率/%	基金净值
163417	兴全合宜	1.435	4.67	3584.06	369122	3	0.69	1.4665
161005	富国天惠	2.720	2.64	2064.56	90448	19	0.85	2.7194
162605	景顺鼎益	2.460	0.24	1911.78	60892	-49	1.28	2.4710
163406	兴全合润	1.544	4.39	1451.25	73924	54	1.29	1.5559
163402	兴全趋势	0.672	3.54	1146.62	210920	24	0.82	0.6739
163409	兴全绿色	1.856	4.80	806.49	13243	-15	3.34	1.8740
163415	兴全模式	2.860	3.55	674.38	19616	-10	1.23	2.8810
162703	广发小盘	1.780	4.52	586.58	26452	5	1.27	1.7877
161903	万家优选	1.153	3.69	438.07	46367	83	0.83	1.1526
501203	易基未来	0.954	3.36	261.15	7912395	0	0.00	0.9703

代码	净值日期	实时估值	溢价率/%	股票占比/%	重仓涨幅/%	申购费/%	赎回费/%	基金公司
163417	2022-4-29	1.4433	-0.58	94.08	3.82	1.50	1.50	兴全基金
161005	2022-4-29	2.7001	0.74	93.65	1.82	1.50	1.50	富国基金
162605	2022-4-29	2.4744	-0.58	90.17	0.02	—	1.50	景顺长城
163406	2022-4-29	1.5386	0.35	94.01	3.68	1.20	1.50	兴全基金
163402	2022-4-29	0.6707	0.19	90.10	2.69	1.50	1.50	兴全基金
163409	2022-4-29	1.8515	0.24	89.66	3.72	1.50	1.50	兴全基金
163415	2022-4-29	2.8467	0.47	93.74	3.25	1.50	1.50	兴全基金
162703	2022-4-29	1.7791	0.05	94.88	3.73	0.00	1.50	广发基金
161903	2022-4-29	1.1494	0.31	91.94	3.74	1.50	1.50	万家基金
501203	2022-4-29	0.9558	-0.19	79.50	2.12	0.00	1.50	易方达

指数 LOF

指数 LOF，就是跟踪指数的 LOF。按照集思录统计，截至 2022 年 4 月 29 日，一共有 123 只指数 LOF，成交额前 10 的指数 LOF 如表 6-13 所示。

和指数 ETF 相比，指数 LOF 比较适合散户申购赎回，但因为不像指数 ETF 可以用一揽子股票换购，总要留有现金，相对来说效率不及指数 ETF。

指数 ETF 跟踪的大部分都是沪深 300、上证 50 等主流宽基指数，而指数 LOF 跟踪的大部分都是白酒、新能源、军工、煤炭等性格鲜明的行业指数。如何选择指数 LOF，除了场内交易，其他的放在第七章一并讨论。

表 6-13 指数 LOF 成交额前 10（截至 2022 年 4 月 29 日）

代码	名称	现价	涨幅/%	成交/万元	场内份额/万份	场内新增/万份	换手率/%	基金净值
161725	白酒基金	1.084	0.74	6559.68	121400	-879	4.99	1.0899
501011	中药基金	1.043	3.37	2745.75	30850	-11	8.66	1.0427
165525	基建工程	0.797	1.66	1573.83	50590	-121	3.95	0.8008
501057	新能源车	2.210	4.94	800.71	12447	0	2.96	2.2223
167301	保险主题	0.657	2.50	485.46	52816	0	1.42	0.6570
161022	创业	0.970	3.74	453.82	24622	0	1.93	0.9770
161028	新能源车	1.068	5.01	445.87	18899	-12	2.26	1.0740
161024	军工	0.979	5.72	364.38	27768	-1	1.36	0.9830
161032	煤炭	1.801	0.90	338.31	1422	0	13.38	1.7970
501012	中药 C	1.024	3.54	312.84	3866	-32	8.00	1.0260

代码	净值日期	实时估值	溢价率/%	跟踪指数	指数涨幅/%	申购费/%	赎回费/%	基金公司
161725	2022-4-29	1.0906	-0.54	中证白酒	0.65	1.00	1.50	招商基金
501011	2022-4-29	1.0429	0.03	中证中药	3.84	1.00	1.50	汇添富
165525	2022-4-29	0.8009	-0.47	基建工程	1.93	1.00	1.50	中信保诚
501057	2022-4-29	2.2231	-0.55	新能源车	4.85	1.20	1.50	汇添富
167301	2022-4-29	0.6569	0.00	保险主题	2.44	0.80	1.50	方正富邦
161022	2022-4-29	0.9767	-0.72	创业板指	4.11	1.20	1.50	富国基金
161028	2022-4-29	1.0742	-0.56	CS新能车	4.84	1.20	1.50	富国基金
161024	2022-4-29	0.984	-0.41	中证军工	5.87	1.20	1.50	富国基金
161032	2022-4-29	1.7962	0.22	中证煤炭	0.13	0.00	1.50	富国基金
501012	2022-4-29	1.0262	-0.19	中证中药	3.84	0.00	1.50	汇添富

QDII 基金

QDII（Qualified Domestic Institutional Investors，即合格境内机构投资者）是在外汇管制下内地资本市场对外开放的权宜之计，以容许国内投资者在海外资本市场进行投资。

QDII 基金，就是用 QDII 方式投资的基金，一般分为欧美市场和亚洲市场，为什么要这样分呢？因为欧美市场由于时差关系，最终净值要比亚洲市场晚 1 天。截至 2022 年 4 月 29 日，成交额前 10 的欧美 QDII 基金如表 6-14 所示。

通过表 6-14，我们得到的最新净值是 T-2 的，也就是 2 个交易日前的，T-1 是估算的，那为什么不能估算 T 日呢？因为欧美 QDII 基金主要持仓的都是美股，而美股的开盘时间是北京时间当天晚上 21:30（或 22:30），次日凌晨 4:00（或 5:00）结束。这导致我们只能得到 T-1 的估算值、T-2 的准确值，T 日的数据因为没开盘所以无法进行估算。这也是欧美市场的 QDII 和亚洲市场的 QDII 最大的区别。

而亚洲 QDII 的基金，绝大部分都在香港市场，交易时间基本与内地同步，净值是 T-1 日的或者是 T 日的，交易时间的估值就是 T 日的。截至 2022 年 4 月 29 日，成交额前 10 的亚洲 QDII 基金如表 6-15 所示。

表 6-14 欧美 QDII 基金成交额前 10（截至 2022 年 4 月 29 日）

名称	现价	涨幅/%	成交/万元	场内份额/万份	场内新增/万份	T-2 净值	净值日期	T-1 估值	估值日期
中概互联	1.06	10.03	401575.06	3546643	100	0.9201	2022-4-28	0.9202	2022-4-28
互联中概	0.75	9.94	87205.52	375749	600	0.6881	2022-4-28	0.6947	2022-4-28
纳指 ETF	0.91	1.34	54570.36	457511	7500	0.9020	2022-4-28	0.9028	2022-4-28
标普 500	1.34	1.59	23342.50	530564	200	1.3294	2022-4-28	1.3294	2022-4-28
纳指 ETF	2.74	0.81	22226.49	107805	2200	2.7361	2022-4-28	2.7361	2022-4-28
中国互联	0.90	10.06	18868.78	265624	0	0.8220	2022-4-28	0.8304	2022-4-28
中概互联	0.76	10.03	16596.78	78283	0	0.6913	2022-4-28	0.6979	2022-4-28
教育 ETF	—	—	15503.35	182671	0	0.2997	2022-4-28	—	—
纳斯达克	1.12	1.36	11636.57	68167	5250	1.1215	2022-4-28	1.1141	2022-4-28
华宝油气	0.67	3.57	3721.18	113844	408	0.6641	2022-4-28	0.6529	2022-4-29

名称	T-1 溢价率/%	实时估值	实时溢价率/%	相关标的	T-1 指数涨幅/%	申购费/%	赎回费/%	基金公司
中概互联	15.63	—	—	中国互联网 50	1.78	0.50	0.50	易方达
互联中概	8.25	—	—	中证海外中国互联网 30 指数	2.68	—	—	广发基金
纳指 ETF	0.24	0.9023	0.30	纳斯达克 100	3.48	0.50	0.50	国泰基金
标普 500	0.80	1.3327	0.55	标普 500	2.47	0.50	0.50	博时基金
纳指 ETF	0.11	2.7345	0.16	纳斯达克 100	3.48	0.50	0.50	广发基金
中国互联	8.02	—	—	中证海外中国互联网指数	3.45	1.20	1.50	交银施罗德
中概互联	8.47	—	—	中证海外中国互联网 30 指数	2.68	0.00	0.00	嘉实基金
教育 ETF	—	—	—	中证全球中国教育主题指数	—	0.50	0.50	博时基金
纳斯达克	0.35	1.1134	0.41	纳斯达克 100	3.48	0.50	0.50	华夏基金
华宝油气	2.16	—	—	标普石油天然气上游股票指数	—	1.50	1.50	华宝基金

表 6-15 亚洲 QDII 基金成交额前 10（截至 2022 年 4 月 29 日）

代码	名称	现价	涨幅/%	成交/万元	场内份额/万份	场内新增/万份	净值	净值日期
513330	恒生互联	0.475	9.95	490140	4985348	10800	0.4825	2022-4-29
513180	恒指科技	0.559	9.82	126829	1649576	5500	0.5654	2022-4-29
513060	恒生医疗	0.500	3.52	116089	506789	-250	0.5087	2022-4-29
159920	恒生 ETF	1.110	3.84	110737	1317156	0	1.1209	2022-4-29
513130	恒生科技	0.560	9.59	110624	952135	38000	0.5656	2022-4-29
510900	H 股 ETF	0.798	4.86	73820	1246202	0	0.8089	2022-4-29
513090	香港证券	1.062	3.91	54439	110099	0	1.0748	2022-4-29
513010	港股科技	0.559	9.39	41040	462731	-4000	0.5669	2022-4-29
513550	港股通 50	0.779	3.04	15665	397599	0	0.7835	2022-4-29
159740	恒生科技	0.558	10.06	12182	127912	0	0.5662	2022-4-29

代码	名称	估值	溢价率/%	相关标的	指数涨幅/%	申购费/%	赎回费/%	基金公司
513330	恒生互联	0.4825	-1.55	恒生互联	11.04	0.50	0.50	华夏基金
513180	恒指科技	0.5653	-1.11	恒生科技	9.96	—	—	华夏基金
513060	恒生医疗	0.5087	-1.71	恒生医疗保健	3.46	0.50	0.50	博时基金
159920	恒生 ETF	1.1207	-0.95	恒生指数	4.01	0.50	0.50	华夏基金
513130	恒生科技	0.5647	-0.83	恒生科技	9.96	—	—	华泰柏瑞
510900	H 股 ETF	0.8087	-1.32	恒生国企	5.49	0.50	0.50	易方达
513090	香港证券	1.0757	-1.27	香港证券	4.93	0.50	0.50	易方达
513010	港股科技	0.5667	-1.36	恒生科技	9.96	—	—	易方达
513550	港股通 50	0.7837	-0.60	港股通 50	3.33	0.50	0.50	华泰柏瑞
159740	恒生科技	0.5664	-1.48	恒生科技	9.96	—	—	大成基金

亚洲市场的QDII基金以香港市场为主，也有日本等市场的；欧美市场的QDII基金以美股为主，也有德国、法国等欧洲主流市场的产品。

QDII基金是配置全球资产，分散风险的一个重要工具。值得注意的是，这些QDII基金最终购买都需要外币，很多品种额度满了就会停止申购，套利机制因此失效，导致部分产品的溢价率居高不下。比如表6-14中成交额最大的中概互联（513050），T-1日的溢价率在2022年4月29日高达15.63%，一旦开放申购，溢价率很快会被套利基金打压下来，这是投资场内QDII基金要注意的事情。

REITs 基金

REITs 基金，即 Real Estate Investment Trusts，中文名称是不动产投资信托基金。简单来说，REITs 基金就是一群人将资金交给基金经理去投资不动产，不动产的经营会产生租金等经营收入，这些经营收入再通过分红分配给投资者。

REITs 基金可以让投资者用较少的资金参与到大型基建项目中，从而享受项目带来的基础收益和资产升值。

不同于美国的 REITs 基金以房地产项目为主，我国目前的 REITs 基金是基础设施 REITs 基金，也就是以基础设施为底层资产。按不动产的投资方向划分，目前 REITs 基金可以分为产业园、仓储物流、高速公路、市政环保几类，如表 6-16 所示。

REITs 基金与一般基金的不同点，首先是投资的种类不同。一般的基金投资于二级市场，例如，普通股票型基金是买股票，债券型基金是买债券，REITs 基金则是投资基础设施。其次是净值公布频率不同。由于投资的是基础设施，REITs 基金价格波动小，不像投资股票、债券那样每个交易日都频繁波动，REITs 基金的净值一般半年公布一次，但和股票一样会有季报公布上市公司其间的盈利情况。

投资者申购 REITs 基金份额后，基金管理人会参与到一级市场，对项目进行监督和管理，让项目较好地运营起来。

由于 REITs 基金投资的范围是不动产这种长周期的项目，

表 6-16 我国上市交易的 12 只 REITs 基金（截至 2022 年 4 月 29 日）

代码	简称	现价	涨幅/%	成交额/万元	净值	净值日期	折价率
508099	中关村	4.574	0.44	1210.31	3.2000	2021-12-3	-42.94
508056	普洛斯	4.713	0.60	536.47	3.8416	2022-4-7	-22.68
508027	东吴苏园	4.500	1.03	705.03	3.8136	2022-4-19	-18.00
508018	中交 REIT	9.790	1.92	25600.86	9.3990	2022-4-13	-4.16
508006	首创水务	5.538	0.76	1000.3	3.7720	2022-3-31	-46.82
508001	浙江杭徽	9.880	0.70	530.27	8.3498	2021-12-31	-18.33
508000	张江 REIT	3.651	0.38	387.44	2.9656	2021-12-31	-23.11
180801	首钢绿能	17.031	0.36	558.44	11.9403	2022-4-8	-42.63
180301	盐港 REIT	3.050	1.03	1183.2	2.2698	2022-4-7	-34.37
180202	华夏越秀高速 REIT	8.351	0.17	698.83	7.1000	2021-12-3	-17.62
180201	广州广河	12.686	0.20	1036.88	12.4682	2024-4-27	-1.75
180101	蛇口产园	3.035	0.43	829.13	2.2823	2022-4-8	-32.98

代码	规模/亿元	到期日	剩余年限/年	全称	项目类型	基金公司
508099	41.17	2066-12-3	44.597	建信中关村产业园封闭式基础设施证券投资基金	产业园区	建信基金
508056	70.69	2071-6-7	49.107	中金普洛斯仓储物流封闭式基础设施证券投资基金	仓储物流	中金基金
508027	40.5	2061-6-7	39.107	东吴苏州工业园区产业园封闭式基础设施证券投资基金	产业园区	东吴基金
508018	97.9	2062-4-13	39.956	华夏中国交建高速 REIT	高速公路	华夏基金
508006	27.69	2047-6-7	25.107	富国首创水务封闭式基础设施证券投资基金	市政设施	富国基金
508001	49.4	2041-6-7	19.107	浙商证券沪杭甬杭徽高速封闭式基础设施证券投资基金	高速公路	浙商资管
508000	18.25	2041-6-7	19.107	华安张江光大园封闭式基础设施证券投资基金	产业园区	华安基金
180801	17.03	2042-6-7	20.107	中航首钢生物质封闭式基础设施证券投资基金	垃圾处理及生物质发电	中航基金
180301	24.4	2057-6-7	35.107	红土创新盐田港仓储物流封闭式基础设施证券投资基金	港口仓储物流	红土创新
180202	25.05	2071-12-3	49.597	华夏越秀高速公路封闭式基础设施证券投资基金	收费公路	华夏基金
180201	88.8	2120-6-7	98.107	平安广州交投广河高速公路封闭式基础设施证券投资基金	收费公路	平安基金
180101	27.32	2071/6/7	49.107	博时招商蛇口产业园封闭式基础设施证券投资基金	产业园区	博时基金

所以采用的都是封闭式运作，封闭期限较长，且封闭期内不办理申购与赎回业务，因此REITs基金不像普通开放式基金那样"想买就能买"。

投资者购买REITs基金，有两种方法：一是在REITs基金募集期、开放期时认购、申购，和普通基金认购类似；二是等REITs基金上市后，在二级市场买入，跟买股票类似，输入基金代码即可购买，不过需要开通证券账户。

由于目前的REITs基金封闭期短的有10年，长的有99年，想要等它开放实在有点久，想要刚好赶上REITs基金募集也比较难，因此通过场内购买更容易。如果要卖出REITs基金份额，场外份额持有人需将基金份额转托管至场内才可卖出，场内则可以直接挂单卖出。

我国目前上市交易的12只REITs基金都是溢价交易，这是REITs基金的稀缺性决定的。基础设施基本上没有什么成长性，与股权的性质完全不同。这让我想起封基刚刚上市时，也是因为稀缺性导致高溢价交易，现在封基普遍折价交易，导致高溢价买入的投资者遭受了戴维斯双杀的双重打击。所以，投资REITs基金务必注意高溢价。

第七章
选择多、门槛低的场外基金

场外基金,就是在交易市场外进行申购赎回的基金。目前场外基金的数量已经超过 10 000 只,远远超过股票的数量,也是基金中的主流品种。

什么是场外基金

场外基金，是相对场内基金而言的，场指的是股票市场。场外基金就是不用在股票市场开户，而是直接在基金公司开户，或者在第三方平台开户，向基金公司直接申购或者赎回的基金。这些基金绝大部分都是开放式基金，也就是正常每天都能申购和赎回的基金。

根据天天基金网 2022 年 5 月 13 日的统计数据，开放式基金有 14 206 只，其中股票型基金 2192 只、混合型基金 7130 只、债券型基金 4527 只、指数型基金 1710 只、QDII 基金 357 只、LOF 393 只、FOF 387 只，合计数量 16 696 只，超过了全部开放性基金的数量 14 206 只。原因是，一部分基金被划分在两种以上的类型中，比如有些基金既是股票型基金，又是指数型基金，表 7-1 是各类场外基金历年的平均涨幅。

股票型基金：一般要求股票持有比例在 80% 以上，其中一部分为指数型基金，因为仓位高，所以 2019 年、2020 年两年牛市平均涨幅表现超过其他类型，但在 2018 年、2022 年两年熊市也是表现最差的。

混合型基金：股票仓位比较自由，从 0% ～ 95% 不等，从表 7-1 各种类型的开放型基金来看，5 年多横跨牛熊周期的平均累计收益率为 52.82%，是各种类型里表现最好的。

表 7-1　各类场外基金历年平均涨幅（截至 2022 年 5 月 13 日）　%

基金类型	数量/只	2017年	2018年	2019年	2020年
股票型	2192	11.84	-21.80	32.61	37.72
混合型	7130	10.03	-13.00	30.81	35.39
债券型	4527	2.03	4.27	5.29	3.63
指数型	1710	10.30	-20.06	23.89	24.90
QDII	357	14.37	-8.07	18.79	15.21
LOF	393	8.09	-16.95	30.40	34.33
FOF	387	0.40	-1.87	7.72	18.95
全部	14206	7.97	-8.44	21.36	23.88

基金类型	2021年	2022年	总收益	年化
股票型	6.21	-19.70	36.23	5.93
混合型	6.35	-15.25	52.82	8.23
债券型	4.62	-0.03	21.41	3.68
指数型	4.90	-14.77	21.98	3.77
QDII	1.69	-12.48	28.05	4.72
LOF	7.25	-15.91	41.83	6.73
FOF	3.42	-10.78	16.48	2.88
全部	5.65	-10.93	39.86	6.45

债券型基金：80%以上的仓位投资于债券，股票仓位不得超过10%。

我们从表 7-2 可以看到，表现最好的可转债基金，累计涨幅 58.65%，已经超过各类开放型基金中表现最好的混合型基金。其在 2018 年大熊市平均亏损 7.55%，也远远好于混合型基金平均亏损的 13.00%。即使在 2022 年，截至 5 月 13 日，可转债基金平均亏损 14.69%，还是略好于混合基金平均亏损 15.25%。长期纯债的表现好于短期纯债基金。虽然可转债基金好于混合债基金，混合债基金好于纯债基金，但相对来说，表现好的在熊市跌得也多。所以，没有一种类型是最好的，只有最符合我们自己需求的。

表 7-2　各种债券基金平均涨幅（截至 2022 年 5 月 13 日）　　%

	数量/只	2017 年	2018 年	2019 年	2020 年
长期纯债基金	2880	1.93	5.93	4.03	2.43
短期纯债基金	576	3.73	1.59	2.78	2.04
混合债基金	1069	2.08	1.29	9.54	7.91
定开债基金	1202	1.31	5.48	3.68	2.60
可转债基金	70	0.00	-7.55	21.32	16.94
合计	4527	2.03	4.27	5.29	3.63
	2021 年	2022 年	总收益	年化	
长期纯债基金	6.07	1.12	23.42	4.00	
短期纯债基金	4.18	1.30	16.64	2.91	
混合债基金	14.54	-4.00	34.40	5.67	
定开债基金	6.53	1.00	22.31	3.83	
可转债基金	41.80	-14.69	58.65	8.99	
合计	7.84	-0.03	25.15	4.27	

指数型基金：顾名思义，就是跟踪指数的基金。比如跟踪沪深 300、中证 500、上证 50 等宽基指数，以及跟踪白酒、煤炭、军工等行业指数的基金。一般来说，它的仓位是最高的，甚至高于股票型基金，对应市场表现也会走极端。

QDII 基金：与场内的 QDII 基金类似，只不过可以在场外申购。

LOF，也和场内 LOF 类似。

FOF，Fund of Funds 的缩写，是一种专门投资于其他投资基金的基金。FOF 并不直接投资股票或债券，其投资范围仅限于其他基金，通过持有其他证券投资基金而间接持有股票、债券等证券资产。

各种不同类型的场外基金，可以满足投资者不同的需求。

买股票好还是买基金好

为了股票和基金的比较更加合理,我们统计2012—2022年的整体数据,其中股票样本选取的是所有的A股股票,基金选取仓位最灵活、最能体现基金经理水平的混合基金来比较,结果如表7-3所示。

从每年正收益的比例来看,基金的正收益比例每年都远远高于股票,唯独例外的是2022年截至5月13日的净值,正收益的比例只有1.89%,远远低于股票的正收益比例13.74%。导致这一情况的主要原因是这一年下跌得比较多的股票,基本上都是基金的重仓股。

比较收益率的中位数,2012年、2016年、2017年、2018年、2019年、2020年、2022年这7年,基金的收益率中位数都跑赢了股票,只有2013年、2014年、2015年、2021年这4年是跑输的。

从累计来看,基金的正收益比例为99.17%,远远跑赢同期股票的73.62%。基金收益率中位数高达206.62%,也远远跑赢同期股票收益率的中位数46.45%。

所以,如果把股票和混合型基金进行整体的比较,基金肯定是跑赢股票的。当然我们这里比较的是整体,不是个案。这个时间段内最好的股票是东方财富,共涨了5123.04%,最好的基金是交银先进制造混合A,同期净值涨了791.24%。东方财

表 7-3　股票和基金比较（截至 2022 年 5 月 13 日）

	年份	2012	2013	2014	2015	2016	2017	2018
指数	沪深 300/%	7.55	-7.65	51.66	5.58	-11.28	21.78	-25.31
个股	收益大于 0/ 只	1003	1657	2150	2286	691	689	220
	收益等于 0/ 只	17	3	1	2	0	3	1
	收益小于 0/ 只	1228	742	253	238	2057	2283	3192
	合计 / 只	2248	2402	2404	2526	2748	2975	3413
	正收益比例 /%	44.62	68.98	89.43	90.50	25.15	23.16	6.45
	中位数 /%	-2.39	16.65	37.09	60.99	-14.55	-20.69	-33.75
混合基金	收益大于 0/ 只	386	495	622	746	448	1618	427
	收益等于 0/ 只	2	0	2	1	4	4	2
	收益小于 0/ 只	96	64	22	21	836	230	1889
	合计	484	559	646	768	1288	1852	2318
	正收益比例 /%	79.75	88.55	96.28	97.14	34.78	87.37	18.42
	中位数 /%	4.58	13.04	21.50	41.28	-6.24	8.51	-16.80

	年份	2019	2020	2021	2022	累计	年化
指数	沪深 300/%	36.07	27.21	-5.20	-19.27	70.04	5.25
个股	收益大于 0/ 只	2680	1999	2619	632	1655	—
	收益等于 0/ 只	3	8	3	7	0	—
	收益小于 0/ 只	835	1714	1495	3961	593	—
	合计 / 只	3518	3721	4117	4600	2248	—
	正收益比例 /%	76.18	53.72	63.61	13.74	73.62	—
	中位数 /%	15.96	3.01	9.94	-22.08	46.45	3.75
混合基金	收益大于 0/ 只	2768	3233	3346	121	480	—
	收益等于 0/ 只	1	0	3	210	0	—
	收益小于 0/ 只	9	25	1071	6079	4	—
	合计	2778	3258	4420	6410	484	—
	正收益比例 /%	99.64	99.23	75.70	1.89	99.17	—
	中位数 /%	31.48	41.64	6.19	-17.60	206.62	11.42

富远远战胜了交银先进制造混合 A，但这仅仅是小概率的个案，对散户来说，专家理财的基金，整体还是跑赢了股票。

当然之前的基金也有业绩不好被解散的，但股票也有退市的。即使有这些误差，也不影响我们对股票和基金长期收益下结论：从概率上说，专业投资还是胜出，普通人确实应该去买基金而不是直接买股票。这样说并不是全盘否认直接买股票，如果你有提前 10 年选中东方财富的能力，那么肯定能战胜基金；但如果你没有这个能力，选到的股票和基金收益率都接近中位数，那基金的收益肯定要好于股票。

主动型基金能不能跑赢指数

很多人都知道巴菲特的世纪之约,他用标普500十年时间打败了对冲基金经理精心挑选的主动型对冲基金。那么,在中国的A股市场,主动型基金能否跑赢指数呢?这里我们做个回测,看看实际情况究竟怎样。

我们选用最常见的沪深300和它的全收益指数,这两者的差异主要是分红导致的,全收益比沪深300平均每年多1.8%左右。

为了避免少量异常数据对平均值的影响,这里采用每年涨幅的中位数和平均值进行比对。统计表明,从2005年到2022年5月17日,混合基金的年化收益率是14.66%,中位数是13.49%,都高于沪深300的年化8.32%和沪深300全收益的10.09%,如表7-4所示。

表7-4 混合基金和沪深300对比(截至2022年5月17日)   %

截止日期	沪深300	沪深300全收益	混合基金平均值	混合基金中位数
2005-12-30	-7.65	-7.66	3.80	3.63
2006-12-29	121.02	125.23	113.85	115.33
2007-12-28	161.55	163.28	118.51	117.54
2008-12-31	-65.95	-65.61	-48.36	-49.94
2009-12-31	96.71	98.58	63.88	65.14
2010-12-31	-12.51	-11.58	4.15	4.04
2011-12-30	-25.01	-24.05	-23.45	-23.65

续表

截止日期	沪深300	沪深300全收益	混合基金平均值	混合基金中位数
2012-12-31	7.55	9.80	5.22	4.58
2013-12-31	-7.65	-5.33	14.70	13.04
2014-12-31	51.66	55.85	23.43	21.50
2015-12-31	5.58	7.22	42.18	41.28
2016-12-30	-11.28	-9.26	-7.64	-5.68
2017-12-29	21.78	24.25	11.48	8.49
2018-12-28	-25.31	-23.64	-14.23	-16.69
2019-12-31	36.07	39.19	32.75	31.29
2020-12-31	27.21	29.89	43.70	41.60
2021-12-31	-5.20	-3.52	8.42	6.18
2022-5-17	-18.92	-18.94	-14.94	-17.14
累计收益率	300.59	431.07	976.95	801.94
年化收益率	8.32	10.09	14.66	13.49

这个对比结果告诉我们，在 A 股这个还不是充分有效的市场，基金经理可以通过择股和仓位控制等手段，获取阿尔法收益，从而跑赢市场。说得残酷点，混合型基金整体跑赢市场，其实是"割了散户的韭菜"，否则那么大体量怎么可能会跑赢市场呢？混合型基金有好几千只，如此大的规模整体跑赢市场，一定是和散户做了对手盘。

我们再仔细分析一下每年的情况，基本上就是：大牛市时，混合型基金会跑输指数；但到了大熊市或者震荡市，混合型基金就会跑赢指数。一个牛熊周期下来，结果就是混合型基金跑赢了指数。

但光有这个结论还没有用，我们不可能买上 2921 只混合型基金来战胜市场，况且我们还想跑赢混合型的中位数，所以我们还是要寻找更好的办法。

去哪里买基金

笔者经常在网上被问到这样的问题：为什么在基金公司买不到ETF？封基既然不让申购，为什么有些人还是能买到而且还是打折的基金？

回答这些问题要从源头说起。所有的基金都是从基金公司"生产"出来的，它可以通过基金公司直销，也可以通过第三方平台和证券公司等销售。新的基金第一次发售叫作认购，之后购买叫申购，卖出叫赎回。基金产品包括ETF、LOF和普通的开放型基金。ETF的申购比较特殊，大部分ETF是用一揽子的股票去换的，之所以用一揽子股票换购，主要是为了提高效率，基金公司每天都会发布申赎清单，一般是50万元起步甚至更多，所以ETF申购赎回用于为一般机构提供流动性，不太适合普通散户申购。

如果要买ETF基金，可以去证券公司的二级市场。证券公司的二级市场相当于一个二手市场，机构或者其他投资者的产品都可以在这里交易。交易从上午9:30—11:30到下午1:00—3:00每时每刻都在进行，而且交易价格不一定与基金公司公布的净值一样，而是随行就市。价格比基金公司公布的净值高的，叫溢价，相反叫折价。

ETF一般是跟踪某一个指数，除了ETF，还有LOF，LOF可以跟踪某一个指数，也可以是主动型基金。LOF可以直接向基金公司申购、赎回，也可以在二级市场上和其他交易者进行交易。为了应付投资者赎回，LOF总会留一部分现金，所以效率不如ETF。

普通投资者不能在基金公司和第三方平台买ETF，针对这种情况，又有一部分基金公司推出了ETF的联接基金。因为ETF的申购规模太大、太专业，联接基金相当于做了一个ETF从批发到零售的过程。

另外，所谓的封基能买到打折的基金，并不是向基金公司买，而是在二级市场从其他投资者手里买来的。只要是从基金公司申购、赎回，都是按照净值买卖，这就好比是标准的零售价，但二级市场的实际零售价如果比净值多，就是溢价了，当然大部分基金在二级市场是折价的。

这里举个实际的例子，2015年大牛市时，很多基金公司都成立了分级基金，分级基金跟踪的大部分都是行业指数，比如华宝基金的中证医药母基金（162412），从2021年1月1日转型为LOF，就既能在场外申购，也能在场内二级市场交易。为了提高效率，2021年5月13日起这只LOF又变成了医药ETF（512170）的联接基金A，但因为是A类基金，申购、赎回都要有对应的申购费和赎回费，为了方便短线交易的投资者，5月13日华宝基金又推出了同样跟踪中证医药的医药ETF联接基金C类（012323），这个C类不收取申购费，超过7天也不收赎回费，每天收取非常少的销售服务费，比较适合短期持有。不管是华宝的医药ETF联接基金A还是联接基金C，都相当于是从华宝的医药ETF批发给大家做零售，都可以在华宝的官网或者第三方平台等申购。

基金的冠军"魔咒"

关于基金有一个传说,如果哪一年某个基金的排名第一,那么第二年可能连平均水平都跑不赢。事实果真如此吗?

我们统计了几千只混合型基金的数据,因为与指数型、股票型基金相较而言,混合型基金最能发挥基金经理的灵活性,我们选取了2005—2021年间每年排名前十的基金,再观察其第二年的排名情况。通过对比发现,确实存在冠军魔咒,准确地说是前十名魔咒,如表7-5所示。

表7-5 基金魔咒(截至2022年5月17日)

年份	算术平均值			中位数		
	全体平均收益/%	去年前10平均收益/%	跑赢/%	全体平均收益/%	去年前10中位数收益/%	跑赢/%
2006	113.85	117.06	3.20	115.33	124.61	9.28
2007	118.51	130.69	12.19	117.54	130.85	13.31
2008	-48.36	-49.16	-0.80	-49.94	-48.26	1.68
2009	63.88	29.42	-34.46	65.14	32.07	-33.07
2010	4.15	7.17	3.02	4.04	3.18	-0.86
2011	-23.45	-25.09	-1.65	-23.65	-24.64	-0.99
2012	5.22	5.93	0.70	4.58	5.53	0.95
2013	14.70	17.35	2.65	13.04	18.70	5.66
2014	23.43	31.54	8.11	21.50	28.29	6.79
2015	42.18	23.01	-19.18	41.28	25.15	-16.13

续表

代码名称	算术平均值			中位数		
	全体平均收益 /%	去年前10平均收益 /%	跑赢 /%	全体平均收益 /%	去年前10中位数收益 /%	跑赢 /%
2016	-7.64	-22.06	-14.42	-5.68	-23.57	-17.89
2017	11.48	10.05	-1.43	8.49	9.74	1.26
2018	-14.23	-17.23	-3.00	-16.69	-20.05	-3.36
2019	32.75	7.63	-25.11	31.29	5.30	-25.99
2020	43.70	46.25	2.54	41.60	47.94	6.33
2021	8.42	20.40	11.98	6.18	11.11	4.93
2022	-14.94	-19.78	-4.84	-17.14	-18.66	-1.52
累计	937.48	474.23	-463.25	770.36	423.11	-347.25
年化	15.36	11.26	-4.09	14.13	10.63	-3.49

我们先看算术平均的对比，在17年多的时间里，前一年排名前10的基金，有8年跑赢了全体混合基金的平均值，但有9年跑输，累计跑输463.25%，平均每年跑输4.09%。

考虑到简单的算术平均值会因为个别基金的异常数据影响结论，我们再用中位数算一次。这17年中有9年，前一年排名前10的基金的中位数跑赢了全体混合基金的中位数，有8年是跑输的，累计跑输347.25%，平均每年跑输3.49%。中位数的比较结果比算术平均值的比较结果略好一点，但不影响基金魔咒这个基本结论。

照此推论，如果你按照前一年排名前10的基金买，那第二年的成绩可能还不如随便选一个基金的成绩好。

为什么会这样呢？

（1）看一下表7-5中跑赢比较多的几年，比如2007年，这是因为2006年、2007年两年牛市的风格基本没变，才导致

2006年排名前10的基金在2007年跑赢了全体混合基金。而2021年的跑赢，也是因为2020年、2021年这两年的赛道股牛市风格基本没变。

（2）看严重跑输的几年，比如2009年，2008年是历史上最大的熊市年，这一年排名前10的基金都偏保守，到2009年"4万亿"行情带来的牛市，这"十"大基金换车没那么快，才导致了严重跑输。笔者也是因为2008年买了分离债延续到2009年才严重跑输的。而到了2018年大熊市，当年排名前10的基金，2019年也再次严重跑输整体混合基金。

所以，如果市场风格延续不变，排名前10的基金是有可能跑赢整体混合基金的，但如果市场风格发生变化，受惯性思维的影响，前一年的排名前10的基金则大概率会跑输全体混合基金。遗憾的是，A股的市场风格延续得少，变化得多，最终导致冠军魔咒长期有效。

长期冠军基金有没有"魔咒"

我们知道了基金存在冠军"魔咒",如果把时间放长,比如连续5年累计的排名前10的基金,或者连续7年累计的排名前10的基金,第二年表现又如何呢?

笔者从choice(东方财富旗下的金融数据平台)里导出了历年混合基金每年的复合净值增长率,计算出了累计5年净值增长率排名前10的基金,观察其在下一年的表现,如表7-6所示。举例说,2007年算术平均值118.51%,是指当年所有混合基金的净值增长率的平均值,而前10的122.47%,是指前5年,也就是2002—2006年净值增长率最高的前10只基金在2007年的净值增长率。其他年份依此类推。我们可以看到,从2007年到2022年,连续5年累计排名前10的基金在次年战胜平均值的年份共有9年:2007年、2008年、2010年、2011年、2012年、2013年、2019年、2020年、2022年,跑输的年份有7年:2009年、2014年、2015年、2016年、2017年、2018年、2021年。平均跑输了0.66%,看不出有任何优势。

我们担心个别数据对结果的影响,再用中位数来比较一下。跑赢的年份有9年:2007年、2008年、2010年、2011年、2012年、2013年、2017年、2019年、2020年,跑输的年份也是7年:2009年、2014年、2015年、2016年、2018年、2021年、2022年,平均跑赢0.50%,一样看不出优势。

表 7-6　连续 5 年累计排名前 10 基金的次年收益率比较
（截至 2022 年 5 月 20 日）　　%

年份	2007	2008	2009	2010	2011	2012	2013	2014	2015
数量/只	168	219	278	342	401	482	559	644	767
算术平均值	118.51	-48.36	63.88	4.15	-23.45	5.22	14.70	23.43	42.18
前 10	122.47	-45.76	63.36	6.76	-20.37	5.78	17.64	11.27	33.41
跑赢	3.96	2.59	-0.51	2.61	3.08	0.56	2.94	-12.15	-8.77
中位数	117.54	-49.94	65.14	4.04	-23.65	4.58	13.04	21.50	41.28
前 10	123.63	-45.45	61.19	5.61	-20.10	5.51	17.94	10.27	35.14
跑赢	6.09	4.49	-3.95	1.57	3.55	0.93	4.90	-11.23	-6.14
百分位	59.30	72.10	47.40	63.20	72.30	58.30	64.00	21.40	40.40

年份	2016	2017	2018	2019	2020	2021	2022	历年平均收益
数量/只	1284	1879	2327	2786	3259	4422	6410	—
算术平均值	-7.64	11.48	-14.23	32.75	43.70	8.42	-13.92	16.30
前 10	-14.90	6.22	-30.74	39.94	66.22	1.83	-12.84	15.64
跑赢	-7.26	-5.26	-16.51	7.19	22.52	-6.59	1.09	-0.66
中位数	-5.68	8.49	-16.69	31.29	41.60	6.18	-15.97	15.17
前 10	-16.78	15.26	-29.68	41.45	66.18	-2.64	-16.85	15.67
跑赢	-11.10	6.77	-12.99	10.16	24.57	-8.82	-0.88	0.50
百分位	30.30	37.10	7.90	63.10	77.50	29.00	58.10	50.09

我们再用连续 5 年累计排名前 10 的基金次年的平均值在当年所有基金中的百分位来衡量一下，百分位 100% 就是超过所有基金，50% 以上可以算跑赢，结果也是 9 年超过 50%，7 年低于 50%，平均下来是 50.09%，基本上也看不出任何优势。

如果嫌 5 年太短，我们还可以改成 7 年试试。先看表 7-7 中的平均值，在 14 年中，连续 7 年累计排名前 10 的基金在次年的表现超过全体混合基金平均的年份有 6 年，跑输的有 8 年，平均每年跑输 2.65%。中位数比较也是 6 年跑赢、8 年跑输，平均跑输 2.17%。百分位超过 50% 的年份也是 6 年，跑输 8 年，平均百分位才 46.84%。

也就是说，不管是选 5 年排名前 10 的基金，还是 7 年排名前 10 的基金，次年的表现都很难跑赢全体混合基金的平均值。

这个结果可能会让大家很沮丧。之所以会这样，大概是投资中的变动因素、偶然性因素的影响太多，很多因素不是人能预料到的。或者说，所谓的冠军，很大意义上只是幸存者偏差。

了解一个失败的策略，比了解一个成功的策略更加有价值，因为它可以帮我们避免再去"踩坑"。

表 7-7 连续 7 年累计排名前 10 基金的次年收益率比较
（截至 2022 年 5 月 20 日）   %

年份	2009	2010	2011	2012	2013	2014	2015	2016
数量/只	278	342	401	482	559	644	767	1284
算术平均值	63.88	4.15	-23.45	5.22	14.70	23.43	42.18	-7.64
前 10	51.73	2.30	-20.98	5.76	14.82	8.44	19.84	-16.13
跑赢	-12.15	-1.85	2.47	0.54	0.12	-14.98	-22.34	-8.49
中位数	65.14	4.04	-23.65	4.58	13.04	21.50	41.28	-5.68
前 10	44.61	3.83	-19.34	5.45	15.54	6.57	14.75	-15.55
跑赢	-20.53	-0.21	4.31	0.86	2.50	-14.93	-26.53	-9.87
百分位	25.30	43.60	69.10	58.20	56.50	15.70	21.40	27.80

年份	2017	2018	2019	2020	2021	2022	历年平均收益
数量/只	1879	2327	2786	3259	4422	6410	—
算术平均值	11.48	-14.23	32.75	43.70	8.42	-13.92	13.62
前 10	15.51	-22.44	44.08	61.93	5.69	-17.05	10.96
跑赢	4.04	-8.21	11.33	18.22	-2.73	-3.13	-2.65
中位数	8.49	-16.69	31.29	41.60	6.18	-15.97	12.51
前 10	17.15	-24.53	45.13	65.74	4.95	-19.52	10.34
跑赢	8.66	-7.84	13.83	24.13	-1.23	-3.55	-2.17
百分位	71.60	30.90	70.60	73.20	46.70	45.20	46.84

基金拿到晨星奖后的表现

晨星基金奖从2003年设立以来，一直是基金市场的一个重要参考指标，不仅仅因为晨星奖的知名度和权威性，还在于获奖基金的稀缺：每个项目仅有一只基金入选。那这个榜单对我们选择基金是否有意义呢？我们还是回测一下历史上这些基金获奖后的表现。

首先，我们选择最能发挥基金经理作用的混合型基金作为观察对象。评价获奖名单有没有用，要看其获奖后的表现而不是获奖前的表现。晨星奖一般是当年年初颁发，比如2020年的晨星奖是在2020年3月24日颁发，那么我们除了要观察2020年该基金的表现，还要观察2021年它的表现。评估表现的好坏，我们不用绝对值，也不用相对沪深300的表现，而是与同类混合型基金的平均值进行比较。因为每年晨星奖的公布最晚不会超过4月份，而且4月份不管股票还是基金的年报季报都会公布，所以我们在这里统计每年的收益率从当年的4月最后一个交易日到次年的4月最后一个交易日，比如2012年的基金收益率，是2012年4月最后一个交易日到2013年4月份最后一个交易日的收益率。

表 7-8　晨星奖获奖混合基金第二年的表现（2012—2021 年）　%

年份	代码	晨星奖获奖混合型基金	下一年	同期平均	跑赢
2012	121006	国投瑞银稳健增长混合	14.39	4.58	9.81
2013	002001	华夏回报混合	4.42	5.36	-0.94
2014	100029	富国天成红利混合	70.92	80.55	-9.63
2015	320006	诺安灵活配置混合	-5.51	-8.77	3.26
2016	070001	嘉实成长收益混合	5.74	5.48	0.26
2017	270002	广发稳健增长混合	20.20	6.14	14.06
2018	260103	景顺长城动力平衡混合	7.02	2.48	4.54
2019	270002	广发稳健增长混合	31.47	20.77	10.70
2020	202023	南方优选成长混合	48.39	35.64	12.75
2021	070002	嘉实增长混合	-26.71	-10.87	-15.84
		平均	17.03	14.14	2.90

如表 7-8 所示，2012—2021 年的数据表明，晨星奖获奖混合基金在 10 年中有 7 年跑赢了全体混合基金的平均值，有 3 年跑输。第一次明显跑输是 2014 年的富国天成，从 2014 年 4 月最后一个交易月到 2015 年 4 月最后一个交易月，净值增长了 70.92%，算是一个非常不错的成绩，但这个时段混合基金的平均表现更加出色，净值增长高达 80.55%，富国天成跑输了 9.63%。2015 年的牛市是从 2014 年底开始的，这个时段市场动荡特别厉害。经历了前面好几年的熊市，胜出的基金一般都偏保守，突然遇到大牛市，就会一下子跑输大部队。

第二次明显跑输是 2021 年的嘉实增长混合，从 2021 年 4 月底到 2022 年 4 月底，净值下跌了 26.71%，而同时期混合基金平均下跌只有 10.87%，严重跑输了大部队。这次跑输也是因为市场风格发生了较大的变化，过去的赛道股涨到极限后产生了较大的回撤。

虽然这10只基金的数据不能完全说明问题，但至少说明晨星奖的含金量还是很高的，但即便是晨星奖获奖基金，也很难避免个别年份跑输基金整体。

除了晨星奖，还有金牛奖、英华奖等基金奖项，所有的奖项都只能作为参考。

从基金公司的角度选基金

如果我们把一家基金公司的所有混合基金作为一个整体，观察它们在全体混合基金中的每年业绩百分位，会得到什么结论呢？

相对来说，基金公司的门槛要比上市公司高很多，截至2022年初，发行混合基金的基金公司有166家，其中基金发行数量最少的只有1只混合基金，基金发行数量最多的广发基金有235只，当然其中一大部分是C类等衍生产品。

我们从choice中导出了混合基金每年的净值增长率，计算出每年每家基金公司混合基金的净值平均增长率在当年所有混合基金中的百分位排名（见表7-9）。比如，2005年广发的百分位排名是100%，是指当年有完整净值的广发聚富的平均值13.34%和广发稳健16.93%的平均值15.14%，均超过了当年所有基金公司的混合基金的平均值，依此类推。

如果我们看历史上最差的一年，那么这13家基金公司里面，最好的中欧基金也在2013年创下了20.20%的最低百分位纪录。所以即使从基金公司的角度观察，也很难找到每年业绩百分位都在50%以上的，也就是说，即使是最好的基金公司，都不能保证每年都能跑赢平均值。

平均百分位排名前二的圆信永丰、农银汇理，相对百分位低于50%都是在2018年、2022年这两个熊市年。反而交银施

表 7-9　基金公司业绩百分位（2003—2022 年）　　　　%

基金公司	数量/只	2003年	2004年	2005年	2006年	2007年	2008年	2009年	2010年	2011年	2012年	2013年
圆信永丰	24	—	—	—	—	—	—	—	—	—	—	—
农银汇理	36	—	—	—	—	—	—	70.60	94.90	66.10	84.60	95.60
交银施罗德	91	—	—	—	88.60	45.00	65.40	91.30	16.90	72.80	93.80	23.10
易方达	170	69.20	91.60	84.80	77.20	66.60	69.00	51.70	44.00	35.50	40.00	76.80
浙商	32	—	—	—	—	—	—	—	—	—	83.00	21.70
英大	11	—	—	—	—	—	—	—	—	—	—	—
兴证全球	29	—	—	78.70	6.80	41.10	98.10	82.70	74.50	86.40	44.60	49.20
长安	32	—	—	—	—	—	—	—	—	—	—	100.00
汇添富	178	—	—	—	97.70	70.50	60.00	27.50	76.20	59.30	92.30	81.10
泓德	32	—	—	—	—	—	—	—	—	—	—	—
广发	235	—	100.00	100.00	86.30	86.20	27.20	81.00	69.40	30.50	87.60	56.50
中欧	164	—	—	—	—	—	—	22.40	61.00	94.90	96.90	20.20
新华	34	—	—	—	40.90	21.50	14.50	100.00	25.40	98.30	100.00	75.30

基金公司	2014年	2015年	2016年	2017年	2018年	2019年	2020年	2021年	2022年	平均	7年平均	最小
圆信永丰	—	98.70	91.70	99.00	32.70	69.00	85.20	85.50	17.50	72.41	68.66	17.50
农银汇理	9.80	82.50	12.30	96.20	2.60	96.80	99.20	84.20	33.30	66.34	60.66	2.60
交银施罗德	32.30	75.00	77.30	64.10	97.30	79.30	54.40	61.80	77.50	65.64	73.10	16.90
易方达	5.60	85.00	52.50	82.00	64.60	74.60	53.60	69.70	89.60	64.18	69.51	5.60
浙商	83.00	76.20	70.10	1.80	43.30	94.40	86.00	69.00	75.10	63.96	62.81	1.80
英大	—	1.20	85.50	72.60	55.70	90.40	51.40	95.30	59.30	63.93	72.89	1.20
兴证全球	73.20	42.50	80.40	98.10	24.70	88.80	59.50	59.20	56.90	63.63	66.80	6.80
长安	84.50	11.20	76.20	95.20	78.70	72.20	63.90	28.90	15.10	62.59	61.46	11.20
汇添富	30.90	90.00	38.10	86.70	84.90	40.40	66.10	13.80	44.80	62.37	53.54	13.80
泓德	—	—	94.80	42.40	66.30	93.60	96.30	15.10	26.60	62.16	62.16	15.10
广发	4.20	65.00	50.50	70.70	46.00	53.90	55.80	33.50	69.00	61.75	54.20	4.20
中欧	77.40	31.20	71.10	80.10	58.40	84.10	58.80	60.50	43.60	61.47	65.23	20.20
新华	90.10	95.00	31.90	22.60	38.90	80.90	88.90	71.70	25.40	60.08	51.47	14.50

罗德和易方达，2018年的百分位分别是97.30%和64.60%，2022年截至5月20日分别是77.50%和89.60%，在其他年份如2019—2021年这三年的牛市中，平均百分位排名均超过50%。只不过这两家公司在2014年百分位较低，分别只有32.30%和5.60%。

另外如汇添富，2021年百分位只有13.80%，每隔几年总有1年会掉到50%以下，广发、中欧等基金公司也有类似情况。特别是中欧，从2016年起到2021年已经连续6年每年百分位都大于50%，结果2022年截至5月20日，百分位跌到了43.60%。

整体来说，一家基金公司的混合基金，要长期超越其他基金公司的平均值，也是一件困难的事情。像交银施罗德和易方达基金，能连续8年保持每年超越同行的平均值，已经相当不容易了，因为这8年市场的风格变化极大。即使这样，我们也不敢保证它们将来还会超越平均值，只不过概率会稍高一点。

与普通散户相比，基金公司各方面都占优势，跑赢的概率非常高。但要在一群高智商的同行中长期跑赢平均业绩，是一件非常困难的事情。

指数基金,普通的发明不普通

日常生活中我们习以为常的事物,比如空气,平时甚至觉察不到它的存在,但到了高原空气稀薄的地方就会认识到它的珍贵。约翰·博格发明的指数基金,也是这样一个看起来习以为常,但其实并不简单的发明。

现代股票出现在 1602 年,在很长一段时间里,博弈成为投资股票方法的主流。如果说格雷厄姆、巴菲特是从价值投资的角度引导投资者,约翰·博格则是从简单、透明、廉价的角度来引导投资者。

在股份制发明的几百年来,股票交易中充满着贪婪和恐惧。约翰·博格的指数基金,首先简单透明,他告诉大家,指数基金是跟踪指数的股票的集合,基金经理唯一要做的事情,就是跟踪指数,这种看似简单的基金从制度上避免了基金经理的"老鼠仓"行为。因为即使指数换仓,也是大家都知道的公开行为。其次是廉价,一般指数基金的费用只有主动类基金的一半甚至更少,但日积月累也是一笔不小的数字。

不仅如此,指数基金更是一种生生不息的基金,譬如标普 500 是 1860 年成立的,现在排名靠前的微软成立于 1975 年,苹果成立于 1976 年,亚马逊成立于 1995 年,都是最近几十年内成立的。指数基金跟踪的指数会自动吐故纳新,达到生生不息的目的,不需要投资者去花费大量精力关注行业的变化和公司的发展。

约翰·博格很早就深刻地认识到，扣除税收和各项费用，所有投资者盈利的合计就是整个市场的盈利。如果算上税费，那么获得负超额收益永远大于正超额收益。所以，通过低成本地复制指数的收益，一定可以战胜市场中的多数投资者。巴菲特著名的十年之约，通过持有标普500，战胜了对冲基金经理精挑细选的5只主动基金，就是一个很好的例子。

不仅如此，约翰·博格还在指数基金上做了一项伟大的实践。他的先锋领航基金，不仅规模大，而且没有固定管理费率，在扣除运营成本与人员工资之后，所有的盈利都计入基金资产，被所有持有人所享有。对于先锋领航而言，客户与股东都是基金持有人。某种意义上，先锋领航基金是一个具有"共产主义"性质的先锋和领航者的基金。

当然，国内市场因为有大量不成熟的散户，目前大量交易还是以散户为主。在国内市场，主动型基金整体还是有超额收益的，但这些超额收益是建立在大量散户亏损的基础之上，随着市场的发展，散户一定会越来越成熟，或者退出直接买卖股票的市场。未来被动的指数基金也会越来越得到投资者的认可。

普通的发明不普通，指数基金将来一定会改变你的投资生活。

买估值便宜的指数基金就好吗

我们知道了指数基金跟踪的是指数,那么买其中便宜的指数基金是否是一个好的策略呢?

我们先选择一个标的:沪深300一级行业指数有能源、材料、工业、可选、消费、医药、金融、信息、电信、公用等10个指数。从2012年12月31日到2022年5月20日近10年间,表现最好的消费涨了386.87%,表现最差的能源跌了30.60%,平均上涨了90.91%,如表7-10所示。

我们设想一个低市盈率策略,在10个指数中每天都选出市盈率最低的指数,第二天买入,结果10年间累计涨幅只有34.15%,远远跑输10个指数的平均值。如果反过来每天买市盈率最高的指数,10年累计涨幅为115.42%,不仅跑赢了低市盈率策略,还跑赢了平均值。

如果你觉得用绝对值的低市盈率不太合理,我们可以改用连续5年累计百分位最低的市盈率,每天买入前一天收盘百分位最低的指数,10年累计涨幅为52.36%,比低市盈率好点,但依然没有跑赢平均值。

诡异的是,如果我们用高百分位代替低百分位,10年累计涨幅为94.59%,反而跑赢了低百分位和平均值。

这个例子告诉我们,不管绝对低估还是相对低估,如果一味无脑去追,就有可能跑输平均值。主要原因是市场不太可能

表 7-10 沪深 300 一级行业指数收益率
（截至 2022 年 5 月 20 日）   %

年 份	能源	材料	工业	可选	消费	医药	金融	信息
2013	-33.44	-29.13	-7.93	20.23	-6.00	23.14	-9.74	39.40
2014	20.46	39.60	62.22	20.12	14.48	5.12	86.34	3.47
2015	-18.84	-1.85	12.14	26.76	22.54	36.12	-7.28	48.11
2016	-3.02	-4.85	-16.51	-16.56	8.40	-2.92	-9.78	-20.41
2017	11.41	29.22	4.86	28.43	81.02	26.37	17.72	22.74
2018	-23.68	-35.56	-26.60	-30.14	-22.37	-21.77	-20.02	-37.58
2019	3.92	28.28	17.91	37.84	79.32	38.39	33.60	59.54
2020	-16.29	38.99	33.90	54.75	75.09	55.42	0.76	34.40
2021	18.19	14.57	11.22	-16.93	-8.92	-16.68	-11.78	-1.90
2022	25.79	-14.41	-18.37	-16.27	-15.24	-24.47	-11.77	-31.28
累计收益率	-30.60	34.51	54.28	103.34	386.87	128.91	38.80	88.31
年化收益率	-3.82	3.21	4.73	7.86	18.38	9.23	3.56	6.98

年 份	电信	公用	平均	低 PE	高 PE	低百分位	高百分位
2013	19.93	-11.35	0.51	-9.74	19.93	-13.26	15.41
2014	37.34	83.12	37.23	86.34	19.03	50.20	-0.19
2015	30.54	-0.38	14.79	-7.28	3.53	3.53	-15.78
2016	-12.54	-19.50	-9.77	-12.80	-7.69	-13.47	-0.25
2017	24.51	9.97	25.62	17.72	31.41	36.45	36.22
2018	-38.31	-7.18	-26.32	-20.02	-40.01	-20.78	-28.12
2019	36.52	1.86	33.72	33.60	49.17	31.89	19.88
2020	-7.69	-1.53	26.78	0.76	34.72	-9.69	112.05
2021	3.29	29.58	2.06	-11.78	17.61	36.79	-10.53
2022	-24.76	-5.51	-13.63	-11.77	-15.24	-25.88	-9.70
累计收益率	41.49	63.17	90.91	34.15	115.42	52.36	94.59
年化收益率	3.77	5.36	5.92	3.18	8.52	4.59	7.35

是一个理想的均值回归，像能源等周期行业，市盈率最低的时候价格已经在顶部了，而市盈率最高的时候反而价格在底部。低的可能再低，高的可能再高，前几年很多人都觉得港股比A股便宜得多，应该轮动到港股上去，结果这几年港股跌得比A股还多。

不管用什么策略，过去的历史数据再完美都只能代表过去，最重要的还是对未来的预判。如果只要买便宜的就能跑赢市场，那做投资未免太容易了。

用格雷厄姆的方法投资指数基金

格雷厄姆曾经提出过一个选股标准，即选取的股票，其市盈率（P/E）的倒数 E/P 必须大于无风险收益率的两倍。如果我们在指数基金投资上用这个策略，会取得什么样的效果呢？

我们用十年国债收益率来代替无风险收益。当 E/P 大于十年国债收益率的 2 倍，我们就持有沪深 300，当 E/P 小于十年国债收益率的 2 倍，我们就持有国债。这里有个细节需要注意，就是如果仅仅用十年国债收益率的 2 倍作为持有沪深 300 或者国债的依据，那实际上会出现每天频繁切换的情况。为了降低切换频次，我们可以用缓冲值来解决这个问题。比如，我们设定一个缓冲值为 0.05%，那么 E/P 减去十年国债收益率的 2 倍必须大于 0.05% 才切换成沪深 300，E/P 减去十年国债收益率的 2 倍必须小于 -0.05% 才切换成十年国债。设置了缓冲值后，2007 年到 2022 年 5 月 23 日的切换次数，就从过去的 54 次下降到了 38 次。

如表 7-11 所示，我们对比原始的沪深 300 和用格雷厄姆条件优化的收益率值，15 年多的时间总收益率从 98.62% 提高到 191.74%，年化收益率从 4.56% 提高到了 7.20%。虽然提升值并没有高多少，但我们再看一下最大回撤，从过去的 72.30% 一下降低到了 29.16%。

表 7-11　格雷厄姆法与沪深 300 比较（截至 2022 年 5 月 23 日）　　%

年　　份	沪深 300	格雷厄姆法	跑　　赢
2007	161.55	4.03	-157.52
2008	-65.95	-5.86	60.09
2009	96.71	34.04	-62.68
2010	-12.51	17.50	30.02
2011	-25.01	-11.59	13.42
2012	7.55	7.55	0.00
2013	-7.65	-7.65	0.00
2014	51.66	51.66	0.00
2015	5.58	20.58	15.00
2016	-11.28	-11.28	0.00
2017	21.78	14.58	-7.20
2018	-25.31	-18.60	6.71
2019	36.07	36.07	0.00
2020	27.21	26.25	-0.96
2021	-5.20	0.97	6.17
2022	-17.94	-17.94	0.00
累计收益率	98.62	191.74	93.12
年化收益率	4.56	7.20	2.64
最大回撤	72.30	29.16	-43.15

表 7-11 是按照年份统计的，再来看按照切换时间统计的结果。在总计 3947 个交易日中，有 1526 个交易日 E/P 值小于 2 倍十年国债收益率，比例高达 38.66%。

我们再看看沪深 300 和用格雷厄姆方法优化的对比（见图 7-1），就能很明显地看到好处，虽然 2007 年、2009 年、2015 年几个大牛市的顶部都没吃到，但回撤也少了很多，从最大回撤 72.30% 一下子下降到 29.16%，下降了整整一半都不止。这种平稳向上的收益率可能更加适合普通投资者。

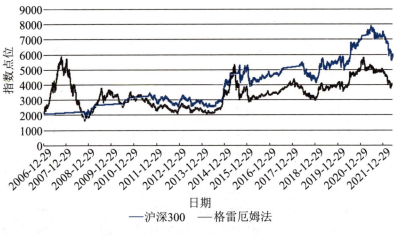

图 7-1　沪深 300 与格雷厄姆法比较

2022 年 5 月 23 日沪深 300 的市盈率大概是 12.07，倒数 E/P 是 8.28%，十年国债大概是 2.77%，2 倍的十年国债是 5.54%，距离沪深 300 的 E/P 值相差甚远。

当然这个方法仅供参考，但沪深 300 的 E/P 目前接近十年国债收益率的 3 倍，至少是一个很好的参考。

买宽基指数基金还是行业指数基金

宽基指数与行业指数对应的基金分别是宽基指数基金和行业指数基金,它们是指数基金中最大的两个类别。

绝大部分上班族买个最简单的沪深300宽基指数基金就非常不错,以2004年12月31日1000点作为起步,到2022年5月24日的3959.15点,沪深300宽基指数基金17年多的总涨幅是295.92%,年化8.23%。这个指数是价格指数,不包括分红,如果包括分红,还会再多一点,沪深300包括分红的全收益指数的年化是10.01%,已经远远战胜了银行存款和理财,以及大部分投资者的收益率,只不过遇到熊市大幅回撤时要有坚定的信念。

有人可能会说,如果不幸在2007年或者2015年最高点入市,到现在持有沪深300一定亏损严重吧?其实不然,即使按照2007年沪深300最高点计算,包含分红的沪深300全收益指数截至2022年5月24日跌了12.79%,从2015年6月9日的次高点到2022年5月24日,沪深300全收益指数才跌了2.04%。所以入场时间还是很重要的。

如果你对长期年化收益率10%还是不满意,还有精力去做进一步研究,那可以去研究行业,现在时髦的说法是赛道。赛道和赛道之间的差异特别大,但不是一成不变的。比如,最近几年,随着新经济的发展,表现落后的钢铁、有色、煤炭,在

2007年的大牛市，行业指数分别上涨了174.59%、262.55%、283.62%，而当下最牛的食品饮料、医药生物，则只上涨了124.76%、186.15%。如果看我们最看重的ROE指标，2007年钢铁、有色、煤炭的平均ROE分别高达16.28%、19.53%、20.18%，而食品饮料、医药生物同期分别只有11.98%、6.97%，远不如这些资源行业。如果之前只看ROE、市盈率或者涨幅大小，都会跌入这些资源行业的陷阱。

如果我们选择的是行业指数，那么要对行业的发展趋势有清晰的认知，2007年的大牛市是资源为王，催生了采掘、钢铁、有色这类行业的靓丽表现。到今天互联网、人工智能、新能源等大发展的年代，资源为王的年代可能一去不复返了。如果你能把握行业发展的趋势，那行业指数的组合肯定会战胜沪深300等宽基指数；如果你没有这个精力或者能力，那沪深300其实也在进行自我优胜劣汰，因为落后行业市值的下降，自然会导致其在沪深300里的权重下降，同样发展比较快的行业的权重自然会增加，只不过不是那么明显而已。

再进一步，如果你对选择行业指数还不满意，那不妨去精选个股。有些行业，比如食品、医药等行业，市值最大的头部企业几乎就是最优秀的企业了，如食品中的茅台、医药中的恒瑞，这些行业指数基金一般都是以流通市值为权重，好的头部企业自然对行业指数影响最大。但有些行业则不是这样的，比如银行，由于历史原因，流通市值最大的是工商银行、农业银行等国有大银行，业绩表现最好的招商银行、宁波银行则是商业银行和城市银行。

总结来说，宽基指数基金、行业（主题）指数基金和个股是不同投资者选择的 3 个不同层级，精力、时间都有限的投资者可以选择最中庸的宽基指数，再进一步可以选择行业（或主题）指数基金，再有精力可以选择个股。最怕的是高估自己的能力，想做得更好，结果还不如宽基指数。如果一定要有个标准，可以是这样的：如果一个牛熊周期下来，平均年化收益还不到 10%，那你还是老老实实去投资沪深 300 这样的宽基指数吧。

指数增强基金一定比指数基金好吗

所谓指数增强基金，就是在指数基金的基础上，拿出一部分资金去做超越指数的投资收益。比如对某些行业进行强化，但带来的风险也是显而易见的。我们先拿沪深300指数基金的增强基金为例进行分析。

从表7-12可以看到，除了沪深300指数增强基金外的各类跟踪沪深300的基金，基本年化收益率都在7%左右，相对而言，联接基金更弱一点。沪深300指数增强基金的年化收益率在10%左右，明显高于其他类型的300指数基金，而且超越分布得非常均匀，不管牛市还是熊市，几乎每年都是表现最好的。

再来看一下表7-13中的中证500指数基金中增强基金的表现。和沪深300指数增强基金非常类似，中证500指数增强基金的表现也超过了其他各类基金。

沪深300和中证500的指数基金是A股市场最主流的两类指数基金，十年来的数据表明，它们对应的增强指数基金确实能跑赢普通的指数基金。这是因为目前的A股市场还是一个半有效的市场，因为大量散户的无效交易，使得市场还是充满着获得超额收益的机会。至于未来，估计在很长一段时间内，只要存在大量散户的交易，这种状况会将维持下去。

总结一下，指数增强基金的选择，还是以规模适中、历史悠久、业绩稳定为宜。因为规模太小业绩会不稳定，但规模太大也很难有超额收益。

表 7-12　沪深 300 指数增强基金年收益率对比
（截至 2022 年 5 月 24 日）　　　　　　%

类别	数量/只	2013 年	2014 年	2015 年	2016 年	2017 年	2018 年
ETF	21	-5.61	54.05	7.07	-8.82	23.79	-24.20
LOF	10	-6.08	49.83	5.34	-7.45	24.11	-21.67
普通	16	-6.17	49.59	7.24	-7.82	23.06	-22.27
联接	19	-3.91	46.13	10.00	-9.55	20.57	-23.73
增强	46	1.33	45.23	18.92	-6.30	22.49	-21.39
总计/平均	112	-4.09	48.97	9.71	-7.99	22.80	-22.65

类别	数量/只	2019 年	2020 年	2021 年	2022 年	累计收益率	年化收益率
ETF	21	38.58	30.52	-0.91	-18.53	94.53	7.34
LOF	10	37.93	33.77	0.27	-17.51	103.53	7.86
普通	16	36.54	33.84	-1.46	-17.90	96.22	7.44
联接	19	37.13	31.25	-2.02	-18.86	83.80	6.69
增强	46	38.31	42.41	0.26	-18.78	153.24	10.40
总计/平均	112	37.70%	34.36%	-0.77%	-18.32%	105.44%	7.97%

表 7-13　中证 500 指数增强基金年收益率对比
（截至 2022 年 5 月 24 日）　　　　　　%

类别	数量/只	2013 年	2014 年	2015 年	2016 年	2017 年	2018 年
ETF	28	14.55	37.73	41.34	-16.66	0.93	-32.69
LOF	4	16.47	37.54	39.46	-13.81	3.36	-30.36
普通	6	15.74	35.52	37.00	-17.01	2.85	-29.50
联接	16	15.38	34.82	34.65	-15.95	1.08	-30.29
增强	50	17.69	32.41	46.23	-11.26	5.90	-27.25
总计/平均	104	15.97	35.60	39.74	-14.94	2.82	-30.02

类别	数量/只	2019 年	2020 年	2021 年	2022 年	累计收益率	年化收益率
ETF	28	27.03	25.00	18.23	-20.27	88.97	7.01
LOF	4	28.16	29.94	21.11	-20.52	122.14	8.87
普通	6	27.73	28.07	17.41	-19.15	100.78	7.70
联接	16	26.55	23.72	17.49	-20.26	81.97	6.58
增强	50	33.09	35.30	18.39	-19.00	169.00	11.11
总计/平均	104	28.51	28.40	18.53	-19.84	110.87	8.27

Smart Beta 指数基金

Smart Beta 指数，也就是所谓的聪明指数，其实就是一种公开了策略的量化指数，对应的基金就叫 Smart Beta 指数基金。其策略一般用因子来体现，在中证指数基金公司的 Smart Beta 指数中，目前有 58 只基金，按照因子区分，有基本面、动态、波动、高贝塔、动量、成长、价值、质量、精明等。

（1）基本面因子是参照公司过去 5 年营收的平均值、过去 5 年现金流的平均值、定期调整时的净资产、过去 5 年分红总额的平均值 4 个因子。

（2）动态因子是对样本空间的股票，计算其敏感性得分。其中根据 52 周波动率和 36 月波动率计算波动率因子，根据债务权益比、总资产 / 净利润、盈利可变性和现金流可变性计算质量因子，然后根据波动率因子和质量因子确定股票对应的敏感性得分。前一半股票组成动态指数，后一半股票组成稳定指数。

（3）波动因子通俗地讲就是选取相对低波动的股票。180 波动、380 波动、300 波动、500 波动是分别在上证 180、上证 380、沪深 300、中证 500 指数中选取低波动排名前 100 的股票。

（4）高贝塔因子通俗地说就是风险相对大。180 高贝塔、380 高贝塔、300 高贝塔、500 高贝塔分别是在上证 180、上证 380、沪深 300、中证 500 中选取高贝塔排名前 60、前 100、前 100、前 150 的股票。

（5）动量因子通俗地说就是追涨杀跌，其中，中国 500 动量、300 动量、800 动量、香港 100 动量、香港 200 动量、180 动量、380 动量，分别是中国 500、沪深 300、中证 800、香港 100、香港 200、上证 180、上证 380 指数中动量排名在前面的指数。

（6）成长因子主要考虑利润增长。

（7）价值因子，主要考虑市盈率的高低。

（8）质量因子，主要考虑 ROE、ROA 等。

（9）精明因子，主要考虑 A/H 价差。

中证 Smart Beta 指数中很多都是双因子甚至多因子，如中国质量成长，考虑了中国 1000 指数中质量、成长双因子；500 成长估值，考虑了中证 500 中成长、价值双因子；成长低波，考虑了 A 股中波动、成长双因子。

在中证基金的 58 个 Smart Beta 指数中，只有 300 高贝塔、小康指数、基本面 50、基本 400、深证 F60、深证 F120、500 质量、质量低波 8 只指数有对应的 9 只 Smart Beta 基金。其中表现最好的 500 质量，年化收益率高达 18.25%。

表 7-14 统计了从 2012 年到 2022 年 7 月 29 日名称中带有红利、价值、质量、动量、低波字样的基金的年净值增长跟全体基金的对比。

从表 7-14 中可以看到，不管是 2012 年起的累计，还是 2019 年起的累计，红利、价值这两个因子的净值增长率的平均值都跑赢了全体基金的平均值。而动量的表现虽然好，但数量只有 1 只，不具有代表性，这只基金是财通价值动量混合，本质上是一个主动型的动量基金。质量、低波动因子的基金出现得比较晚，数量也不多，数据只能供参考。当然里面还有一些主动基金没有剔除,但即使是主动基金,也是用了这些因子主动操作而已,本质上和这些 Smart Beta 因子还是有关系的。

表 7-14　Smart Beta 指数及基金的净值增长率
（截至 2022 年 7 月 29 日）　　　　　%

因子	数量/只	2012 年	2013 年	2014 年	2015 年	2016 年	2017 年
全体	9928	5.83	8.53	22.69	26.04	-5.99	9.31
红利	92	5.42	4.24	32.51	36.95	-9.91	16.66
价值	271	5.73	8.26	30.63	39.12	-7.48	15.12
质量	22	—	—	—	—	—	—
动量	1	7.71	4.24	33.24	69.89	-19.31	16.61
低波	17	—	—	—	—	—	—

因子	2018 年	2019 年	2020 年	2021 年	2022 年	累计	2019 年起累计
全体	-10.53	25.29	29.23	7.21	-6.44	165.22	62.40
红利	-19.45	33.78	35.20	10.37	-7.68	211.14	84.29
价值	-20.60	39.11	44.01	8.49	-10.28	243.07	95.00
质量	—	60.04	41.16	1.83	-14.22	—	97.32
动量	-20.96	70.96	51.29	28.52	10.72	595.62	268.02
低波	-14.64	18.74	6.12	15.31	-4.17	—	39.23

整体来看,2019 年起,主动基金进入了大年,而从 2021 年起,主动基金、Smart Beta 基金都进入了小年。

浅谈 ETF 投资策略

投资其实没有适合每个人的所谓最佳策略，ETF 投资也是这样，每个人情况不同，市场的变化也很快，要找到最佳策略几乎是不可能的。但我们可以把各种策略从最激进到最平淡进行简单梳理。

如果单吊一只行业 ETF，即使不做轮动，如果你在 2022 年初选择了豆粕 ETF（159985），那么截至这一年的 5 月 27 日（下同），它的收益率是 36.28%，超过了 1 万多只各类基金；但如果你不幸选择了 VR ETF（159786），那么你将亏损 37.59%，损失惨重。如果你还能择时轮动，那么做得好的收益率理论上一年翻好几倍都有可能，但实际上很难做到。

说到行业 ETF 轮动，无非是按照各类技术指标以及行业各类财务指标和各种消息轮动。一般来说，非周期类的相对容易，比如说前几年大消费类 ETF 走得不错，只要选择一个不错的消费类的 ETF，跑赢宽基指数一点问题都没有；但 2021 年起偏偏遇到了消费的小年、周期的大年，前几年在消费上"躺赢"的投资者，2021 年不亏就不错了。所以我们一方面要注意估值的高低，一方面还要注意周期的轮动和偏好。

如果按照各类技术指标轮动，无非就是追涨杀跌或者抄底逃顶，但要做到这点是非常难的。如果按照各类财务指标轮动，最常见的是各类绝对或者相对市盈率、市净率、PEG、ROE 等指标,那些长期使用这类指标的大部分人都会感觉到理论上存在的低买高卖,实际上可能还不如一个简单的宽基指数。如果你用在周期类的行业 ETF 上,效果可能恰恰相反,市盈率最高的时候是行业的低点,市盈率最低的时候反而是行业的高点。个人确实很难精准地把握好。

相对来说,把行业维度和时间维度分得粗一些,做一点低频组合的轮动,还是可行的。比如说前几年仓位在大消费等 ETF 上配置重一点,但如果想正好在 2021 年春节后卸掉消费的重仓是不可能那么精准的。但如果你认可 2022 年回吐一部分利润,到 3 月、4 月的时候其实已经可以基本明白市场风格的变化,再降低大消费的仓位,增加周期、小市值类的 ETF 的仓位,这还是可行的。

当然,你如果是一个普通投资者,不想去研究市场风格的变化,那最简单地配置一个沪深 300 的 ETF,加上一个中证 500 的 ETF,或者只简单地配置一个中证 800 的 ETF,长期获取市场的平均收益,也是可以的。如果想再提高一点收益,建议配置沪深 300 和中证 500 的增强型 ETF,国内市场的有效程度还很差,目前来看绝大部分指数增强基金还是能跑赢指数不少的。

另外还有各种 Smart Beta 基金,使用的各种策略也有适用期,比如前几年用的质量因子的基金表现都不错,但 2022 年的表现却不佳;而前几年表现不佳的如标普红利因子,2021 年使用这个因子的华宝标普红利,反而净值增长了 23.73%,大概可以排在所有基金的前 10%。

总结来看,对大部分普通投资者来说,如果你能看清一年的趋势，把握大的仓位重一点，把握小的仓位轻一点，一年有个一两次机会就足够了。或者能看清楚长期有效的策略或者行业，短期跌很多的时候也行。如果你没这个能力，不如直接买个沪深 300 和中证 500 的 ETF，或者指数增强基金。对大部分人来说，花里胡哨的各种轮动策略，还不如简简单单的办法。

第八章
保守的债券及债券基金

相对股票来说,债券是一种比较保守的投资品种。虽然因为债券新政个人基本不能再直接投资债券,但债券基金的底层资产还是债券,所以我们还是要做到了解债券。

债券的基础知识

2022年5月16日起,债券市场执行新规,债券的买卖申报最小单位从1000元面值提高到10万元面值,而且即使是个人专业投资者(过去叫合格投资者,满足500万元资产门槛),按照集思录的统计,可以买的企业债也只剩下7只,其中只有2只可以被普通个人投资者买入。个人以后要投资债券,基本上只能通过债券基金。

债券主要是政府和企业向投资者借钱而发行的一种契约,同时会按照一定的利率支付利息,并在契约规定的条件下偿还本金。如果企业清算,那么债券是优先于股权,但排在职工的工资等费用和税收后面的资产。

广义的债券包括可转债,这一章我们讨论的债券是狭义的债券,即不包括可转债的纯债。

债券最常见的类型包括国债、国开债、企业债、公司债。

国债的发行主体是国家,国开债的发行主体是国家开发银行。国债发行的目的是筹集财政资金,用于一些大的建设项目以及特殊经济政策等。而国开债的发行目的是促进商业经济的发展。国债是免税的,国开债对企业要收所得税,而对个人是免税的。

公司债和企业债的区别如下:

(1)在发行制度上,公司债采取核准制,由证监会进行审核，证监会有权决定是否准许其发行，对总体发行规模没有一定的约束。企业债采取的是审核制，由国家发改委进行审核，发改委每年会定下一定的发行额度。

（2）在发行条件方面，公司债相对比较宽松。

（3）在担保上，公司债采取无担保形式，而企业债要求由银行或集团进行担保。

（4）两者在发行定价上也有显著的差别。公司债利息的最终定价由发行人和保荐人通过市场询价来确定，类似于A股的定价。而企业债的利率限制是要求发债利率不高于同期银行存款利率的40%。

（5）发行状况方面，公司债可采取一次核准，多次发行。企业债一般要求在通过审批后一年内发完。

（6）公司债在信用评级制度方面有所突破，可以说与国际接轨，即受托人对公司的管理状况要定时跟踪，进行信息披露。

总体来说，国债的安全性高于国开债，国开债的安全性高于公司债和企业债。在利息收益上，公司债和企业债是最高的，其次是国开债，再次是国债。

另外还有一种城投债，又称"准市政债"，是地方投融资平台作为发行主体，公开发行企业债和中期票据，其主业多为地方基础设施建设或公益性项目。其安全性高于公司债和企业债，低于国债和国开债。收益率低于公司债和企业债，高于国债和国开债。目前基本上也不对个人投资者开放。

不过不管是哪一种债券，其原始发行价格都是100元，以张为单位，一般交易一手是10张，现在新规的要求一手是10万元面值，也就是1000张。

债券采用的交易方式比较特殊，叫"净价报价，全价交易"。举例来说，如果一只债券的票面利息是 7.3%，那么每天就有 0.02% 的利息，债券一般的面值是 100 元（也有提前归还一部分的债券，名字前面用 PR 代表），那每天的利息就是 0.02 元。如果这只债券是每年 2 月 14 日付息，你在 2 月 15 日买入，卖一价是 100 元，实际交割的价格就是 100+0.02×2=100.04 元，这个 0.04 元就是两天的利息。那可能有人会说这样自己不是吃亏了？其实你没吃亏，因为在卖出时，买家一样要付息给你，假定你在 2 月 16 日卖出（债券还是一个 T+0 的品种），你得到的收入是 100+0.02×3=100.06，不算佣金，看起来平进平出，但实际上你赚了一天的利息。

债券有个非常重要的指标叫 YTM（Yield to Maturity），中文意思是"到期收益率"，也就是持有到期的年化收益率。这个收益率是用现金流量法计算的复利，计算公式比较复杂，这里就不展开讨论了，在 Excel 表格里常用 XIRR 或 YIELD 函数来计算，同时集思录等网站也提供实时的 YTM 值。

集思录网站上能看到好几个 YTM，首先分两大类：税前 YTM 和税后 YTM，这里的税指的是扣除 20% 的所得税，考虑到可以避税，我们一般看税前的 YTM。税前的 YTM 中经常可以看到两个不同的数据，这就是很多债券提供的回售期的 YTM 和到期的 YTM。所谓回售，就是在到期前给债民一个选择，可以持有到期，也可以在回售期提前回售给企业，这样就可以多一个提前兑现的机会。

所以最简单的债券轮动，如果债券的风险等级和流动性类似，则都是按照 YTM 进行轮动的。债券与过去的分级 A 有个最大的不同，就是绝大部分分级 A 都是永续的，而绝大部分债券都是有期限的，两者轮动的策略还是有差异的。

当然，债券投资也有风险，特别是最近几年，随着恒大债、融创债等出现问题，安全的债券变少了。债券新规对个人投资者提出高要求，也有一定道理。

国债一般看两个指数：一个是中国十年期国债指数（CNTY），它的数字如果是 2.71，就代表当天的十年期国债收益率是 2.71%；一个是国债指数（000012），这个指数是全价指数，包含利息。如果国债上涨，那么 CNTY 是下跌的，它意味着国债价格上涨，将来的收益率缩小，反之亦然。

企业债券一般看两个指数：净价企债指数（399481），全价企债指数（000013）。

从图 8-1 中我们可以看到，十年期国债因为是到期收益率，所以最近 10 年基本上都在 2.5%~4.5% 之间波动，而且有更加平缓的趋势，而国债指数、净价企债指数、全价企债指数因为是价格指数，所以基本上都是向右上直线上升的趋势。其中净价企债指数在最底部，国债其次，最高的是全价企债指数。

通过表 8-1，我们能更加清楚地看到，全价企债指数的收益率高于国债。从净价企债指数的数据可以看到，其主要的上涨来自利息，这 10 年来的净价波动不是太大。

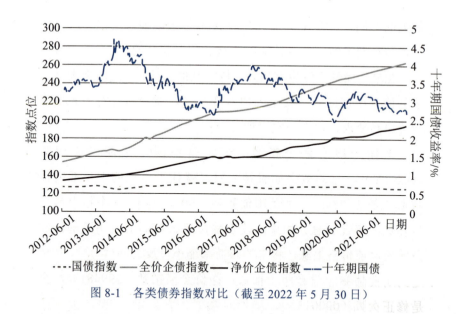

图 8-1　各类债券指数对比（截至 2022 年 5 月 30 日）

表 8-1　各类债券指数涨幅对比（截至 2022 年 5 月 30 日）　　%

年　份	国 债 指 数	全价企债指数	净价企债指数
2013	2.75	4.36	-1.81
2014	4.42	8.73	2.11
2015	6.08	8.85	2.43
2016	3.40	6.04	0.50
2017	0.66	2.13	-3.02
2018	5.61	5.74	0.22
2019	4.35	5.75	0.31
2020	3.67	4.49	-0.41
2021	4.24	4.05	-0.56
2022	1.84	1.61	-0.09
累计涨幅	43.68	65.24	-0.44
年化涨幅	3.93	5.48	-0.05

修正久期和骑乘效应

债券投资中我们经常可以看到一个略显拗口的词叫"修正久期",这个参数是什么意思?在债券实战中到底有什么用?为什么要把它与到期收益率等重要参数放在一起?

修正久期,是对于给定的到期收益率的微小变动,债券价格的相对变动,与其麦考利久期[①]为正变关系。简单地说,就是到期收益率每变动一个单位,债券价格变动 N 倍,这个 N 就是修正久期。举例来说,到期收益率本来是 4%,现在由于价格下跌导致到期收益率提高到 5%,如果修正久期是 3,那么价格大致就是下跌了 3×(5%-4%)=3%。我们可以简单地把修正收益率看作一个价格杠杆,一般来说,到期时间越长,修正久期就越大,但略小于到期年限,在 Excel 中,修正久期可以用函数 MDURATION(settlement,maturity,coupon,yld,frequency,basis)来计算,其中:

Settlement 是证券的结算日。结算日是在发行日之后,证券卖给购买者的日期。

Maturity 是有价证券的到期日。到期日是有价证券有效期截止时的日期。

Coupon 是有价证券的年息票利率。

[①] 麦考利久期,指使用加权平均数的形式计算债券的平均到期时间。——编者注

Yld 是有价证券的年收益率。

Frequency 是年付息次数。如果按年支付，frequency=1；按半年期支付，frequency=2；按季支付，frequency=4。一般电子国债、国开债、企业债等都是一年一次付息，少数付息式国债一年付息两次，凭证式国债一般到期付息。

Basis 是日计数基准类型。

修正久期在实战中怎么用呢？我们来看几个例子，2022 年 6 月 1 日收盘，16 国债 19，2046 年 8 月 22 日到期，到期收益率是 3.34%，对应的修正久期是 14.61。把到期收益率降低 1% 或者提高 1%，全价涨幅会发生什么变化呢？如果到期收益率从 3.34% 降到 2.34%，那么这只国债将上涨 14.61×1%=14.61%，同样如果到期收益率上升到 4.34%，那这只国债将下跌 14.61%，所以这个修正久期相当于不是杠杆的杠杆。

同样，把到期收益率下降 1%，修正久期为 1.37 的国开 1701，全价需要涨 1.38%，而修正久期为 3.92 的国开 1702，需要涨 4.02%，最厉害的修正久期为 16.73 的 16 国债 08，全价涨幅竟然高达 18.59%，是不是和对应的修正久期基本吻合？同样的道理，到期收益率如果上涨 1%，修正久期为 1.37 的国开 1701 的全价需要跌 1.34%，修正久期为 3.92 的国开 1702，需要跌 3.81%，而修正久期为 16.73 的 16 国债 08，需要大跌 14.88%。是不是这个修正久期就相当于一个资金的杠杆？

弄清楚了修正久期在债券到期收益率涨跌的作用后，我们就知道怎么用了。在债券价格下跌，也就是说到期收益率上涨阶段，应该买入修正久期短的债券，反之就应该买入修正久期长的债券。

债券轮动要取得超额收益，骑乘效应是一个很好的工具。经典教科书上对骑乘效应的定义是：一种利用长期收益和短期收益的下降获得超额收益的效应。那它到底是一种什么样的效应？普通投资者究竟可以怎样利用骑乘效应获得超额收益？利用骑乘效应又要注意什么呢？

我们假定某只债券面值100元，年利息3%，3年到期，交易价格一直维持在100元，那么到期收益率也一直维持在3%，在这段时间内不管买入还是卖出，年化的收益率也是3%。

如果1年到期收益率也是3%，就没有超额收益，现在市场认可的1年到期收益率小于3%，那么前面几年的收益率就明显大于3%，所获得的超额部分的收益就是来自骑乘效应。

有人可能会问，那到期持有时间短的人不是吃亏了吗？超额收益是不是赚的后面接盘的人的钱呢？其实也不是，后面的人只持有了一年，承担的风险小很多，能有2.5%的收益率也不错了。骑乘效应就是利用了长短期不同的到期收益率来获得超额收益。

按照这个原理，持有到期时间越长的债券，骑乘效应越明显。理论上是这样，但别忘记，骑乘效应就相当于骑了一匹快马，马跑得越快，风险越大，长债如果遇到债券下跌，骑乘效应也会放大跌幅。所以最重要的还是要对未来利率的趋势有个大致的判断。

购买债券 ETF

前面提到,个人直接投资债券的时代已经基本结束了,但我们可以通过债券基金来投资债券。

在债券品种里,除了主流的债券基金,还有一个比较小众的可以用股票账户买卖的债券 ETF,如表 8-2 所示,目前在交易的大概有 15 只。

债券 ETF 与主动型 ETF 相比,首先是透明,其次是费用低,一般的主动型债券基金,管理费用最高要 0.60%,托管费要 0.15%,加起来要 0.75%,而一般的债券 ETF,管理费 0.15%,托管费 0.05%,合计只有 0.20%。被动型债券 ETF 的运作费用只有主动型债券基金的 27%。债券基金的收益率本来就比权益基金的低,费用低廉的影响就更大了。

整体波动最大、收益率最高的显然是可转债 ETF。2022 年有 2 只可转债 ETF 在交易。其中可转债 ETF(511380)跟踪的是中证可转债及可交换债指数,而上证可转债 ETF(511180)跟踪的是上证可转债及可交换债指数,显然中证指数相比上证指数含有更多的小盘可转债,弹性更好,所以可转债 ETF 2021 年的涨幅高达 17.64%,远远超过上证可转债 ETF,进入 2022 年,因为遇到可转债的调整,可转债 ETF 跌幅达到 7.61%,也远远高于上证可转债 ETF 的跌幅 5.25%。

和 42 只主动型可转债基金相比,2022 年截至 6 月 1 日,2

表 8-2　目前在交易的 15 只债券 ETF（截至 2022 年 6 月 1 日）　%

代码	名称	跟踪	规模/亿元	成立时间	2022年	2021年
159816	0-4 地债 ETF	中证 0-4 年期地方政府债指数	17.10	2020-7-30	1.48	3.44
159926	国债 ETF	中证金边中期国债指数	0.10	2013-5-10	0.17	1.77
159972	5 年地债 ETF	中证 5 年期地方债指数	39.03	2019-8-23	1.84	4.91
159988	粤债 ETF	中债 0-5 年广东省地方政府债全价	1.16	2020-4-29	0.83	2.77
511010	国债 ETF	上证 5 年期国债指数	7.42	2013-3-5	1.11	3.86
511020	活跃国债 ETF	中证 5-10 年期国债活跃券指数	11.78	2018-12-21	1.01	4.81
511030	公司债 ETF	中高等级公司债利差因子全价	52.63	2018-12-27	0.58	4.02
511060	5 年地方债 ETF	上证 5 年期地方政府债指数	5.61	2019-11-7	2.01	4.56
511180	上证可转债 ETF	上证投资级可转债及可交换债指数	2.17	2020-7-13	-5.29	10.90
511220	城投债 ETF	上证城投债指数	12.46	2014-11-13	1.89	5.29
511260	十年国债 ETF	上证 10 年期国债指数	7.58	2017-8-4	1.29	5.19
511270	10 年地方债 ETF	上证 10 年期地方政府债指数	7.09	2018-10-12	2.42	4.66
511310	10 年国债 ETF	上证 10 年期国债指数	0.27	2018-3-19	0.87	4.71
511360	短融 ETF	中证短融指数	59.59	2020-8-3	1.15	2.82
511380	可转债 ETF	中证可转债及可交换债指数	8.21	2020-3-6	-7.61	17.63

代码	2020 年	2019 年	2018 年	2017 年	2016 年	2015 年	2014 年
159816	—						
159926	0.40	0.56	4.86	-3.13	1.59	4.95	8.09
159972	2.61						
159988	—						
511010	1.73	2.97	5.74	-1.61	1.43	6.50	8.40
511020	2.15	2.97	—				
511030	2.92	3.63					
511060	2.27						
511180	—						
511220	2.81	4.57	6.89	2.44	2.16	10.99	—
511260	1.92	2.49	7.60				
511270	2.63	5.30					
511310	1.78	2.72					
511360	—						
511380	—						

只可转债 ETF 平均下跌了 6.45%，而主动型可转债基金平均下跌了 12.91%。但在 2021 年，2 只可转债 ETF 平均上涨了 14.27%，而主动型可转债基金平均上涨了 18.51%。显然，主动型可转债基金比可转债指数更加激进。这也是因为，不管是上证可转债指数还是中证可转债指数，仓位都在权重大的惰性债上。

所以，如果你没时间去盯可转债的个债，不关心每只可转债的强赎，对收益率要求也不高，可转债 ETF 也可以作为一个选择，偏好波动大的可以选中证可转债指数 ETF，偏好波动小的可以选上证可转债 ETF。

在纯债 ETF 中，可以从两个选择维度考虑。一个维度是债券的等级，债券按照等级可分为：国债、地方债、城投债、公司债。一般来说，国债的风险最小，收益率最低，而公司债的风险最大，收益率最高。值得注意的是，其中的一个城投债 ETF（511220），历史上的表现都不错，而且持仓的城投债相对来说非常分散，票息要比国债高很多，个人也无法买入这些高息债，城投债 ETF 是一个值得关注的品种。

另外一个维度就是久期。一般来说，如果是升息周期，可以买久期短的债券 ETF，相反降息周期可以买久期长的 ETF。2022 年，美国处于升息周期，而我国则相反，处于一个相对降息周期，由于利率降低，现有的债券会上涨，而由于骑乘效应，久期长的会涨得更多。不过，这些因素对国债等低息债的影响不是很大。

总之，不管是哪个品种的债券 ETF，相对权益类的收益率肯定是低的，但在资产配置中也是一个品种，特别是市场下行期间所体现的抗跌性尤其值得关注。

开放式债券基金

与债券 ETF 相比，数量更庞大的还是开放式债券基金。按照持有股票的情况，开放式债券基金可以分成二级债基、一级债基和纯债基金三大类。其中，二级债基是可以持有股票的，持有股票的比例越高越激进；一级债基只能参加新股打新，上市后卖出；纯债基金是不含股票的。按照债券的久期分类，又可以分为长债基金和中短债基金。

我们采用下面的方法选择债券基金：在几千只债券基金中，选择连续 5 年每年都跑赢全体债券基金中位数的债基。满足这样条件的债券基金其实并不多，如表 8-3 所示，我们从 2014—2018 年连续 5 年跑赢中位数的债券基金中，剔除 C 类产品后，也只有 9 只基金。

我们看下这 9 只基金在 2019 年的表现，表现最好的是中银添利，上涨了 7.59%，远远超过中位数 4.53%；表现最差的是交银添利，只上涨了 4.15%，也仅仅跑输中位数 0.38%。大部分基金在 2019 年都能跑赢中位数。

9 只基金中的国投瑞银优化增强含有 19.71% 的股票仓位，2021 年增长了 7.97%，表现最好，但进入 2022 年（截至 6 月 1 日）又跌了 2.33%，所以对特别保守的投资者来说，不要选择二级债基，特别是股票仓位高的债券基金。这类基金收益和风险并存。

债券基金本来就是一种相对保守的品种，上述方法也只是一种，选择的条件可以根据自己的需要以及流动性、最大回撤、收益率等综合考虑。

表 8-3　2014—2018 年连续跑赢的债券基金表现
（截至 2022 年 6 月 1 日）　　　　　%

代码	名称	规模/亿元	股票比例	2014 年	2015 年
000024	大摩双利增强债券 A	34.32	0.00	14.53	11.54
000267	广发集利一年定期开放债券 A	4.47	0.00	16.91	16.99
121012	国投瑞银优化增强债券 A/B	80.99	18.71	31.96	16.96
164902	交银添利 LOF	51.38	0.00	15.33	15.00
165517	信诚双盈 LOF	25.05	0.00	31.74	18.27
166008	中欧强债 LOF	1.26	0.00	17.61	12.38
217022	招商产业债券 A	155.23	0.00	21.42	11.88
380009	中银添利债券发起 A	61.36	4.90	17.54	15.27
550018	信诚优质纯债债券 A	3.95	0.00	14.97	17.56
全体债券基金中位数			—	14.53	10.99
代码	2016 年	2017 年	2018 年	2019 年	2020 年	2021 年	2022 年
000024	4.03	2.01	6.32	5.94	6.33	3.82	1.33
000267	1.90	2.17	6.85	5.37	2.34	6.44	0.11
121012	1.10	3.64	8.12	6.11	10.32	7.97	-2.33
164902	1.81	2.37	6.43	4.15	2.03	4.93	2.00
165517	3.87	2.29	5.67	4.74	3.33	5.18	0.66
166008	1.77	2.56	7.54	5.49	2.36	-5.92	-0.49
217022	4.17	3.02	8.64	6.71	4.17	6.50	1.85
380009	4.17	4.57	5.77	7.59	4.36	4.87	0.46
550018	1.64	4.00	6.26	7.11	4.45	4.43	1.76
全体债券基金中位数	1.04	1.84	5.45	4.53	2.87	4.08	1.27

第九章
特殊的债券：可转债

可转债是一种非常特殊的债券，既有债券的特性，也有股票的特性，在一定条件下还能变成相应的股票。

可转债是什么

本章进入本书的重头戏部分——可转债。为什么这样说呢？在笔者十多年的投资经历中，盈利主要不是靠股票，而是"四大金刚"：封基、债券、分级A、可转债。现在分级A已经被彻底取消，债券投资也基本对个人投资者关上了大门，封基品种少而且成交量也不活跃，只有可转债，已经发展成了拥有一个400多只债券、日成交上千亿元的大市场。这个品种对散户特别友好。下面重点介绍这个品种。

可转债的标准版定义[①]：可转换债券是债券持有人可按照发行时约定的价格将债券转换成公司的普通股票的债券。如果债券持有人不想转换，则可以继续持有债券，直到偿还期满时收取本金和利息，或者在流通市场出售变现。如果持有人看好发债公司股票增值潜力，在宽限期之后可以行使转换权，按照预定转换价格将债券转换成为股票，发债公司不得拒绝。

可转债的通俗版定义就是一条可以合法"作弊"的变色龙。

我们先来看看什么叫合法的"作弊"，所谓"作弊"，就是下修转股价。所谓转股价，就是可转债转换为每股股票所支付的价格。比如钧达转债，2020年3月13日前转股价是21.66元，那么一张100元面值的可转债，可以转成正股 $100 \div 21.66 = 4.62$

[①] 本定义引用自百度百科。

（股），但股东大会通过下调转股价后，价格就从原来的 21.66 元下调到 14.93 元，那么现在一张钧达的可转债就可以转成 100÷14.93=6.70（股）。价格虽然没变，但同样一张可转债，转换成股票的数量从原来的 4.62 股提高到 6.70 股，增加了整整 45%，相当于股票数量不变，价格上涨了 45%。当然，下修转股价必须满足一定的条件，而且要股东大会表决通过。

所谓变色龙，指的就是可转债的涨跌不对称的特性，上涨时由于有转股溢价率的牵引，会跟着正股一起涨；下跌时有债底保护，下跌没有正股那么快。简单总结，就是可转债是上涨像股票、下跌像债券的变色龙。

可转债的"七种武器"

古龙的武侠小说有"七种武器",可转债一样也有"七种武器",下面具体来看一下。

1. 发行条件

首先可转债的发行主体必须是上市公司,但不是所有的上市公司都可以发行可转债,它必须满足下列3个条件:

(1)最近3个会计年度加权平均净资产收益率平均不低于6%。扣除非经常性损益后的净利润与扣除前的净利润相比,以低者作为加权平均净资产收益率的计算依据;

(2)本次发行后累计公司债券余额不超过最近一期末净资产额的40%;

(3)最近3个会计年度实现的年均可分配利润不少于公司债券1年的利息。

第一条剔除了资产质量不好的上市公司,虽然只有6%,但A股大约有一半左右的公司是无法满足这个条件的。第二条限制了资产负债率,即使不发行可转债,大约也有一半左右的公司满足不了第二条要求的40%的条件。第三条确保可分配利润能覆盖公司债券1年的利息。

截至2022年6月2日,A股市场一共有4723只股票,能同时满足第一条和第二条的也只有1293只,只占27.38%。也就是说,72.62%的A股上市公司连1分钱可转债都发行不了。

可转债如此苛刻的发行条件,也确保了截至2022年初没有出现一起可转债违约现象,而同期的纯债已经多次违约,甚至房地产市场出现了类似恒大债、融创债这样的巨无霸违约债。当然,可转债没有出现违约,还跟可转债最终都不是真的还钱而是转股这一有别于纯债的特殊现象有非常大的关系。

2. 正股上涨

正股上涨,为什么可转债一定会跟着上涨呢?我们假定转股溢价率为0,如果正股上涨,可转债不涨,这样转股溢价率就变成了负数,也意味着存在套利空间。

转股溢价率=可转债价格/转股价值-1=可转债价格/(100/转股价×股价)-1=可转债价格×转股价/股价/100-1。

比如,2022年6月2日收盘,新春转债的转股溢价率=可转债价格×转股价/股价/100-1=163.93×8.75/14.66/100-1=-2.16%,存在2.16%的套利空间。

当然转股不是马上生效,而是在下一个交易日生效,那唯一的风险就是下一个交易日的低开,虽然这样的套利还是有点风险,但也不太可能长期存在转股溢价率为负数的情况。新春转债就是因为已经公布了要提前强赎,可转债持有者比正股持有者更加保守,所以留下了2.16%的套利空间,如果下个交易日开盘低开,就有可能套利失败。

另外还有一种负溢价也可能长期存在,因为可转债发行半年后才能转股,如果不能转股,这个套利也无法很快进行,历史上也有长期存在负溢价的情况。

有人会问,既然正股上涨,可转债跟着涨,那如果看好正股,还不如直接买正股,为什么一定要买可转债呢?

问题就出在正股下跌时,可转债并不是同步下跌,因为可转债还有债性。

我们以2022年6月2日的国泰转债(127040)为例,当天收盘可转债价格为129.245元,转股价为8.77元,正股收盘价格11.06元,转股溢价率=129.245×8.77/11.06/100-1=2.48%。

通过表9-1的计算可以知道,如果可转债的涨跌和正股的涨跌同步,那么转股溢价率保持不变,通过XIRR函数,我们可以计算出税前的YTM涨跌正好与之相反。如果可转债和正股的涨跌完全一样,我们选择转股,那最多的亏损就是把溢价的2.48%亏完。但我们还有一个选择,就是持有到期,如果价格同步上涨,我们以193.868元的价格买进,那持有到期税前的YTM会亏10.27%,但如果价格同步跌50%,我们以64.623元买入,到期时就会变成11.72%的税前YTM。

表9-1 国泰转债正股和可转债同步涨跌(截至2022年6月2日)

涨幅/%	转债价格/元	股价/元	转股价/(元/股)	溢价率/%	税前YTM/%
50	193.868	16.590	8.77	2.48	-10.27
40	180.943	15.484	8.77	2.48	-9.03
30	168.019	14.378	8.77	2.48	-7.68
20	155.094	13.272	8.77	2.48	-6.20
10	142.170	12.166	8.77	2.48	-4.56
0	129.245	11.060	8.77	2.48	-2.73

续表

涨幅 /%	转债价格 /元	股价 /元	转股价 /（元/股）	溢价率 /%	税前 YTM /%
-10	116.321	9.954	8.77	2.48	-0.66
-20	103.396	8.848	8.77	2.48	1.70
-30	90.472	7.742	8.77	2.48	4.45
-40	77.547	6.636	8.77	2.48	7.72
-50	64.623	5.530	8.77	2.48	11.72

显然可转债的两个选择帮了我们大忙，如果同步上涨，我们将来就可以选择转股，不可能选择持有到期让它亏损10.27%。如果同步下跌，我们不会选择转股，选择持有到期也有非常不错的收益率。

实际上的收益曲线不会突变，所以最终形成了正股上涨，可转债基本同步；正股下跌，可转债不会同步下跌。

这里为了简单起见，做了一个假设，就是转股溢价率不变。现实中，如果转股溢价率过高，即使正股上涨很多，可转债也不一定跟得上，最终导致转股溢价率下降。

造成这种涨跌不对称的根本原因就是可转债这个"可"字，转股和持有到期这两个选择都有非常明确的期望收益率，我们肯定会选择对自己最有利的方案，而股票是很难做相对比较的，一家好公司和一家坏公司我们能一目了然地比较出来，但好公司的股票价格可能比坏公司的股票价格高出100倍甚至更高，即使选择了好公司的股票，将来也不一定能涨过坏公司，况且两家公司的股票也不能像可转债那样进行互换。别说两家不同的公司，即使同一家公司的A股和H股都无法互换，导致了两者的剪刀差始终不能缩小。这就是股票选择最难的地方。

和股票不一样的是,可转债转股和不转股是有非常确定的比较结果的,所以相对来说,可转债的门槛比股票要低得多。大部分可转债投资者的收益都会好于股票投资者,只有不去计算可转债的相对价值,完全把可转债当作股票去炒,或者只看可转债的技术指标而不去计算可转债真正价值的人,才会亏得比股票更加厉害。当然如果可转债的价格已经非常高,转股溢价率也非常高,就是俗称的"双高妖债",如果你还是因为热点去买入,那亏损的概率也是非常大的。

3. 每年利息

可转债的存续期一般是6年,这6年每年都会有微薄的利息。还是以上面提到的国泰转债为例,第一年0.20%,第二年0.40%,第三年0.60%,第四年1.50%,第五年1.80%,第六年2.00%,6年利息总共6.5%,不太高,聊胜于无,而且利息部分个人还要扣除20%的所得税。

另外值得注意的是,可转债实行全价报价、全价成交,不像一般的纯债是净价报价、全价成交,还要加上利息。所以,如果是可转债付息日后的第一个交易日,价格和昨天收盘一样,实际上你就赚到一个利息了。但因为利息过低,所以关注的人很少。

4. 到期变现

可转债本质上还是债券,到期需归还本金和利息,但可转债又跟普通纯债不一样，除了归还本金和利息，还要对低息做出一定的补偿。还是以国泰转债为例，6 年到期后要还 108 元，其中 100 元是本金，2 元是利息，还有 6 元就是补偿。所以其实最后一年的利息不是 2% 而是 8%。

但最后一年补偿的交税是最有争议的，有些公司会扣掉 20% 的所得税，也有公司不扣，过去因为到期还钱的可转债非常少，所以关注的人也少。现在随着可转债到期还钱的增多，这个问题也变得更突出了，目前尚没有官方的定论。如果你有持有到期的，这个细节一定要关注。

当然，这个 6 元的补偿只是国泰转债写在发行条款里的，每只可转债的发行条款里的补偿金额不太一样，我们需要仔细看条款。

5. 回售保护

绝大部分可转债的发行条例里都有回售保护相关的内容，最常见的是在最后两年存续期中，如果正股价格在任何连续的 30 个交易日里都小于转股价格的 70%，就可以启动回售。2022 年 6 月 2 日交易的 416 只可转债里，有 25 只可转债没有回售条件，没有回售的比例只有 6%。

回售价格一般都是 100 元，只有大族转债（128035）比较特殊，回售价格是 103 元。绝大部分可转债的回售条件都是最后两个计息年度只要有任意连续 30 个交易日正股的收盘价格低于当期转股价的 70%，但个别的也有其他百分比，如济川转债（110038）是 50%，明电转债（123087）、锦鸡转债（123129）、兴森转债（128122）是60%，景兴转债（128130）是80%。

回售保护只不过给投资者在最后两年依然价格低迷时的一种保护，这对发行方是义务，对投资者是权利。所谓义务就是只要满足条件，发行方必须给投资者行使回售权利；所谓权利，是指投资者可以行使也可以不行使这个回售权利。对可转债的投资者来说，回售又多提供了一层保护。

6. 下修转股价

如果正股跌跌不休，可转债由于债底的作用不会同步下跌，会导致转股溢价率居高不下，投资者会因此失去转股的动力。如果投资者都不转股，6年到期后发行方就面临真的要还钱的情况。俗话说得好：凭本事借的钱，为什么要还呢？债券发行方当然希望投资者转股。投资者也希望能转股，因为只有转股，才能实现价格的真正上涨。

很少有哪个投资品种，是发行方和投资者的利益完全一致的，可转债就是其中非常重要的一个。

下修可转债转股价是发行方的一种权利，条件满足可以下修也可以不下修。

下修条件一般是：公司A股股票在任意连续30（或者20个）个交易日中至少有15个（或者10个、20个）交易日的收盘价低于当期转股价格的85%（或者70%、80%、90%）时，公司董事会有权提出转股价格向下修正方案并提交公司股东大会审议表决。因为下修实际上损害了已有股东的权益，所以持有可转债的股东不能参加投票。

截至 2022 年 6 月 2 日，A 股市场 412 只可转债中，满足下修条件的有 321 只，比例高达 77.91%。虽然大部分都满足下修条件，但真正下修的并不多。

下修其实就是合法"作弊"。比如本来转股价是 5 元，一张可转债转股后有 100/5=20 股，现在下修到 4 元，那么转股后就变成 100/4=25 股，股价不变，数量多了 5 股，最终摊薄了正股持有者的收益，是不是合法的"作弊"？

值得注意的是，因为分红、送股、拆股等的下调转股价，与上面说的下修转股价，最大的不同是转股溢价率保持不变。所以下调转股价不是利好，可转债一般不会因此而上涨；而下修转股价则是利好，可转债价格一般都会上涨。

7. 强行赎回

可转债的发行条例里一般都规定了提前强赎的条件：在转股期内，如果公司股票在任何连续 30 个（或者 20 个）交易日中至少 15 个（或者 10 个、20 个、30 个）交易日的收盘价格不低于当期转股价格的 130%（含 130%，或者 120%、125%），公司可以发起强赎。

但满足强赎条件不一定发起强赎，强赎对公司来说是权利，对投资者来说是义务。和回售不同，回售对公司来说是义务，必须执行；而对投资者来说是权利，投资者可以按照最有利于自己的选择去执行。

一般在收盘价不低于当期转股价的 130% 时，如果转股溢价率是正的，那可转债的价格一般都会高于 130 元。也就是说，可转债从 100 元的面值涨到 130 元，涨了 30%，公司认为投资者赚得可以了，这个时候发起强赎，根本目的不是真的要强赎，而是逼着投资者去转股，这样才能达到公司不用还钱的目的。

那么，历史上有多少可转债是以强赎结束的呢？按照集思录的统计，截至 2022 年 6 月 2 日，一共有 228 只可转债退市，其中 213 只可转债是因为强赎退市，比例高达 93.42%。其他的因为到期强赎的有 8 只，规模不足 3000 万元的有 7 只。绝大部分可转债还是以强赎结束的，而强赎的主要条件还是可转债价格高于 130 元。所以买得便宜，是保证可转债能赚钱的最主要的条件。

可转债的"三个知道"

很多年前,网上有个网名叫"德隆专家"的人,提出了投资的"三知道"理论,即:知道能涨多少、知道能跌多少、知道能持有多久。

如果按照这个判断,一般的股票投资,这"三个知道"都是不知道的,至少确定性非常弱。但如果用这个标准来判断可转债,这"三个知道"的确定性是非常强的,至少与股票相比是这样的。

第一是知道涨多少。上面提到,A股市场93.42%的可转债退市最终都是因为提前强赎,而强赎的一个条件是绝大部分可转债价格必须高于转股价的130%,即使转股溢价率为0,可转债的价格也会达到130元以上,如果买入的价格是100元,那至少赚30%,而大部分可转债的溢价率都不会低于0。

也就是说,如果你是100元买入,那大概率能赚30%。2021年1月25日,英科转债(123029)盘中创出了3618.188元的历史最高价,如果以面值100元计算,收益率高达3518%。

第二是知道跌多少。和股票不同,可转债因为有债底保护,价格越跌,债性就越强。除非大家认为这只可转债要违约,否则很难和正股一样同步下跌。A股历史上可转债最低的价格是66.6元。这个价格是亚药转债(128062)在2021年1月13日创下的,它不仅是亚药转债的最低价,还是全体 A 股可转债历史上的最低价,第二天亚药转债就强烈反弹了 15%。当然最低价未来不一定不会跌破,但大概率会高于这个价格。

第三是知道持有多久。我们知道可转债的最长存续期是 6 年,实际的持有时间可以通过统计已经退市的 228 只可转债得知,平均是 1.82 年,平均退市价格是 165.60 元,中位数是 145.96 元。

也就是说,A 股可转债平均持有时间远小于 6 年,退市价格远高于 130 元。在这 228 只可转债中,除了辉丰转债(128012)和双良转债(110009)退市前最后交易价低于 100 元,其他均高于 100 元。

如表 9-2 所示,已退市的 228 只可转债中,退市前价格中位数为 145.96 元,平均持有时间为 1.82 年。我们假设平均买入价格为 110 元,那么在持有的 1.82 年里,我们的收益率 = 145.96/110−1=32.69%

表 9-2　已退市可转债统计数据列表(截至 2022 年 6 月 2 日)

年份	总数/只	平均价格/元	最低价/元	最高价/元	中位数/元	持有平均年限/年
2011	1	93.82	93.82	93.82	93.82	1.61
2012	0	—	—	—	—	—
2013	3	133.75	106.55	163.20	131.50	3.23
2014	9	146.81	108.61	194.97	143.00	2.24
2015	26	170.18	100.18	355.00	156.11	2.30
2016	0	—	—	—	—	—
2017	3	135.33	121.50	146.10	138.39	1.75
2018	2	143.60	141.39	145.80	143.60	0.64
2019	20	135.75	100.59	176.09	131.21	1.71

续表

年份	总数/只	平均价格/元	最低价/元	最高价/元	中位数/元	持有平均年限/年
2020	71	152.81	100.00	417.87	139.42	1.29
2021	74	189.07	100.18	1380.00	159.24	1.94
2022	19	171.91	100.15	463.49	154.46	2.50
合计	228	165.60	93.82	1380.00	145.96	1.82

我们大致知道可转债能涨多少、能跌多少、能持有多久，这"三个知道"确保了我们投资可转债可以大概率赚到钱。

可转债打新策略

可转债打新与股票打新不一样，首先可转债打新不需要市值，既不需要股票的市值，也不需要可转债的市值。可转债申购最小单位为 1 手（沪市）或者 10 张（深市），面值都是 1000 元，顶格申购面值都是 100 万元。

有人可能会担心万一自己中了 100 万却没有那么多钱怎么办，其实这是杞人忧天，因为你打中一手的概率都非常低。A 股市场历史上中签率最高的是 2017 年的久其转债（128015），能中 23 手，也就是 2.3 万元。中签率最低的是 2020 年的乐歌转债（123072），顶格申购的中签率才 0.20%。2022 年截至 6 月 2 日，中签率最高的兴业转债（113052），顶格申购中签率是 98.60%，也就是最多人手一签。

即使可转债破发了也不要紧，因为我们知道可转债的"三个知道"，大部分可转债的价格最终都会高于 130 元。截至 2022 年 6 月 2 日，400 多只可转债中只有 4 只价格低于 100 元，而且低得都不多：亚药转债 99.778 元；天创转债（113589）99.63 元；搜特转债（128100）99.13 元；城地转债（113596）97.82 元。

从表 9-3 的统计我们可以知道，2017 年至 2022 年 6 月 2 日的可转债打新，如果你是上市第一天开盘就卖出，那么盈利期望值为 16 914.06 元；如果是收盘卖出，那么盈利期望值是 17

381.07 元。统计表明，整体收盘卖比开盘卖的平均每只收益会高 0.8 元。这主要还是大部分中签者急着在开盘卖出导致的。

表 9-3 可转债打新（截至 2022 年 6 月 2 日）

年份	数量/只	开盘卖收益/元	每只平均收益/元	收盘卖收益/元	每只平均收益/元	破发数量/只	破发率/%
2017	23	6209.86	269.99	6238.79	271.25	6	26.09
2018	77	-1145.43	-14.88	-999.81	-12.98	35	45.45
2019	106	5865.08	55.33	5921.30	55.86	12	11.32
2020	204	3796.27	18.61	3882.33	19.03	6	2.94
2021	121	1541.98	12.74	1646.65	13.61	11	9.09
2022	54	646.30	11.97	691.81	12.81	0	0.00
总计	585	16914.06	28.91	17381.07	29.71	70	11.97

2017 年至 2022 年 6 月 2 日，打新业绩最差的是 2018 年的大熊市，这一年 77 只新上市的可转债中，有 35 只破发，破发率高达 45.45%，如果是新上市第一天收盘卖，那么当年 77 只可转债共亏损 999.81 元，平均每只亏损 12.98 元。

关键是这些破发的可转债，后来大部分都赚大钱了。比如当年亏损最厉害的万顺转债（123012），2018 年 8 月 29 日上市，第一天收盘价是 91.92 元，2022 年 6 月 2 日收盘价是 173.416 元，上涨了 88.62%。

从 2019 年开始，可转债破发的比例就非常低了，2021 年破发的可转债都是在年初可转债行情不太好的时候上市的，比如靖远转债（127027），2021 年 1 月 22 日上市，当天收盘价 93.15 元，2022 年 6 月 2 日收盘价 138 元，上涨了 48.15%。

综上所述，可转债无脑顶格打新，上市后第一天收盘无脑卖出，破发无脑持有到超过 130 元才卖出，这是可转债打新最无脑但也最省力的策略。

可转债打新是给散户的福利，从过去只有几百万人打新，到现在超过 1200 万人参与打新可转债，中签率越来越低也是不争的事实。即使 2022 年的中签率低，最多有 2000 元就可以应付过来，收盘卖的期望值截至 6 月 2 日是 691.81 元，收益率是 691.81/2000=34.59%。

不过最新政策对新开户多了 2 年经验、20 天交易日平均 10 万元资金的要求，之前有资格参与的投资者可以继续享受打新的福利。

轮动策略

所谓轮动策略，就是按照一定的因子排序后，取排名前若干名平均买入，经过一定的周期（比如一周或一个月）后，根据最新的排名再次调整仓位，循环往复的一种策略，下面分别介绍如何根据最低价格、最高YTM、最低转股溢价率、剩余时间、转债余额、转债余额/市值、转债余额/股本、股票市值、信用等级、弹性10个因子进行轮动。

轮动策略一：按照最低价格轮动

轮动策略不看盈利和亏损，只看排名。我们先选择最简单的因子：可转债价格，平均买入价格最低的10只可转债，到下个月月底，如果我们持有的10只可转债还是价格最低，就继续持有，如果不是最低的10只了，就卖出并买入新的价格最低的10只可转债。

通过表9-4的统计，我们惊讶地发现，即使这样简单的低价策略，从2018年到2022年6月2日，竟然没有1年是亏损的，5年多的累计收益率竟然达到了101.74%，年化收益率17.19%。要知道，同期沪深300仅仅上涨了1.46%，和可转债正股关联度最大的国证2000上涨了4.35%。而全体可转债的等权（月再平衡）平均涨幅是95.91%。

表 9-4　可转债低价轮动策略收益数据（截至 2022 年 6 月 2 日）　%

月份	2018 年 平均	2018 年 低价	2019 年 平均	2019 年 低价	2020 年 平均	2020 年 低价
1	2.98	2.19	3.79	2.82	2.45	7.36
2	0.24	0.61	9.27	7.49	4.10	4.91
3	0.69	0.89	6.02	6.56	3.23	4.80
4	-1.09	-1.20	-3.39	-2.58	1.08	-0.87
5	-1.80	-2.08	-2.13	-1.00	-3.93	-4.25
6	-3.10	-2.10	1.39	-0.43	1.64	-2.06
7	1.87	2.15	1.23	0.44	8.04	2.78
8	-1.52	-1.36	1.69	0.75	3.51	2.76
9	-0.32	0.13	1.15	1.62	-5.15	-2.09
10	-2.33	-0.72	-0.30	-0.32	5.34	0.01
11	2.74	4.75	-0.24	-1.44	-0.99	0.40
12	-1.46	-1.26	6.24	3.14	-0.88	-4.32
年度收益	-3.27	1.77	26.81	17.85	19.14	9.01
平均累计收益	95.91	低价累计收益	101.74	平均年化收益	101.74	低价年化收益

月份	2021 年 平均	2021 年 低价	2022 年 平均	2022 年 低价
1	-4.64	-5.87	-3.35	0.88
2	0.50	5.58	1.20	1.03
3	2.86	5.50	-6.96	-2.09
4	2.16	14.51	-2.78	0.21
5	5.29	3.29	5.70	3.84
6	1.64	-0.89	0.88	0.07
7	6.06	-1.12	—	—
8	5.97	9.23	—	—
9	-1.70	0.74	—	—
10	1.15	4.08	—	—
11	10.04	6.99	—	—
12	1.16	3.59	—	—
年度收益	34.06	54.31	-5.65	3.91
平均累计收益				17.19

如果再与全体可转债平均对比，低价策略在这 5 年多竟然跑赢了平均值 3 年，特别是 2018 年的熊市，即使是可转债的平均值，也亏了 3.27%，低价策略 2018 年竟然盈利了 1.77%。不仅如此，即使在 2022 年这样的熊市，截至 6 月 2 日，低价策略依然盈利了 3.91%，而全体可转债平均则亏损了 5.65%。

即使对比亏损最大的月份，全体可转债平均出现在 2022 年 3 月，亏损了 6.96%；而低价策略亏损最大的月份发生在 2021 年 1 月，亏损了 5.87%，依然好于全体可转债平均值。

这么简单的策略却有这么好的收益，简直不可思议。其实，这样的策略有一个前提，就是不发生类似违约的极端情况。举例来说，过去债券没发生违约，我们也是用类似的策略，买价格最低的债券或者 YTM 最高的债券来轮动，在 2014 年以前，这样的策略的收益远远超过任何债券基金，但后来发生的事情大家都知道了，一起又一起债券爆雷，最终让个人投资者离开了纯债市场。

可转债将来会不会发生这样的事情不太好说，绝大部分可转债最终都是以强赎退市，而不是真的还钱，这样的结果要比纯债好很多。也正是这个原因，导致现在在纯债违约多发的情况下，可转债依然没有真正发生过违约事件。

担心可转债违约的投资者可以尽可能分散持有，比如前面我们举的例子是平均持有 10 只最低价可转债，对应的 4 年半的收益率是 101.74%，如果平均持有 20 只最低价可转债，收益率会下降到 92.46%；持有 30 只最低价可转债，收益率则下降到 93.18%；持有 40 只最低价格可转债，收益率下降到 88.12%；持有 50 只的话，收益率会下降到 81.71%，即使有一只爆雷，亏损也仅仅只有 2%，每年的收益率平均值为 14.45%，完全可以覆盖住。

轮动策略二：按照最高 YTM 轮动

前面讲的按照可转债价格最低来轮动，是建立在持有到期盈利的基础上。除了价格，还有一个指标可以更科学地反映收益的多少，这个指标就是 YTM。

举个例子，截至 2022 年 6 月 2 日收盘，价格最低的城地转债 97.82 元，税后 YTM 是 3.64%；而亚药转债是 99.778 元，价格高于城地转债，但税后 YTM 却是 6.30%。除了因为城地转债与亚药转债距离到期时间不同，根本的原因在于两只可转债到期的补偿差异非常大，城地转债到期是给 3 元利息加上补偿 5 元一共是 8 元，而亚药转债是给 2 元利息加上 13 元补偿一共 15 元，远远高于城地转债，导致了亚药转债的价格高于城地转债，但税后 YTM 却远远高于城地转债。

从表 9-5 可以看出，高 YTM 策略 2018 年至 2022 年 6 月 2 日共 4 年半的时间，累计收益率为 102.78%，略高于低价策略，差异不是很大。YTM 的计算可以在 Excel 里用 XIRR 函数计算，不过有点复杂，我们也可以查阅宁稳网或者集思录的数据，集思录只有税后的 YTM。

高 YTM 策略的优点是逻辑性强，不过计算稍显复杂。低价策略的优点是非常直观，不用任何计算，结果也不错。两者最终的收益率差异不大。

表 9-5　可转债高 YTM 轮动策略收益数据（截至 2022 年 6 月 2 日）%

月　份	2018 年 平　均	2018 年 高 YTM	2019 年 平　均	2019 年 高 YTM	2020 年 平　均	2020 年 高 YTM
1	2.98	1.96	3.79	3.27	2.45	8.14
2	0.24	0.80	9.27	7.17	4.10	3.68
3	0.69	0.31	6.02	7.16	3.23	6.38
4	-1.09	-1.56	-3.39	-3.02	1.08	-0.90
5	-1.80	-3.65	-2.13	-0.76	-3.93	-4.49
6	-3.10	-3.11	1.39	-0.39	1.64	-1.62
7	1.87	1.94	1.23	1.32	8.04	4.04
8	-1.52	-1.31	1.69	0.40	3.51	2.19
9	-0.32	0.45	1.15	1.41	-5.15	-2.29
10	-2.33	-0.06	-0.30	-0.03	5.34	-0.13
11	2.74	3.68	-0.24	-2.04	-0.99	1.10
12	-1.46	-0.92	6.24	1.47	-0.88	-3.87
年度收益率	-3.27	-1.71	26.81	16.53	19.14	11.99
平均累计收益率	95.91	高 YTM 累计收益率	102.78	平均年化收益率	102.78	高 YTM 年化收益率

月　份	2021 年 平　均	2021 年 高 YTM	2022 年 平　均	2022 年 高 YTM
1	-4.64	-5.96	-3.35	1.09
2	0.50	6.84	1.20	0.21
3	2.86	4.96	-6.96	-2.45
4	2.16	13.62	-2.78	-2.75
5	5.29	3.28	5.70	5.70
6	1.64	0.17	0.88	0.88
7	6.06	1.24	—	—
8	5.97	9.38	—	—
9	-1.70	0.92	—	—
10	1.15	4.56	—	—
11	10.04	5.73	—	—
12	1.16	3.22	—	—
年度收益率	34.06	58.08	-5.65	2.48
平均累计收益率	17.33			

轮动策略三：按照最低转股溢价率轮动

下面我们讨论一个最激进的轮动策略：按照最低转股溢价率轮动策略。

转股溢价率是可转债价格与转股价值之间的比值，在股价不变的前提下，如果转股溢价率是负值，就说明转股价值大于可转债价格，所以转股溢价率越小，股性越强。

我们还是平均持有转股溢价率最低的10只可转债，每个月月底轮动一次。

表9-6的统计数据告诉我们，2018年至2022年6月2日，低溢价轮动策略累计收益率为566.70%，年化收益率53.54%，几乎是可转债单因子轮动策略中收益率最高的一种策略了。

最低转股溢价率策略虽然长期收益率惊人，但短期回撤也非常大，仅从月份亏损最大这个角度去观察，2021年的9月、2022年的1月、2022年的4月，亏损都超过了10%，远远高于可转债平均最大亏损月份的6.96%。

回撤大的策略很难坚持下去，况且未来是不确定的，在2021年8月之前，低溢价策略也没出现单月亏损10%以上的情况，但接下去的8个月里就有3个月亏损超过10%。如果你是8月底开始用低溢价策略，那8个月后账户累计亏损会高达19.10%，很少有人能坚持下去。

虽然笔者不太赞成单独使用低溢价因子，但它和其他因子联合起来使用，效果还是非常好的，后面我们详细讨论多因子联动的时候再进一步研究。

表 9-6　可转债低溢价轮动策略收益数据（截至 2022 年 6 月 2 日）　%

月 份	2018 年 平均	2018 年 低溢价	2019 年 平均	2019 年 低溢价	2020 年 平均	2020 年 低溢价
1	2.98	4.14	3.79	7.31	2.45	8.91
2	0.24	0.75	9.27	17.63	4.10	16.13
3	0.69	0.54	6.02	9.32	3.23	7.82
4	−1.09	1.00	−3.39	−0.32	1.08	2.60
5	−1.80	1.48	−2.13	−1.94	−3.93	11.88
6	−3.10	−0.37	1.39	−0.58	1.64	15.82
7	1.87	−1.53	1.23	−0.68	8.04	21.12
8	−1.52	−3.35	1.69	2.44	3.51	−0.88
9	−0.32	−0.64	1.15	1.97	−5.15	−5.93
10	−2.33	−3.48	−0.30	3.20	5.34	10.16
11	2.74	2.40	−0.24	−0.42	−0.99	−0.08
12	−1.46	−2.31	6.24	15.78	−0.88	18.37
年度收益率	−3.27	−1.65	26.81	65.55	19.14	166.80
平均累计收益率	95.91	低溢价累计收益率	566.70	平均年化收益率	566.70	低溢价年化收益率

月 份	2021 年 平均	2021 年 低溢价	2022 年 平均	2022 年 低溢价
1	−4.64	2.28	−3.35	−10.74
2	0.50	−1.81	1.20	5.08
3	2.86	3.85	−6.96	−5.84
4	2.16	1.54	−2.78	−10.21
5	5.29	1.90	5.70	11.20
6	1.64	4.66	0.88	−0.15
7	6.06	17.12	—	—
8	5.97	13.75	—	—
9	−1.70	−10.76	—	—
10	1.15	9.66	—	—
11	10.04	8.73	—	—
12	1.16	−4.13	—	—
年度收益率	34.06	53.47	−5.65	−11.95
平均累计收益率				53.54

轮动策略四：按照最长剩余时间轮动

一般可转债的存续时间最长是 6 年，越到后面，期权的价值就越低，同时发行方越有动力通过强赎使得投资者转股而避免直接还钱。但哪个因子占主要因素呢？我们下面通过数据回测来回答这个问题。

同上，我们还是平均持有 10 只剩余时间最长的可转债，每个月月底轮动一次。如表 9-7 所示，2018 年至 2022 年 6 月 2 日，4 年半时间最终收益率是 126.09%，年化收益率是 20.25%，2018 年、2019 年、2020 年、2022 年均跑赢全体可转债平均值，只有 2021 年跑输了全体可转债平均值，2018 年、2022 年两年都取得了正收益。

不过这个轮动策略的月最大亏损还是偏大，可转债平均月最大亏损是 6.96%，而剩余时间轮动策略的月最大亏损发生在 2022 年 3 月，亏损了 8.84%，5 月盈利 16.61% 是游资炒作小盘次新可转债导致的，很难持续。2022 年截至 6 月 2 日这个策略的收益率高达 20.22%，主要原因也是因为游资炒作次新可转债。

按照最长剩余时间轮动，本质其实就是操作次新债。这是一个风险因子，虽然这个策略单独使用有风险，但不妨碍和其他因子一起使用。

轮动策略五：按照转债余额轮动

可转债发行半年后就会进入转股期，即使转股溢价率是正的，也还是会有投资者因为各种原因去转股，导致可转债份额

表 9-7 剩余时间轮动策略收益数据（截至 2022 年 6 月 2 日）　　%

月　份	2018 年 平　均	2018 年 剩余时间	2019 年 平　均	2019 年 剩余时间	2020 年 平　均	2020 年 剩余时间
1	2.98	3.21	3.79	3.49	2.45	1.07
2	0.24	1.25	9.27	9.50	4.10	3.61
3	0.69	0.76	6.02	6.11	3.23	8.42
4	-1.09	0.56	-3.39	-4.25	1.08	-5.93
5	-1.80	1.90	-2.13	-0.11	-3.93	-3.77
6	-3.10	-3.57	1.39	-0.02	1.64	10.50
7	1.87	2.75	1.23	1.54	8.04	12.59
8	-1.52	-1.24	1.69	3.90	3.51	3.48
9	-0.32	0.23	1.15	1.42	-5.15	-6.33
10	-2.33	-1.91	-0.30	-1.26	5.34	7.95
11	2.74	2.66	-0.24	1.59	-0.99	-4.42
12	-1.46	-1.74	6.24	9.77	-0.88	1.06
年度收益率	-3.27	4.72	26.81	35.47	19.14	29.24
平均累计收益率	95.91	剩时累计收益率	126.09	平均年化收益率	126.09	剩时年化收益率

月　份	2021 年 平　均	2021 年 剩余时间	2022 年 平　均	2022 年 剩余时间
1	-4.64	-4.36	-3.35	-1.41
2	0.50	4.00	1.20	7.76
3	2.86	-1.66	-6.96	-8.84
4	2.16	2.10	-2.78	5.21
5	5.29	4.76	5.70	16.61
6	1.64	2.49	0.88	1.18
7	6.06	4.10	—	—
8	5.97	2.93	—	—
9	-1.70	-8.81	—	—
10	1.15	2.43	—	—
11	10.04	10.49	—	—
12	1.16	3.98	—	—
年度收益率	34.06	23.31	-5.65	20.22
平均累计收益率				20.25

越来越少。而份额越少,相对来说就越容易炒作。下面我们就来看看按照转债余额因子轮动策略的效果。

从表 9-8 的数据可以看出,2018 年至 2022 年 6 月 2 日,4 年半时间这个轮动策略的收益率为 218.68%,高出全体可转债平均值 95.91% 的收益率不少。但 2021 年跑输。月最大亏损发生在 2022 年 4 月,亏损 10.85%,虽然 2022 年截至 6 月 2 日盈利了 8.09%,但主要还是靠 5 月盈利了 22.69%,2021 年 12 月到 2022 年 4 月,5 个月亏损了 16.61%,回撤还是相当大的。

单独使用一个因子的风险还是相当大的,需要组合应用。

轮动策略六:按照转债余额 / 市值轮动

不同规模的正股市值,对应不同的可转债余额,前面的轮动策略只考虑了可转债余额,没有考虑正股市值的大小。如果把正股市值也计入考虑,效果会变得更好还是更差呢?我们也量化回测看下。

表 9-9 的统计数据告诉我们,余额 / 市值轮动策略 2018 年至 2022 年 6 月 2 日的 4 年半时间,累计收益率是 193.74%,月最大亏损是 11.27%,均差于单纯可转债余额轮动策略的 218.62% 和月最大亏损 10.85%,虽然差异不是很大。这说明想象还是要靠历史回测来佐证。虽然未来不一定还是这样,但至少历史上发生过的事情再现的概率相对会比较大。

表 9-8　转债余额轮动策略收益数据（截至 2022 年 6 月 2 日）　　%

月份	2018年 平均	2018年 转债余额	2019年 平均	2019年 转债余额	2020年 平均	2020年 转债余额
1	2.98	2.89	3.79	1.71	2.45	5.95
2	0.24	0.66	9.27	12.28	4.10	7.99
3	0.69	0.77	6.02	9.21	3.23	1.02
4	−1.09	0.80	−3.39	0.95	1.08	1.22
5	−1.80	−0.56	−2.13	−3.51	−3.93	0.59
6	−3.10	−1.92	1.39	1.52	1.64	15.27
7	1.87	−1.00	1.23	3.15	8.04	24.63
8	−1.52	−0.90	1.69	4.52	3.51	2.91
9	−0.32	−0.83	1.15	1.75	−5.15	−9.05
10	−2.33	−1.96	−0.30	0.25	5.34	3.73
11	2.74	2.56	−0.24	1.73	−0.99	0.42
12	−1.46	−2.02	6.24	8.97	−0.88	10.40
年度收益率	−3.27	−1.64	26.81	50.34	19.14	82.01
平均累计收益率	95.91	转债余额累计收益率	218.68	平均年化收益率	218.68	转债余额年化收益率

月份	2021年 平均	2021年 转债余额	2022年 平均	2022年 转债余额
1	−4.64	0.58	−3.35	−4.87
2	0.50	−0.29	1.20	8.71
3	2.86	3.35	−6.96	−4.82
4	2.16	−2.52	−2.78	−10.85
5	5.29	5.42	5.70	22.69
6	1.64	−2.34	0.88	0.41
7	6.06	17.77	—	—
8	5.97	0.45	—	—
9	−1.70	−6.97	—	—
10	1.15	−1.81	—	—
11	10.04	10.84	—	—
12	1.16	−4.97	—	—
年度收益率	34.06	18.41	−5.65	8.09
平均累计收益率				29.95

表 9-9　余额/市值轮动策略收益数据（截至 2022 年 6 月 2 日）　　%

月份	2018年 平均	2018年 余额/市值	2019年 平均	2019年 余额/市值	2020年 平均	2020年 余额/市值
1	2.98	2.63	3.79	3.56	2.45	4.21
2	0.24	1.50	9.27	10.68	4.10	5.62
3	0.69	2.56	6.02	6.22	3.23	-2.68
4	-1.09	0.88	-3.39	-0.48	1.08	2.52
5	-1.80	-0.11	-2.13	-1.77	-3.93	-0.42
6	-3.10	-1.73	1.39	2.29	1.64	11.76
7	1.87	0.01	1.23	3.65	8.04	17.82
8	-1.52	-0.32	1.69	4.21	3.51	1.28
9	-0.32	-1.00	1.15	0.58	-5.15	-7.05
10	-2.33	-2.13	-0.30	0.75	5.34	2.74
11	2.74	2.05	-0.24	1.73	-0.99	-0.24
12	-1.46	-2.72	6.24	7.57	-0.88	14.58
年度收益率	-3.27	1.46	26.81	45.84	19.14	59.17
平均累计收益率	95.91	余市累计收益率	193.74	平均年化收益率	193.74	余市年化收益率

月份	2021年 平均	2021年 余额/市值	2022年 平均	2022年 余额/市值
1	-4.64	5.37	-3.35	-9.59
2	0.50	-4.80	1.20	10.60
3	2.86	2.10	-6.96	-10.35
4	2.16	3.36	-2.78	-6.05
5	5.29	1.87	5.70	18.65
6	1.64	2.18	0.88	3.69
7	6.06	10.20	—	—
8	5.97	4.28	—	—
9	-1.70	-11.27	—	—
10	1.15	6.17	—	—
11	10.04	9.25	—	—
12	1.16	-4.31	—	—
年度收益率	34.06	24.72	-5.65	3.60
平均累计收益率				27.58

轮动策略七：按照转债余额/股本轮动

如果我们把前一个策略中的市值换成股本，情况又会发生什么变化呢？

根据表 9-10 的统计数据，如果按照余额/股本轮动策略，2018 年至 2022 年 6 月 2 日，4 年半的时间累计收益率下降到 139.12%，月最大亏损缩小到 8.93%，但还是大于全体可转债平均的最大亏损 6.96%。整体来说，这个策略与余额/市值轮动策略各有所长。

轮动策略八：按照股票市值最小轮动

我们再看看，如果按照可转债对应的正股市值来轮动，结果会怎样。

同上，我们平均持有 10 只正股市值最小的可转债，每个月月底轮动一次。从表 9-11 的统计数据来看，整体来看还是有超额收益的，2018 年至 2022 年 6 月 2 日，4 年半的时间累计收益率为 130.97%，比全体可转债平均值的 95.91% 高了 35.06%，其中 2020 年和 2022 年均跑赢。最大亏损月份发生在 2021 年 1 月，亏损了 10.76%，大于全体可转债平均值的 6.96%。

这个策略的本质其实就是正股的小市值策略，整体来说虽然有超额收益，但波动偏大。

表 9-10 余额/股本轮动策略收益数据（截至 2022 年 6 月 2 日） %

月 份	2018 年		2019 年		2020 年	
	平 均	余额/股本	平 均	余额/股本	平 均	余额/股本
1	2.98	2.29	3.79	3.58	2.45	4.35
2	0.24	1.62	9.27	9.10	4.10	5.05
3	0.69	2.83	6.02	6.60	3.23	-3.21
4	-1.09	0.65	-3.39	0.17	1.08	3.21
5	-1.80	0.14	-2.13	-1.73	-3.93	-1.61
6	-3.10	-2.01	1.39	2.07	1.64	5.24
7	1.87	0.32	1.23	4.03	8.04	13.32
8	-1.52	-0.34	1.69	4.68	3.51	2.39
9	-0.32	-0.30	1.15	0.66	-5.15	-6.48
10	-2.33	-2.13	-0.30	0.67	5.34	2.19
11	2.74	2.09	-0.24	1.83	-0.99	-1.00
12	-1.46	-2.49	6.24	7.57	-0.88	15.77
年度收益率	-3.27	2.53	26.81	46.29	19.14	44.11
平均累计收益率	95.91	余本累计收益率	139.12	平均年化收益率	139.12	余本年化收益率

月 份	2021 年		2022 年	
	平 均	余额/股本	平 均	余额/股本
1	-4.64	3.66	-3.35	-3.81
2	0.50	-3.77	1.20	-1.57
3	2.86	4.92	-6.96	-8.93
4	2.16	2.55	-2.78	-3.16
5	5.29	2.13	5.70	13.43
6	1.64	-0.76	0.88	3.19
7	6.06	-0.83	—	—
8	5.97	3.04	—	—
9	-1.70	-4.45	—	—
10	1.15	3.25	—	—
11	10.04	3.77	—	—
12	1.16	-2.78	—	—
年度收益率	34.06	10.63	-5.65	-2.25
平均累计收益率				21.78

表 9-11　正股市值最小轮动策略收益数据（截至 2022 年 6 月 2 日）%

月 份	2018 年		2019 年		2020 年	
	平 均	市值最小	平 均	市值最小	平 均	市值最小
1	2.98	1.63	3.79	3.05	2.45	0.55
2	0.24	-0.02	9.27	8.81	4.10	3.74
3	0.69	1.09	6.02	9.54	3.23	28.05
4	-1.09	-1.50	-3.39	-6.17	1.08	-0.29
5	-1.80	-3.06	-2.13	-0.45	-3.93	-4.49
6	-3.10	-4.07	1.39	4.85	1.64	-2.22
7	1.87	2.75	1.23	0.69	8.04	4.71
8	-1.52	-2.10	1.69	-0.41	3.51	12.48
9	-0.32	-0.50	1.15	1.84	-5.15	-4.45
10	-2.33	-2.74	-0.30	-0.79	5.34	17.12
11	2.74	3.40	-0.24	-1.84	-0.99	-5.37
12	-1.46	-1.17	6.24	3.34	-0.88	-0.73
年度收益率	-3.27	-6.41	26.81	23.62	19.14	54.01
平均累计收益率	95.91	市值最小累计收益率	130.97	平均年化收益率	130.97	市值最小年化收益率

月 份	2021 年		2022 年	
	平 均	市值最小	平 均	市值最小
1	-4.64	-10.76	-3.35	3.08
2	0.50	1.38	1.20	5.33
3	2.86	3.63	-6.96	-5.74
4	2.16	6.90	-2.78	0.83
5	5.29	5.10	5.70	6.32
6	1.64	0.47	0.88	1.92
7	6.06	4.29	—	—
8	5.97	6.64	—	—
9	-1.70	-1.60	—	—
10	1.15	1.16	—	—
11	10.04	10.81	—	—
12	1.16	-0.17	—	—
年度收益率	34.06	29.63	-5.65	11.82
平均累计收益率				20.82

轮动策略九：按照信用等级最高轮动

可转债的信用等级，一般分成 AAA、AA+、AA、AA-、A+、A、BBB、BB、B 等。信用等级高说明企业更加靠谱，对应可转债的可信度也比较高，下面我们按照信用最高等级进行轮动看看结果。也就是说，我们每个月都买进 10 只信用等级最高的可转债，每个月月底进行轮动。在大部分情况下，可转债的信用等级很少发生变化，每月的轮动除了替换掉极少的信用等级发生变化的可转债外，更多的情况是出现高等级的新债上市。即使这样，这个轮动也是各种策略里最少的一个了。

表 9-12 的回测结果令人大吃一惊。2018 年至 2022 年 6 月 2 日，4 年半的时间里，高信用等级轮动策略总收益率只有 29.33%，远远不及全体可转债平均值的 95.91%。除了 2018 年跑赢全体可转债平均值，其他时间都是跑输的。这个策略唯一的好处就是波动小，亏损最大的月份发生在 2020 年 6 月，亏损了 4.61%，比全体可转债的平均亏损 6.96% 要小。

但我们进入股市不仅是为了亏损少点，这个策略 29.33% 的收益率在我们讨论的所有策略里几乎是最低的。我们再来看看如果选择信用等级最低的可转债会怎样呢？

表 9-13 的统计数据告诉我们，2018 年至 2022 年 6 月 2 日，4 年半时间，按照低等级的轮动，累计收益率为 111.16%，跑赢了全体可转债平均值 95.91%，其中 2018 年、2019 年两年跑输，2020 年、2021 年、2022 年截至 6 月 2 日都跑赢，最大亏损月份发生在 2021 年 1 月，亏损了 9.39%，大于全体可转债平均亏损 6.96%，原因是当时对低信用等级的可转债出现了一个恐慌性杀跌。

表 9-12　高信用等级轮动策略收益数据（截至 2022 年 6 月 2 日）　%

月份	2018年 平均	2018年 高信用	2019年 平均	2019年 高信用	2020年 平均	2020年 高信用
1	2.98	4.37	3.79	5.12	2.45	-0.46
2	0.24	0.09	9.27	5.14	4.10	1.59
3	0.69	-0.99	6.02	1.52	3.23	-1.85
4	-1.09	-0.60	-3.39	-1.29	1.08	0.91
5	-1.80	-2.26	-2.13	-2.23	-3.93	-4.61
6	-3.10	-2.82	1.39	1.24	1.64	-0.29
7	1.87	3.11	1.23	2.12	8.04	7.74
8	-1.52	-0.45	1.69	0.29	3.51	0.26
9	-0.32	0.90	1.15	-0.24	-5.15	-2.97
10	-2.33	-0.41	-0.30	-0.30	5.34	-0.09
11	2.74	1.40	-0.24	0.15	-0.99	0.51
12	-1.46	-2.07	6.24	5.35	-0.88	-1.36
年度收益率	-3.27	0.04	26.81	17.84	19.14	-1.10
平均累计收益率	95.91	高信用累计收益率	29.33	平均年化收益率	29.33	高信用年化收益率

月份	2021年 平均	2021年 高信用	2022年 平均	2022年 高信用
1	-4.64	-2.08	-3.35	-0.35
2	0.50	0.75	1.20	-2.02
3	2.86	0.57	-6.96	-3.72
4	2.16	1.08	-2.78	-0.31
5	5.29	2.09	5.70	0.84
6	1.64	-1.60	0.88	-0.66
7	6.06	0.42	—	—
8	5.97	3.63	—	—
9	-1.70	2.23	—	—
10	1.15	-0.34	—	—
11	10.04	1.46	—	—
12	1.16	2.36	—	—
年度收益率	34.06	10.94	-5.65	-6.13
平均累计收益率				5.98

表 9-13 低信用等级轮动策略收益数据（截至 2022 年 6 月 2 日） %

月份	2018 年		2019 年		2020 年	
	平均	低信用	平均	低信用	平均	低信用
1	2.98	2.28	3.79	2.63	2.45	0.46
2	0.24	0.90	9.27	10.18	4.10	4.79
3	0.69	0.59	6.02	8.73	3.23	18.62
4	−1.09	−0.55	−3.39	−5.25	1.08	−2.39
5	−1.80	−0.18	−2.13	−2.77	−3.93	−5.60
6	−3.10	−4.26	1.39	−0.01	1.64	1.11
7	1.87	−0.20	1.23	0.10	8.04	8.05
8	−1.52	−1.98	1.69	1.48	3.51	6.46
9	−0.32	−0.73	1.15	1.49	−5.15	−4.66
10	−2.33	−2.91	−0.30	−0.53	5.34	16.74
11	2.74	3.89	−0.24	−0.79	−0.99	−5.98
12	−1.46	−1.47	6.24	6.52	−0.88	−4.00
年度收益率	−3.27	−4.78	26.81	22.73	19.14	34.46

月份	2021 年		2022 年	
	平均	低信用	平均	低信用
1	−4.64	−9.39	−3.35	−3.41
2	0.50	2.00	1.20	2.38
3	2.86	2.38	−6.96	−4.16
4	2.16	0.33	−2.78	−2.93
5	5.29	8.58	5.70	10.97
6	1.64	0.69	0.88	3.00
7	6.06	5.20	—	—
8	5.97	14.92	—	—
9	−1.70	−4.02	—	—
10	1.15	5.32	—	—
11	10.04	8.08	—	—
12	1.16	−1.99	—	—
年度收益率	34.06	34.38	−5.65	5.16

历史回测数据表明，高信用等级轮动与低信用等级轮动相比，还是低信用等级轮动的效果相对好一些。原因是，市场给予高信用等级的可转债更高的估值，但最终因为低信用等级债券在 A 股可转债历史上还从来没有出现过真正的违约，所以导致低信用等级的可转债反而比高信用等级的可转债收益率更高。

轮动策略十：按照弹性最大轮动

弹性代表可转债的内在价值的变化和正股涨跌之间的比率，弹性越大代表股性越强，如果弹性等于 1，原则上可转债的涨跌与股票的涨跌同步，这种情况在低溢价高价债上会发生。具体定义为：弹性 =（股价上涨 5% 以后可转债内在价值 / 股价下跌 5% 以后可转债内在价值 -1）/（1.05/0.95-1）。本书使用的弹性数据来自宁稳网。

一般来说，弹性大的可转债相对机会大一些。我们还是平均选取弹性最大的 10 只可转债，每个月的月底轮动一次。表 9-14 的统计数据告诉我们，2018 年至 2022 年 6 月 2 日 4 年半高弹性轮动策略累计收益率 185.76%，大于全体可转债平均的 95.91%，说明这个因子也是有超额收益的。亏损最大的月份为 2022 年 3 月，亏损高达 15.05%，远远超过全体可转债平均 6.96% 的最大亏损。2021 年 11 月的收益率则高达 16.19%，弹性因子名不虚传。

和前面介绍的单独因子类似，单独使用高弹性的风险非常大，需要和其他因子一起使用。

表 9-14 高弹性轮动策略收益数据（截至 2022 年 6 月 2 日）   %

月份	2018年 平均	2018年 高弹性	2019年 平均	2019年 高弹性	2020年 平均	2020年 高弹性
1	2.98	2.50	3.79	4.26	2.45	3.87
2	0.24	1.13	9.27	11.54	4.10	5.41
3	0.69	0.91	6.02	6.82	3.23	2.01
4	−1.09	−0.20	−3.39	−1.07	1.08	3.84
5	−1.80	−0.50	−2.13	−1.76	−3.93	−2.66
6	−3.10	−3.08	1.39	2.55	1.64	5.65
7	1.87	1.21	1.23	1.56	8.04	14.23
8	−1.52	−1.35	1.69	3.71	3.51	2.50
9	−0.32	−0.82	1.15	1.23	−5.15	−6.16
10	−2.33	−2.25	−0.30	1.08	5.34	7.20
11	2.74	2.34	−0.24	−0.03	−0.99	0.09
12	−1.46	−1.94	6.24	7.98	−0.88	10.42
年度收益率	−3.27	−2.21	26.81	44.01	19.14	55.25
平均累计收益率	95.91	高弹性累计收益率	185.76	平均年化收益率	185.76	高弹性年化收益率

月份	2021年 平均	2021年 高弹性	2022年 平均	2022年 高弹性
1	−4.64	3.60	−3.35	−10.77
2	0.50	−2.39	1.20	9.25
3	2.86	0.67	−6.96	−15.05
4	2.16	2.87	−2.78	−8.82
5	5.29	2.79	5.70	13.22
6	1.64	−3.40	0.88	2.60
7	6.06	6.50	—	—
8	5.97	8.21	—	—
9	−1.70	−6.89	—	—
10	1.15	1.26	—	—
11	10.04	16.19	—	—
12	1.16	−0.45	—	—
年度收益率	34.06	30.69	−5.65	−12.30
平均累计收益率	26.77			

多因子策略

总结以上 10 个因子的轮动回测结果，如表 9-15 所示，低价格、最高 YTM、最低溢价率、最长剩余时间、转债余额、转债余额/市值、转债余额/股本、最小股票市值、最高信用、弹性最大，一共 10 个有效因子，单独使用均有超额收益。其中年化收益率最高的最低溢价率因子收益率可以到 53.50%，最低的最低价格也有 17.18% 的收益，比全体可转债平均的 16.40% 略高一点。

但年化收益率最大的最低溢价率因子，月度最大亏损 10.76% 也几乎是最高的；而月度最大亏损最小的最低价格因子，年化收益率又是最少的。我们如果把两个或者多个因子结合起来使用，效果会不会更好呢？

双因子排序

两个不同的因子，怎么结合起来？在流行的双低因子里面，是这样计算的，双低因子 = 价格 +100× 转股溢价率。为什么价格可以直接相加，而转股溢价率前面要乘上 100 呢？

我们知道，价格的面值在 100 元，市价最高几百元，极端例子可能会超过 1000 元。而转股溢价率一般都是百分之几到几十，高的百分之几百。显然如果直接相加，那起主要作用的肯

表 9-15　十个有效因子轮动策略收益数据对比
（截至 2022 年 6 月 2 日）　　　　　　　　%

年　份	平　均	低　价	高 YTM	低溢价率	高剩余年	低转债余额
2018	-3.27	1.77	-1.71	-1.65	4.72	-1.64
2019	26.81	17.85	16.53	65.55	35.47	50.34
2020	19.14	9.01	11.99	166.80	29.24	82.01
2021	34.06	54.31	58.08	53.47	23.31	18.41
2022	-5.65	3.91	2.48	-11.95	20.22	8.09
累计收益	95.91	101.74	102.78	566.70	126.09	218.68
年化收益	16.40	17.18	17.31	53.50	20.23	29.93
月最大亏损	-6.96	-5.87	-5.96	-10.76	-8.84	-10.85
月度胜率	62.26	62.26	62.26	60.38	67.92	66.04
月度中位数	1.15	0.61	0.88	1.90	1.59	0.80

年　份	低余额/市值	低余额/股本	低股票市值	低信用	高弹性
2018	1.46	2.53	-6.41	-4.78	-2.21
2019	45.84	46.29	23.62	22.73	44.01
2020	59.17	44.11	54.01	34.46	55.25
2021	24.72	10.63	29.63	34.38	30.69
2022	3.60	-2.25	11.82	5.16	-12.30
累计收益	193.74	139.12	130.97	111.16	185.76
年化收益	27.56	21.76	20.82	18.39	26.77
月最大亏损	-11.27	-8.93	-10.76	-9.39	-15.05
月度胜率	66.04	64.15	56.60	54.72	64.15
月度中位数	2.05	1.83	0.83	0.46	1.26

定是价格而不是溢价率了，所以才要乘上 100 把转股溢价率的影响放大。

每个因子的大小差异很大，而且我们回测需要的比重也不一样。如何用一个统一的公式来表示呢？在线性的量化模型里一般是这样处理的：

排名 = 权重 1 × 因子排序 1 + 权重 2 × 因子排序 2 + ⋯ + 权重 N × 因子排序 N

注意：这里不直接用因子的数字而要用因子数字的排序，目的是更好地平衡不同因子。我们还是举个例子来说明。

在表 9-16 中，需要我们计算的是从价格排名开始的。在价格排名里，我们用了 RANK 函数，在洪涛转债的价格排名里 = rank（C2，C:C，-1）。C2 就是转债价格，也就是计算洪涛转债在所有 412 只可转债里的排名，-1 代表逆排序。

表 9-16 双因子排序（截至 2022 年 6 月 6 日）

转债代码	转债名称	转债价格/元	转股溢价率/%	价格排名	溢价率排名	合计	排名	双低	双低排名
128013	洪涛转债	109.086	11.00	54	39	93	1	120.09	1
113011	光大转债	105.380	20.30	21	99	120	2	125.68	5
113044	大秦转债	108.610	18.00	49	79	128	3	126.61	6
128100	搜特转债	98.580	24.80	2	135	137	4	123.38	3
128114	正邦转债	112.720	12.70	97	45	142	5	125.42	4
113033	利群转债	108.910	22.50	51	115	166	6	131.41	9

续表

转债代码	转债名称	转债价格/元	转股溢价率/%	价格排名	溢价率排名	合计	排名	双低	双低排名
128129	青农转债	103.205	36.30	10	189	199	7	139.51	42
128107	交科转债	121.732	-1.00	211	2	213	8	120.73	2
128087	孚日转债	116.755	15.40	160	63	223	9	132.16	10
127061	美锦转债	112.155	26.10	85	139	224	10	138.26	34

一般的排名，数字越大，排名越靠前，逆排序正好相反，而价格因子是价格越低越好，所以我们要用逆排序。同样溢价率排名也是溢价率越低越好，也要用逆排序。

最后把价格排名和溢价率排名相加（当然也可以权重不一样），再一次用逆排序，因为我们取的是排名相加后的排序，当然是越小越好。

表9-16取了2022年6月6日收盘后双因子排序的前10名，作为对比，也计算了双低排名的对应的排名，两者基本接近但也有个别差异比较大的。这里没有哪个更好，都不过是一种处理方法。

低价和其他9个因子的双排序

我们先做一个等权的低价因子和其他9个因子的双排序回测。回测结果让我们有以下发现：

两个类似的因子放在一起的效果不好，比如说低价和高

YTM，本质上都是买便宜的。低价、高YTM的结果也和单独的低价、高YTM差异不大。类似的还有低余额因子和低余额/市值、低余额/股本因子等。

双因子的效果可能超过每个单因子。比如低价高弹性，累计收益率是268.67%，月最大亏损是4.82%。而低价的累计收益率是101.74%，月最大亏损是5.87%，高弹性累计收益率是185.76%，月最大亏损高达15.05%。在这个例子里，低价高弹性双因子不仅在收益率上远远超过单独的低价和高弹性，而且在月最大亏损上也小于单独的低价和高弹性。

每个人的需求都不一样，就拿低价高弹性组合来说，2022年还是亏损了2%多，如果你看重的是最好每年不亏，那么可能低价+高剩余年限、低价+低余额/股本是好的选择。总之没有绝对的最好，只有满足自己需求的相对最好。回测是帮助我们了解即将要选择的策略在过去的表现，这些结果虽然不能代表将来，但毕竟是一个非常好的参考。

不同权重的因子组合

前面我们讨论的双因子，两个因子的排序都是简单相加，这两个因子是等权重的，如果把两个因子赋予不同的权重，结果又会如何呢？

这里我们选择了前面的低价、高弹性两个因子，排名计算的时候赋予其不同的权重。比如月最大亏损最小的80%低价策略，就是把80%×低价排序+20%×高弹性排序后得到的排名前10名，还是到每个月月底最后一个交易日进行轮动。

表 9-17 低价双因子回测结果（截至 2022 年 6 月 6 日）　　%

年 份	平 均	低价高YTM	低价低溢价率	低价高剩余年	低价低余额
2018	-3.27	-0.53	2.35	1.02	-1.21
2019	26.81	16.44	35.00	25.83	33.52
2020	19.14	11.38	25.82	25.69	65.59
2021	34.06	58.92	30.61	32.85	51.90
2022	-4.53	2.96	-3.33	0.57	3.25
累计收益	95.91	105.00	127.07	112.25	231.77
年化收益	16.39	17.59	20.34	18.52	31.09
月最大亏损	-6.96	-5.96	-5.75	-6.38	-5.62
月度胜率	62.26	64.15	66.04	60.38	67.92
月度中位数	1.16	0.47	0.88	0.62	1.99
年 份	低价低余额/市值	低价低余额/股本	低价低市值	低价低信用	低价高弹性
2018	0.75	0.70	-1.85	-1.51	-3.32
2019	34.71	33.62	16.45	16.52	37.47
2020	66.01	34.27	16.03	27.94	38.02
2021	45.29	48.26	46.63	45.74	100.98
2022	-0.07	1.15	1.83	1.95	-2.06
累计收益	227.34	167.86	94.45	113.98	268.67
年化收益	30.69	24.91	16.20	18.74	34.25
月最大亏损	-5.37	-4.77	-6.35	-6.39	-4.82
月度胜率	67.92	67.92	62.26	58.49	64.15
月度中位数	1.65	1.53	0.51	0.60	1.42

表 9-18 回测的结果表明，不同权重的双因子，比单因子或者等权重的结果更好，不管是累计收益率还是月最大亏损。

比如累计收益率最高的不是等权重也不是 100% 的高弹性，而是 20% 低价因子加上 80% 高弹性因子，对应的收益率高达 436.34%，而且月最大亏损 12.45% 也比高弹性单因子的月最大亏损 15.05% 要少。如果你嫌最大亏损太大，可以选 80% 低价 +20% 高弹性，对应的月最大亏损 3.86%，不仅远远小于高弹性单因子对应的最大亏损，而且也小于低价单因子对应的月最大亏损 6.96%，而且其对应的累计收益率 132.36% 也远远超过低价单因子的 101.74%。

总之还是那句话，没有最好的策略，只有最符合自己需求的策略。不仅仅双因子是这样，三因子、多因子也是如此。

几点重要说明

关于多因子排名公式以及可转债量化中遇到的很多实际问题，基于多年来长期的回测和实践，笔者有以下几点重要说明：

1）公式是用了多变量的一维线性公式，但实际上可能是非线性的，我们只是用一个简单的数学公式来逼近实际情况，并不存在严格意义上的数学推导。我们只不过用了多元线性公式去描述复杂的多元非线性的可转债，所以不要太过纠结排名，部分的不合理肯定存在。

2）不要频繁通过调整因子权重去找到所谓的最佳值，可能存在过度拟合现象。就好比你做了一件非常贴身的衣服，但身材稍微有点发福就穿不了了。

表 9-18 低价、高弹性不同权重的双因子排序
（截至 2022 年 6 月 6 日）   %

年 份	平 均	100%低价	90%低价	80%低价	70%低价	60%低价
2018	-3.27	1.77	0.43	-0.72	-1.64	-3.49
2019	26.81	17.85	20.77	22.13	22.85	26.02
2020	19.14	9.01	7.69	11.09	18.10	23.04
2021	34.06	54.31	70.51	72.49	95.56	82.32
2022	-4.53	3.84	1.39	1.53	0.61	2.04
累计收益率	95.91	101.74	122.73	132.36	179.07	172.84
年化收益率	16.39	17.17	19.81	20.96	26.07	25.43
月最大亏损	-6.96	-5.87	-5.15	-3.86	-4.54	-5.07
月度胜率	62.26	62.26	62.26	58.49	58.49	60.38
月度中位数	1.16	0.61	0.76	0.68	0.79	0.86

年 份	50%低价	40%低价	30%低价	20%低价	10%低价	0低价
2018	-3.32	-2.13	1.37	1.77	1.98	-2.21
2019	37.47	42.43	42.22	42.22	42.22	44.01
2020	38.02	36.59	45.05	52.02	49.86	55.25
2021	100.98	162.84	151.23	143.75	78.47	30.69
2022	-2.06	-7.30	-14.33	-10.72	-13.42	-7.52
累计收益率	268.67	400.43	425.37	436.34	287.92	185.76
年化收益率	34.25	43.84	45.43	46.11	35.80	26.75
月最大亏损	-4.82	-5.78	-10.21	-12.45	-12.82	-15.05
月度胜率	64.15	67.92	64.15	66.04	66.04	64.15
月度中位数	1.42	2.26	2.19	2.54	2.19	1.26

3）要重视原始数据的清洗，有时个别数据的一个漏洞，也会酿成大错。比如当天没数据还是等于0、大比例送股后没及时调整转股价，等等，都会使得排名出现异常。排名变化较大的时候要找原因。

总之，对于多因子排名模型，既不要神化其作用，也不要全面否定它，我们只是把它当作一个工具。

前面说的双因子排序是这样，多因子排序也是类似，只不过组合的结果更多。我们不仅要选出收益率高回撤小的组合，还要防止过度拟合。

死守策略

看了前面的多因子策略,数学不好的人可能会叹气。其实除了有点复杂得多因子轮动,还有更加简单的策略:死守。

所谓死守,就是买入后一直等到符合某个条件再卖出,最无脑的方法是到交易的最后一天的收盘。当然实际上不会那么操作。我们可以试试"傻"一些,可转债上市就无脑买入,到交易的最后一天再无脑卖出,看看这样的死守策略能不能赚到钱。

已退市的可转债回测

我们先看退市的可转债,截至2022年6月6日,一共有228只可转债退市,如果按照上市第一天收盘价买进,平均持有时间是1.76年,有191只是盈利的,胜率高达83.77%,平均盈利45.81%,年化收益率是23.96%。

表9-19 已经退市可转债首日收盘买入统计(截至2022年6月7日)%

阈值	总数/只	买入数量/只	盈利数量/只	胜率/%	平均年/年	平均收益率/%	年化收益率/%
<100	228	26	26	100.00	2.44	74.42	25.64
<110	228	90	87	96.67	2.01	56.51	24.94
<120	228	160	146	91.25	1.86	54.66	26.37

续表

阈值	总数/只	买入数量/只	盈利数量/只	胜率/%	平均年/年	平均收益率/%	年化收益率/%
<130	228	199	173	86.93	1.77	50.47	26.01
<140	228	220	188	85.45	1.77	46.83	24.21
<150	228	227	191	84.14	1.76	46.05	24.00
<160	228	228	191	83.77	1.76	45.81	23.96
<170	228	228	191	83.77	1.76	45.81	23.96
无阈值	228	228	191	83.77	1.76	45.81	23.96

如果我们只买 100 元以下的可转债，第一天上市价格在 100 元以下的有 26 只，平均 2.44 年退市，到期平均收益率高达 74.42%，年化收益率为 25.64%。

如果 228 只可转债我们全部在上市第一天买入，嫌胜率和平均收益率偏低的可以适当提高买入阈值。只买 100 元以下的，上市第一天符合条件的只有 26 只，数量偏少；如果提高到 120 元阈值，那胜率会提高到 91.25%，平均收益率会提高到 54.66%，对应的年化收益率 26.37% 也是不错的。

未退市的可转债回测

上文的回测数据统计的是已经退市的可转债，截至 2022 年 6 月 7 日，除了 228 只退市的，还有 412 只可转债在上市交易。如果我们也是上市交易的第一天以收盘价买入，截至 2022 年 6 月 7 日又会怎么样呢？

表 9-20 的回测统计了这个结果。如果在上市第一天无条件用收盘价买入所有的 412 只可转债，到 2022 年 6 月 7 日，盈利

的数量是 277 只,胜率是 67.23%,平均 1.83 年退市,平均收益率是 22.08%,平均年化收益率是 11.54%。

表 9-20 未退市可转债首日收盘买入统计(截至 2022 年 6 月 7 日)

阈值	总数/只	买入数量/只	盈利数量/只	胜率/%	平均年	平均收益率/%	年化收益率/%
<100	412	54	54	100.00	2.93	56.41	16.51
<110	412	165	153	92.73	2.45	33.28	12.47
<120	412	276	223	80.80	2.13	27.52	12.11
<130	412	350	258	73.71	1.99	24.82	11.80
<140	412	389	267	68.64	1.89	22.85	11.49
<150	412	401	271	67.58	1.87	22.28	11.38
<160	412	408	276	67.65	1.84	22.38	11.60
<170	412	408	276	67.65	1.84	22.38	11.60
无阈值	412	412	277	67.23	1.83	22.08	11.54

如果你在上市首日买进的时候只买 100 元以下的,那么这 412 只可转债只有 54 只满足条件,但胜率高达 100%,到 2022 年 6 月 7 日,平均 2.93 年退市,平均收益率是 56.41%,折算成年化收益率是 16.51%。

如果把条件放宽点,能买入的可转债数量也将增多,付出的代价是胜率和收益率的下降。

目前尚存的 412 只可转债和已经退市的 228 只可转债比较,上市无脑买入策略的收益率少了一些,其原因一方面是目前可转债上市价格偏高;另一方面是很多可转债因为没到强赎阶段,价格还在 130 元以下。但不管如何,2018—2022 年这几年年化 10% 的投资回报,虽然不算好,但比起很多散户股民依然要好很多,要知道,这是无脑操作的结果。

如果你想提高收益率，可以在以下几个方面付出努力：

- 统计表明强赎公告发布后可转债大概率会下跌，所以在强赎公告发布后尽早卖出将可以提高收益率。或者最好在即将满足强赎条件前卖出，更能提高收益率。
- 设置一个卖出阈值有助于避免"坐电梯"。卖出阈值至少在130元以上。
- 时不时地脉冲卖出也是增厚收益的一个方法。
- 选择性地剔除一些上市后的高价债。

另外，以上的计算没把每年的分红包括在内，加上分红，还可以增厚一点点收益。

"摊大饼"策略

"摊大饼"是一种通俗的说法,其实就是平均买入一揽子可转债。"摊大饼"策略买入的可转债数量一般少则几十只,多则几百只。"摊大饼"其实是一种"守株待兔"的策略,摊得越多,越能遇见撞上来的兔子。

(1)平均买入的策略可以如下:

- 设置买入阈值,比如说低于100元或者110元,或者价格最低的100只可转债,等等。
- 反向剔除,比如你特别不看好破净的银行债,就可以剔除。
- 特殊条件,比如一揽子买入所有满足下修条件的低价可转债,或者买入你看好的一些行业的所有低价可转债,等等。

一般的"摊大饼"少则买入几十只可转债,多则买入上百只可转债,买入数量较多,我们要用一定的工具关注可转债的涨跌和相关的强赎、下修、回售等公告。

(2)一般卖出条件可以如下:

- 突然的脉冲,比如正股涨停带来的可转债10%以上的大涨,从统计数据看还是回落的概率比较大。
- 设定的条件,比如超过130元或者超过170元,或者同样价格下溢价率过高等。

"摊大饼"对可转债是不做深研的，认为即使做深研也很难在短期内预测可转债的涨跌。虽然到目前为止，可转债还没发生过真正的爆雷，但历史上几次可转债的大跌都和大家担心可转债爆雷有关系。比如2020年底2021年初可转债的大跌就和大家担心的爆雷有关。通过"摊大饼"策略把每只可转债的仓位摊得很薄，虽然未来再次担心爆雷会影响一大批可转债，但最终违约的应该还是少数。把大饼摊薄有利于可转债的长期持有。

"摊大饼"策略的缺点是要经常盯盘，以方便及时收割，或者设置达到目标后自动操作。考虑到每只可转债的仓位都不高，希望得到很高收益率的可能性也不是很大。

套利策略

可转债在转股期可以按照一定的比例转成股票,这样的机会给了投资者套利的机会。转股价值 =100/ 转股价 × 股价。转股溢价率 = 转债价格 / 转股价值 -1= 转债价格 /100× 转股价 / 股价 -1。当转股溢价率为负数时,也就是当转债价格小于转股价值时,就存在套利的机会,下面我们通过一个案例具体说明。

2022 年 6 月 7 日收盘,创维转债(127013)价格为 144.10 元,正股创维数字(000810)收盘价 16.58 元,转股价 11.19 元,转股溢价率 =144.1/100×11.19/16.58-1=-2.75%,那么为什么转股溢价率是负数就有套利的机会呢?

我们买进一张创维转债花费了 144.10 元,转股后 1 张创维转债变成了 100/11.19=8.9365 股,1 股收盘价格是 16.58 元,所以转股的 8.9365 股价值 8.9365×16.58=148.168 元。也就是说,花 144.10 元买了一张可转债,通过转股,变成了价值 148.168 元的股票。这是不是便宜了 2.75%?

但可转债的套利没那么简单,因为可转债转股是 T+1 的,也就是当天转股,要到次日才能拿到股票卖出,你以为买到了便宜的股票,次日如果开盘就下跌,而且跌幅大于你的打折幅度,结果会怎样呢?创维的悲剧就发生在次日的 6 月 8 日,开盘价 16.22 元,和昨天的收盘价 16.58 元相比跌去了 2.11%,把套利的收益抹去了大部分,而且这个开盘价还几乎是当天的最高价格，结果套利不成反被套。

所以这种套利方法的风险在于第二天正股的低开。但正股持有者可以做到无风险套利。比如你有 100 股创维数字，以每股 16.58 元的价格卖出，得到 1658 元（这里忽略佣金，下同），再用 1658 元买创维转债，可以获得 1658/144.10=11.506 张可转债，再转股创维数字：11.506×100/11.19=102.82 股，对正股持有者来说，不管第二天股价涨还是跌，100 股股票到第二天都变成了 102.82 股，实现了无风险套利。当然这里只是为了计算方便没有考虑碎股，也没考虑股票和可转债的交易成本。

无风险套利的关键在于你本来就有正股底仓，如果转股溢价率长期是负的，那么正股持有者就可以通过天天套利不断降低正股成本，表现为正股价格即使下跌，你的股票数量也会越来越多。其实公司是乐意看到这样的结果的，因为自己不用还钱了。但如果你本来就不看好正股，为了套利去买入也会得不偿失，因为如果股价一直下跌，虽然股票数量越来越多，但股票价值没有提升甚至还可能继续缩水。

既然对长期正股持有者来说，折价套利是完全无风险的，那为什么还会有这样折价的机会存在呢？这一方面说明，可转债持有人比正股持有人更加悲观，迫不及待地卖出；另一方面更重要的是，大部分正股持有人不懂可转债，懂得无风险套利的更是少之又少。市场的无效其实给了善于学习的人更多的机会。

抢权配售新债策略

任何有证券账户的投资者，只要开通了可转债权限，都可以参与可转债打新。除了打新，对正股持有者来说，还有一个配售新债的福利。那么我们是否可以在配售前买入正股，等配售到了可转债再把正股卖出呢？理论上是可以的。

我们以 2022 年 4 月 19 日湘佳股份（002982）发行的湘佳转债（127060）为例进行说明，发行公告说发行人现有总股本 101 880 000 股，按本次发行优先配售比例计算，原股东可优先配售的可转债上限总额为 6 399 999 张，那么每股理论上可以配售到 639 999 900/101 880 000=6.2819 元的可转债，股权登记日 2022 年 4 月 19 日正股收盘价是 45.28 元，如果我们假定湘佳转债上市后可以上涨 15%，那么相当于花费了 45.28 元，赚取了 6.2819×15%=0.9423，盈利率为 0.9423/45.28=2.08%，我们假定持有的正股在第二天 2022 年 4 月 20 日以收盘价 43.99 元卖出，股票亏损了 43.99/45.28-1=-2.85%。可转债上的盈利还抵不上股票上的亏损，还没算佣金、印花税等成本和可转债持有一个多月的时间成本。

抢权配债收益率 = 每股配售到的可转债金额 × 可转债预计上市收益率/每股买入股价 = 股东可优先配售的上限总额/总股本 × 可转债预计上市收益率/每股买入股价

从抢权配债收益率的公式我们可以知道，可转债配售总额相对总股本越大，正股买入价格越低，可转债首日上市收益率越高，抢权配债的收益率就越高。而整体的收益率，还要考虑抢权后第二天正股卖出的亏损是否能被抢权配置收益率覆盖。

抢权配债的风险主要在于买到正股后第二天下跌。如果抢权的人过多，难免会在第二天发生踩踏，甚至还有专门收割抢权的反向操作，即提前潜伏进正股，确权日逢高卖出。短期的涨跌就在于双方的博弈。

现在抢权配债竞争也很厉害，甚至有人专门把抢权配债作为对手盘来操作，使用这个策略也要慎重。

下修博弈策略

下修转股价，对可转债持有者来说是一个天大的利好，但下修也必须符合一定的条件。一般的条件是：在本次发行的可转债存续期间，当公司 A 股股票在任意连续 30 个（或者 20 个）交易日中至少有 15 个（或者 10 个、20 个）交易日的收盘价低于当期转股价格的 85%（或者 70%、80%、90%）时，公司董事会有权提出转股价格向下修正方案并提交公司股东大会表决。

截至 2022 年 6 月 9 日，市场 412 只可转债中，满足下修条件的有 322 只，占比 78.16%，已经有 1 天以上满足条件的有 26 只，占比 6.31%。比例还是很高的。

但下修对公司来说是权利不是义务，即使满足了下修条件，公司不一定会向股东大会提议下修转股价，即使进入表决议程，通不过的可能性也是很大的。因为表决下修的时候，有可转债的股东是没有表决权的。而对于没有可转债的股东，下修其实是摊薄了他们的收益。

所以除非你有特别强的沟通能力，能够站在公司的角度晓之以理，动之以情，劝说公司下修，否则不宜重仓赌一只下修可转债。

对于大部分普通投资者来说，下修只能是一个加分项，还是分散持有、耐心等待为宜。

另外值得注意的是，平时不需要开股东大会表决通过的下调转股价，绝大部分是分红送股导致的。这样的下调转股价，转股溢价率基本没变化，对可转债也没有什么利好。

回售套利策略

前面介绍过，回售是给可转债投资者的又一重保护。它对于投资者来说是权利而不是义务。你可以按照最有利于投资者的方式来选择回售或者不回售。与到期相比较，回售虽然只能得到100元面值加上微薄的利息，但一般比到期要提前一年或者两年，所以年化的到期收益率不一定比到期低，虽然到期不仅要还100元面值的本金，还要还高额的补偿金。

一般来说，可转债最长6年到期，但为了保护投资者，回售条例规定了在到期前2年（或者1年），任意连续30个交易日的收盘价低于当期转股价70%×（少数为50%、60%、80%），开始回售。

举个例子，大业转债（sh113535）从2022年5月9日开始进入回售起始日，到2022年6月10日，当期转股价12.29元，70%就是8.60元，而股价是8.05元，已经满足收盘价低于当期回售价的70%这一条件23天了，如果再有7个交易日还是满足这个条件，大业转债就开始回售。

截至2022年6月10日当天，大业转债的收盘价112.34元，显然以100元加上微薄的利息去回售就亏大了。有人会觉得公司发这种明显吃亏的回售公告是诱骗投资者去参与回售，其实是因为不明白权利和义务的区别。回售和强赎表面上看都是提前以100元加上利息赎回，不同的是强赎对公司来说是权利，对投资者来说是义务；而回售恰恰相反，对公司来说是义务，对投资者来说是权利。也就是说，只要满足回售条件，公司必须发回售公告，有人回售必须执行，否则就违约；而对投资者来说，公司发了回售公告，可以回售也可以不回售，只不过多了一个选项。

我们假定可转债的价格低于100元，如果不考虑利息和交易成本，回售就有套利空间，这样的事情历史上发生过。截至2022年6月10日，可转债价格低于100元的有亚药转债、搜特转债、城地转债3只，最早的回售起始日是亚药转债的2023年4月2日，从这一天起如果连续30个交易日正股的收盘价低于当期转股价的70%，那么就会启动亚药转债的回售。如果亚药转债的价格还是停留在100元以下，就有了套利空间。

一旦回售有了套利空间，大量的可转债持有者就会把可转债回售给公司，这是公司不愿意看到的，公司就会有动力释放利好，拉抬价格。

虽然历史上满足这种套利条件的情况比较少，但对投资者而言，多一个选择总是不错的。

可转债是市场送给散户最好的礼物

我们先来看一下表9-21，这张表格统计了从2017年12月31日收盘到2022年6月10日收盘的数据，对比一下各大主流的宽基指数，从2018年熊市到2022年熊市，中间经历了一个牛熊周期，最好的创业板指年化收益率是8.86%，除了创业板指，其他几个宽基指数都是从哪里来还是回到哪里去。

表9-21 可转债等权指数和其他指数的比较
（截至2022年6月10日） %

年 份	上证指数	上证50	沪深300	中证500	中证1000
2018	-24.59	-19.83	-25.31	-33.32	-36.87
2019	22.30	33.58	36.07	26.38	25.67
2020	13.87	18.85	27.21	20.87	19.39
2021	4.80	-10.06	-5.20	15.58	20.52
2022	-9.75	-11.44	-14.20	-15.21	-17.26
累计收益	-0.68	1.37	5.16	-0.17	-5.55
年化收益	-0.15	0.31	1.14	-0.04	-1.28
年 份	国证2000	创业板指	中证转债	可转债等权	
2018	-33.77	-28.65	-1.16	-3.07	
2019	23.45	43.79	25.15	27.97	
2020	16.87	64.96	5.26	23.26	
2021	29.19	12.02	18.48	35.61	
2022	-15.52	-23.06	-6.17	-3.04	
累计收益	4.28	45.86	44.73	101.03	
年化收益	0.95	8.86	8.67	17.00	

再看中证转债，虽然其年化 8.67% 和创业板指差不多，但实际感受要好很多，因为在 2018 年和 2022 年两个熊市，创业板指分别下跌了 28.65% 和 23.06%，而中证转债只跌了 1.16% 和 6.17%。创业板指的暴涨暴跌，没几个人能驾驭好，而中证转债则平稳得多，是一个可以满仓穿越牛熊的指数。

其实，我们散户可以做得比中证转债更好，因为中证转债是一个加权指数，完全被银行等巨无霸的转债绑架了。对散户参考意义更大的是可转债的等权指数。因为对散户来说，每个可转债的机会都是公平的，也很少有等级低、成交量小而不能买的可转债。等权指数来自集思录，它的统计方法是剔除当天新上市的可转债，把所有可转债的涨幅做一个简单的算术平均，作为当天的涨幅，累计年化收益率 17%，远远超过创业板指和中证转债。

实际上，公募的可转债基金也很难战胜可转债的等权指数。按照天天基金的统计，从 2017 年 12 月 31 日到 2022 年 6 月 10 日，70 只可转债基金，表现最好的鹏华可转债基金净值涨了 89.49%，虽然跑赢了中证转债的 44.73%，但依然跑输了可转债等权指数的 101.03%。

究其原因，不是基金经理的水平不如散户，而是他们有很多受制约因素。公募基金由于风控原因，只能买高等级的可转债，例如鹏华可转债基金就重仓了杭银、苏银、大秦等巨无霸的可转债，而在可转债中存在着好股烂债、烂股好债的现象，导致这些巨无霸收益率不会特别好。再加上部分可转债的成交量不活跃，公募基金体量较大无法顺利进出，只能放弃。而由于风控和成交量的原因放弃的可转债，往往表现比巨无霸的可转债要好，这就造成可转债领域出现的反常现象：散户自己运作的可转债的收益往往超过公募基金。

对照从 2017 年 12 月 31 日到 2022 年 6 月 10 日这 4 年半的数据，在 6850 只公募的混合型基金中，可转债等权指数 101.03% 的成绩，可以战胜其中 92.47% 的公募基金。

有人说，目前的可转债溢价率过高、风险过大，这其实主要还是双高的游资债居高不下的溢价率，低价债的高溢价并不可怕，下面是有债底保护的。高价债的高溢价才是真正可怕的。

可转债对散户的友好，是体现在多方面的：不懂的散户，可以参加无差别打新；胆小的散户，可以使用低价、高 YTM 策略；胆大的散户，可以使用低溢价率策略，甚至和游资"共舞"；会量化的散户，可以使用多因子策略；有时间盯盘的散户，可以在脉冲卖出增厚收益；没时间盯盘的散户，可以采用死守策略；正股长期下跌时，可以期望下修转股价；跌破 100 元的可转债，可以等待回售；有正股的散户，出现负溢价可以无风险地套利；深研正股的散户，可以重仓几只可转债；不想深研的，可以采取"摊大饼"策略。总之，散户总能在可转债中找到一款符合自己需求的方法。

这也是目前 A 股唯一一个散户可能穿越牛熊、战胜专业的基金经理的品种，也希望可转债不要步分级基金、纯债的后尘。

第十章
资产配置

刚刚进入社会的人,没有多少资金结余,往往不会考虑资产配置,最多做点基金定投。普通人积累了一定的资产后,才会遇到资产配置的问题。

什么是资产配置

简单地说,资产配置就是把资金在不同类型的资产上进行分配。关键是,我们为什么要做资产配置,什么叫不同的资产。

看一个例子,如表10-1所示,假定我们配置了主流的沪深300、上证50和国债指数。2005年至2022年6月10日约17年半的时间,沪深300涨了323.90%,上证50涨了244.07%,国债指数涨了104.19%。如果我们把沪深300和上证50按照1∶1做一个资产配置,每年年底再平衡一次,也就是上一年两者的金额比例是1∶1的话,经过一年的涨跌这两者变得不一样了,我们再卖出多余的、买入少的使得两者的金额比例再次达到1∶1,这就叫再平衡。

表10-1 沪深300、上证50、国债指数的资产配置
(截至2022年6月10日)　　　　　　%

年 份	沪深300	上证50	国债指数	沪深300&上证50	沪深300&国债指数
2005	-7.66	-5.50	14.07	-6.58	3.21
2006	121.02	126.68	2.14	123.85	61.58
2007	161.55	134.13	-0.47	147.84	80.54
2008	-65.95	-67.23	9.41	-66.59	-28.27
2009	96.71	84.40	0.87	90.56	48.79
2010	-12.51	-22.57	3.21	-17.54	-4.65
2011	-25.01	-18.19	4.05	-21.60	-10.48
2012	7.55	14.84	3.35	11.20	5.45
2013	-7.65	-15.23	2.75	-11.44	-2.45

续表

年份	沪深300	上证50	国债指数	沪深300&上证50	沪深300&国债指数
2014	51.66	63.93	4.42	57.80	28.04
2015	5.58	-6.23	6.08	-0.32	5.83
2016	-11.28	-5.53	3.40	-8.41	-3.94
2017	21.78	25.08	0.66	23.43	11.22
2018	-25.31	-19.83	5.61	-22.57	-9.85
2019	36.07	33.58	4.35	34.83	20.21
2020	27.21	18.85	3.67	23.03	15.44
2021	-5.20	-10.06	4.24	-7.63	-0.48
2022	-14.20	-11.44	1.91	-12.82	-6.14
累计收益	323.90	244.07	104.19	286.31	402.37
年化收益	8.63	7.34	4.18	8.06	9.70

沪深300和上证50每年再平衡后，17年半的收益率是286.31%，比不做再平衡的283.99%（沪深300与上证50的收益平均）高了2.3%。

我们再看沪深300和国债指数的再平衡结果，17年半累计收益率是惊人的402.37%，不仅超过了沪深300和上证50的再平衡，也远远超过了最好的沪深300的323.90%，而且最大亏损年份的2008年，从亏损65.95%一下子缩小到28.27%。

沪深300和国债指数两个品种的累计收益分别是323.90%和104.19%，它们组合后的收益率402.37%，远远超过了它们中表现最好的，而且是几乎它们收益率的和，这又是为什么呢？

我们先来看，如果每年年底不做再平衡，那么17年半的累计收益率就是沪深300和国债指数收益率的平均值，即（323.90%+104.19%）/2=214.05%，几乎只有再平衡收益率的一半，这又是为什么呢？

长期来看，沪深 300 的收益率远远超过国债指数的收益率。股权投资长期来看要好于债券和其他品种的投资，这也是巴菲特为什么要坚持长期股权投资。但在沪深 300 下跌的年份，不排除国债指数的收益率会超过沪深 300。我们仔细看沪深 300 和国债指数每一年的表现，可以发现，从来没有一个品种的表现连续 3 年超过另一个品种的。沪深 300 超过国债的年份是 2006 年、2007 年、2009 年、2012 年、2014 年、2017 年、2019 年、2020 年共 8 年，而国债指数超过沪深 300 的年份是：2005 年、2008 年、2010 年、2011 年、2013 年、2015 年、2016 年、2018 年、2021 年、2022 年共 10 年。虽然国债指数收益长期不如沪深 300，但战胜沪深 300 的年度还多了 2 年。

这样就导致资产配置有可能最终收益率超过原始的品种，其主要原因就在于每次年底的再平衡就相当于高抛低吸。我们可以设想一下，如果沪深 300 每年都跑赢国债指数，那每年年底的再平衡就只会削弱沪深 300 的表现。但事实是沪深 300 和国债指数的表现是各领风骚一两年，所以才使得高抛低吸的再平衡起到那么大的作用！

从上面这个例子我们可以看到，如果要资产配置的效果好，就要让资产配置的不同品种有足够大的差异性。我们可以用相关性函数计算出不同资产组合的相关性，100% 是完全相关，-100% 是完全负相关，0 是完全不相关。我们最好选择完全负相关的品种。

那么，沪深 300 和上证 50 的相关性是多少呢？用 Excel 中的 CORREL 函数可以非常方便地计算出来，它们年度涨幅的相关性是 98.63%，接近 100%，也就是说两者非常相关。而沪深 300 和国债指数的年度涨幅的相关性是 -54.24%，所以再平衡才会有那么好的效果。

资产配置的 4 种策略

根据不同的需要，资产配置可以有各种策略。

1. 买入并持有策略

这是一个最简单的策略，在按照一定的比例买入各类资产后，较长时间保持不变。所谓的不变是不进行买卖操作，各类资产的比例还是会变化的，以上文沪深 300 和国债指数为例，它们的起始比例是 1∶1，经过了 17 年半的时间，1 份沪深 300 变成了 4.239，而 1 份国债变成了 2.0419，最终它们的比例变成了 67.49%∶32.51%。这种方法比较适合进取心不那么强的投资者，经过几年运作，好资产的比例更多后再做评估以决定下一步的策略。

2. 恒定混合策略

这就是我们在本章开头介绍的再平衡策略，在一定时间内保持各类资产的比例不变。这种策略比较适合震荡市场，各类资产此起彼伏，总有相对比较好的，经过一两年跑出来后可能会均值回归，这样以年度为单位的再平衡就有机会获得比买入并持有策略更多的超额收益。恒定混合策略也是目前资产配置里比较常见的策略。

3. 投资组合保险

投资组合保险策略是在将一部分资金投资于无风险资产从而保证资产组合的最低价值的前提下,将其余资金投资于风险资产并随着市场的变动调整风险资产和无风险资产的比例,同时不放弃资产升值潜力的一种动态调整策略。这个策略的重点在于把一部分资金放在无风险的资产里备用,是一种底线思维的模式,即使所有的风险资产全部归零,靠无风险资产也能很好地保障基本生活。

4. 动态资产配置

动态资产配置是根据资本市场环境及经济条件对资产配置状态进行动态调整,从而增加投资组合价值的积极战略。相对前三种策略来说,动态资产配置是最复杂、要求最高的一种策略。它会用到一些分析量化工具,比如回归分析、优化决策等,对未来各类资产的大走向进行大致判断,从而调整各类资产的比例。

在实际操作中,也可能是以上四种策略的混合运用。比如,我们留出3~6个月的生活费(投资组合保险),把其他资产按照一定的比例去投资(恒定混合策略),增量资金放在未来最有希望的资产中(动态资产配置)。

资产配置中的各类资产

说到资产配置中的各类资产，就不得不提到美林时钟。

在美林时钟里，经济的4个不同周期，分别对应了不同的最佳资产，分别是：

（1）经济衰退期——债券。

（2）经济复苏期——股票。

（3）经济过热期——大宗商品。

（4）经济滞胀期——现金。

有人认为美林时钟已经失效了，也有人认为美林时钟依然有效，不管怎样，美林时钟对大类资产的划分，还是有参考意义的。

表10-2中，我们把沪深300作为股票的代表，国债指数作为债券的代表，大宗商品指数作为大宗商品的代表，没有列出现金是因为现金本身不会增值，最多在数字上表现为不跌。从表10-2里我们可以看到，2012年至2022年6月10日这10年半的时间中，有6年股票领先，2年国债领先，3年大宗商品领先。只要当年沪深300是上涨的，商品、国债就没有一年是超过股票的，而在股票下跌的5年中，不是国债涨得好就是大宗商品涨得好。各类品种的相关性还是非常小的，这就是我们选择它们作为资产配置的原因。

表 10-2　美林时钟的品种（截至 2022 年 6 月 10 日）　　　　%

年　度	沪深300	国债指数	大宗商品	三合一	去年最好	去年最差
2012	7.55	3.35	-1.32	3.20	3.20	3.20
2013	-7.65	2.75	-4.31	-3.07	-7.65	-4.31
2014	51.66	4.42	-16.40	13.23	4.42	51.66
2015	6.55	6.14	-14.36	-0.56	6.55	-14.36
2016	-12.09	3.34	29.04	6.76	-12.09	29.04
2017	21.78	0.66	11.95	11.46	11.95	21.78
2018	-25.31	5.61	-8.81	-9.50	-25.31	5.61
2019	36.07	4.35	-7.16	11.09	4.35	36.07
2020	27.21	3.67	8.45	13.11	27.21	8.45
2021	-5.20	4.24	24.27	7.77	-5.20	4.24
2022	-14.20	1.91	9.99	-0.77	9.99	-14.20
累计收益	80.71	48.59	22.57	62.99	7.88	180.94
年化收益	5.83	3.86	1.97	4.79	0.73	10.40

如果我们对沪深 300、国债指数、大宗商品指数做一个三合一，即三类资产各占三分之一，每年年底做一次再平衡，那么 10 年半下来累计收益率是 62.99%，比不做再平衡的收益率 50.62% 要高 12.37%。主要原因还是这三类资产每年的涨跌不同步导致的。如果股票、债券、商品的涨跌同步，不管怎么再平衡，结果都是一样。

当然，如果你有能力选中每年涨幅最好的品种，那么 10 年半下来累计收益率可以高达 601.18%。当然这是最理想状态，实际上很难做到。

还有一个办法，就是选择前一年表现最好的品种，三个品种各取三分之一仓位，最后的累计收益率为 7.88%，年化收益率只有 0.73%。不仅低于三个品种的平均值，还低于三个品种中收益率最低的大宗商品，与现金的活期存款收益差不多。所以追高上一年表现最好的资产，不是一个好策略。

我们再换个思路，第一年还是平均持有三种上一年表现最好的产品各三分之一仓位，第二年开始满仓持有上一年表现最差的品种，结果是，10 年半累计收益 180.94%，年化收益率为 10.40%。这个结果说明，大类品种以年度为单位的均值回归的概率是非常大的。

当然，把所有资产都放在一个品种上违背了资产配置的原则，但可以作为动态资产配置的一个方法，比如去年涨得多的就少配置点，去年跌得多的多配置点，以获得更好的收益，这是完全可能的。

资产配置的目的，不仅仅是获取高收益率或者低回撤，虽然现金是最不会产生收益的品种，但有一笔现金能维持 3～6 个月的基本开销，或者买入房产（即使不增值）供自己和家人居住，提高生活品质，这也是相当重要的。我们投资的最终目的并不仅为了资产保值升值，最根本的目的还是提升生活品质。

CORREL 函数、组合和再平衡

前文我们说过，在资产组合中可以用 CORREL 函数寻找负相关的品种，下面进行详细的讨论。

CORREL(数组 1, 数组 2) 是用来计算两组数据的相关程度的，范围是 -100% ~ 100%，100% 说明完全相关，-100% 说明完全负相关，0 说明完全不相关。

如表 10-3 所示，有 A、B 两个品种，A 在第一年涨了 20%，第二年跌了 10%；B 在第一年涨了 10%，第二年跌了 5%，经过计算，它们两组数据的相关度是 100%，为什么完全不同的两组数据的相关度是 100% 呢？我们仔细看这两组数据就可以知道，A 不管涨跌都是 B 的 2 倍，虽然两者涨跌不一样，但完全相似，就像 A 是父亲，B 是儿子，虽然身高不同，但一眼看上去长得一模一样。

表 10-3　完全相关的两组数据　　　　　　　　　%

一直持有	A	B	平均收益
第一年收益	20	10	15.00
第二年收益	-10	-5	-7.17
累计收益	8.00	4.50	6.25

我们再研究第二种情况，如表 10-4 所示，A 的涨幅同上，但 B 的第一年涨幅和第二年涨幅对调，变成第一年跌 5%，第二年涨 10%，最终这个组合还是涨了 6.25%，和第一种情况结

果完全一样，不一样的是过程。第一种情况第二年跌了 7.17%，第二种情况第二年才跌了 1.40%，显然回撤小了很多。A、B 的相关度从原来的 100% 变成了 -100%，也就是说，如果把负相关做成组合，过程中不做任何操作，结果虽然一样，但回撤会小很多。

表 10-4　完全负相关的两组数据　　　　　　　　　　%

一直持有	A	B	平均收益
第一年收益	20	-5	7.50
第二年收益	-10	10	-1.40
累计收益	8.00	4.50	6.25

我们再看第三种情况，如表 10-5 表示，数据还是和第二种情况一样，但在第一年结束时做了一次再平衡，不一样的是第二年的情况，第二种情况虽然刚开始 A 和 B 都是 50% 的权重，但经过第一年 A 涨了 20%，B 跌了 5%，那么 A 的权重 =1.2/（1.2+0.95）=55.81%，而 B 的权重只有 44.19% 了，第二种情况的第二年，A 跌了 10%，B 涨了 10%，但因为 A 的权重比 B 大，所以最后第二年跌了 1.40%。而第三种情况在第一年结束后做了一次再平衡，卖出了 5.81% 的 A，买入了 5.81% 的 B，使得 A 和 B 再次达到 50%：50%，这时第二年的涨跌就变成了 0。

表 10-5　完全负相关的组合加一次再平衡　　　　　　%

再平衡	A	B	平均收益
第一年收益	20	-5	7.50
第二年收益	-10	10	0
累计收益	8.00	4.50	7.50

第一种情况如果我们也做再平衡，有没有作用呢？如

表10-6表示，经过计算，这种方法两年后最终的收益率是6.38%，比不做再平衡的6.25%稍微好点，但不及负相关加一次再平衡的7.50%。经过以上简单的讨论，我们可以知道，资产组合最好还是要选择负相关且长期向上的品种，并且还要做一些再平衡。

表10-6 完全相关的组合加一次再平衡　　　　　　　　　　%

再平衡	A	B	平均收益
第一年收益	20	10	15.00
第二年收益	-10	-5	-7.50
累计收益	8.00	4.50	6.38

再平衡的本质还是高抛低吸，如果A连续涨，B连续跌，那再平衡就是无效的。再平衡有效是建立在一个品种不可能长期只涨不跌，也不可能长期只跌不涨的前提下。最典型的例子是华宝油气，2019—2020年一直在基金排行榜末尾，2022年要去找它就要从收益率的头上开始寻找了。

华宝油气从2017年开始连跌4年，直到2021年开始强烈反弹，如果做再平衡，2017—2020年连续再平均加仓，在连续下跌的4年肯定会非常煎熬，很少有人能坚持下来，每年下跌每年还能坚持做再平衡加仓的更是少之又少。所以，我们还是要尽可能多地分散配置多品种资产，才能不但结果完美，过程也比较舒服。

利用 FOF 做资产配置

FOF，英文是 Fund of Funds，即基金中的基金，普通的基金不是投资股票就是投资债券等，FOF 的投资标的就是这些基金，也就是基金的组合。FOF 不仅可以投资自己基金公司的基金，还可以投资其他基金公司的基金。

为什么要利用 FOF 来做资产配置呢？前面我们讨论了很多关于资产配置的问题，但毕竟还是需要投资者花时间去学习和研究。如果你不想自己选，可以通过专业的基金公司做资产配置，FOF 就是这几年发展起来的一个品种。

中国 A 股市场的波动及回撤较大，很难驾驭。FOF 通过专业的方法降低了最大回撤和波动率，使得收益曲线相对比较平滑。

下面来看 FOF 的具体表现，第一批 FOF 成立于 2017 年，最早从 2018 年的熊市开始有完整的年度记录，2017 年成立的 FOF 一共有嘉实、南方、建信、华夏、海富通、泰达一共 6 家基金公司的产品，具体数据如表 10-7 所示。

2017 年至 2022 年 6 月 10 日，6 只 FOF 产品年化收益率最高的是南方 FOF 的 7.14%，最低的是泰达的 4.65%，都远远高于沪深 300 的 1.14%。

表 10-7 2017 年成立的 FOF 产品（截至 2022 年 6 月 10 日）   %

代码	000300	005156	005215	005217
名称	沪深 300	嘉实领航资产配置混合（FOF）A	南方全天候策略(FOF)A	建信福泽安泰混合（FOF）A
2018 年	-25.31	-4.58	-2.64	-2.98
2019 年	36.07	11.47	11.18	10.24
2020 年	27.21	21.15	22.02	17.01
2021 年	-5.20	5.08	7.03	5.10
2022 年	-14.20	-7.59	-3.93	-4.08
累计收益	5.16	25.13	35.82	26.17
年化收益	1.14	5.18	7.14	5.37
最大回撤	-34.84	-14.08	-6.73	-7.74
日收益率标准差	1.32	0.52	0.38	0.40
年化收益波动率	20.92	8.30	5.94	6.27
夏普比例	-0.09	0.26	0.70	0.38
代码	005218	005220	005221	
名称	华夏聚惠（FOF）A	海富通聚优精选混合（FOF）	泰达宏利全能混合（FOF）A	FOF 平均
2018 年	-2.62	-21.12	-3.18	-6.19
2019 年	12.74	35.69	11.26	15.43
2020 年	20.64	49.93	15.65	24.40
2021 年	7.25	5.83	3.25	5.59
2022 年	-6.79	-13.81	-4.87	-6.84
累计收益	32.41	46.36	22.38	31.38
年化收益	6.53	8.96	4.65	6.30
最大回撤	-12.65	-28.44	-9.48	-13.19
日收益率标准差	0.53	1.32	0.43	0.59
年化收益波动率	8.33	20.80	6.73	9.39
夏普比例	0.42	0.29	0.25	0.38

日收益率标准差 =stdev（日收益率组）

年化收益波动率 = 日收益率标准差 *sqrt（250）

夏普比例 =（年化收益率 – 无风险收益率）/ 年化收益波动率，这里无风险收益率取 3%

再看最大回撤，这 4 年半的时间里，沪深 300 的最大回撤是 34.84%，是从 2021 年 2 月 10 日的 5807.72 点跌到最低的 2022 年 4 月 26 日的 3784.12 点，跌了整整一年多。对比来看，表现最好的 FOF 是南方全天候，最大回撤只有 6.73%，最差的海富通聚优最大回撤 28.44%，6 只 FOF 平均最大回撤是 13.19%。

单独比较收益率或者最大回撤，意义都不大，第一批 6 只 FOF 能在最大回撤小于沪深 300 的前提下，收益率超过沪深 300，这才体现出资产配置的意义。

对比可知，沪深 300 的年化收益波动率均高于 FOF，其中海富通的 FOF 的年化收益波动率接近沪深 300。6 只 FOF 的夏普比率均是正的，而沪深 300 是负的，这是因为我们取的无风险收益率是 3%，年化收益率高于 3% 的产品肯定都是正的，而低于 3% 的产品肯定都是负的。

综合来看，表现最好的是南方全天候，虽然收益率不是最高，但最大回撤最小，波动率最小，夏普比率最大。而收益率最高的海富通聚优，回撤也最大，波动率接近沪深 300，综合来看还是比沪深 300 好，因为它是冒着跟沪深 300 类似的风险，取得了远高于沪深 300 的收益。

当然过去的数据不能代表将来，但我们可以问问自己，是愿意选择冒最大的风险获取最大收益率的海富通聚优，还是愿意选择收益率不是最大，但风险最小的南方全天候。这个问题没有最佳答案，只有最适合你自己的答案。

如果你择时的本领比较强，那海富通聚优是一个不错的选择，但FOF本来就是提供给普通人的，择时似乎有悖FOF的初衷。

截至2022年，FOF数量和成长时间都不是很多，专家做组合的目的是提供给普通投资者一个长期投资的工具，很多FOF会从买入开始封闭3～5年，而且有目标年份。卖方投顾越来越向买方投顾转变，这也是一个好的趋势。

第十一章
量 化 投 资

　　量化投资对很多人来说还是一个陌生的投资方法。2016年AlphaGo（阿尔法围棋）战胜了世界围棋高手李世石，使得大家把目光集中到了量化投资上，量化投资的概念和逻辑，普通人理解起来有点困难，我们还是从福尔摩斯破译密码开始说起。

福尔摩斯破译密码和量化投资

在英国作家柯南·道尔的福尔摩斯侦探故事系列的《跳舞的小人案》一节中,福尔摩斯是按照 26 个英文字母在普通文章中出现的概率来破译密码的。比如,在一篇文章中字母正常出现概率的大小依次是:e、t、a、o、i、n、s、h、r、d、l,出现概率最大的是 e,而在加密后的文字里出现 f 的概率最大,我们就可以猜测 f 在密码里就是代表 e,依此类推,最终破译了密码。

这个故事告诉我们,即使看起来毫无关联的一堆字母或者数字,也还是能找到背后规律的,虽然我们不知道明文中的 f 代表 e,但因为两者出现的次数都最多,那 f 代表 e 的可能性就最大。

其实量化投资就是这样,一部分量化投资的策略能找到逻辑,另一部分则找不到逻辑,或者说以现在人类的智慧还找不到逻辑。比如,古人认为太阳是公鸡叫出来的,鸡一叫天就快亮了。现代人就明白是地球的自转引起的昼夜更替。但即使这样,并不妨碍人们用鸡鸣来判断天是不是快亮了。

同样的道理,量化投资方法可能一时找不到内里的逻辑,但并不妨碍我们利用这些规律。随着时间的推移,我们可能会找出其中的一部分逻辑关系。就像笔者从 2021 年开始用的多因子可转债轮动策略,几乎每隔十多天都能出来一只涨幅至少 10% 以上的可转债。事后解释总能找到理由,但事先笔者确实不知道哪一只可转债会上涨10%以上。

　　小说中，福尔摩斯也是看了很多组跳舞的小人，才找到其中的规律，同样在量化投资中，也需要大量的数据来统计分析，发现规律。笔者重仓可转债是从2021年开始的，过去也买过可转债，但一直不敢重仓，最主要的原因就是当时的历史数据积累不多，而且可转债数量也不多，很难从中找出规律。只有数据足够多，才能出现统计规律。

量化投资的本质是概率

数学是一门抽象的科学,特别是很多公式的推导,都是非常缜密的。比如,三角形的三个内角之和一定等于180度,不会有其他答案,但现实生活中很多事情可能会有两个甚至更多答案,背后有一定概率。理解了这一点,就能对量化投资有一个初步的认识。

举一个现实生活中的例子。哪些学生能考上大学,在参加高考前是不知道的,即使再好的学生,高考考砸了的情况也不少见。但如果我们对全体考生做一个统计,那么平时成绩好的学生,考上大学的比例肯定要比平时成绩不好的学生高。平时成绩和高考成绩基本上是线性相关的,但不排除少数平时成绩好的学生在高考中考砸。

跟高考类似,量化投资也是一个概率问题。量化投资就好比在高考前预测考生的成绩,高考分数预测借助的是考生平时的成绩,而量化投资则借助模型来大规模筛选好的品种,虽然有一部分不一定合适。而传统的深研,就好比是针对某一个考生做的高考分数预测。

量化投资因为不深研某一个具体品种,一般都会采取分散投资的办法,无视个股的亏损,把单一品种的亏损当作投资过程中的必然现象。如果一定要说量化投资是在赌,那也是利用概率在赌,而且胜率、赔率都很高。

量化中的世界和真实的世界

人类对世界的认知是一步一步逼近真实的,最早人类是用直觉去感知世界,比如手接触到火会疼,比如眼睛看到太阳东升西落。这些认知有的是正确的,有的是错误的。

量化投资的进化也是这样。最早的量化投资,只看价格是否便宜,把标的认为是同样质量的,当然是越便宜越好。后来发现标的的质量很重要,量化投资又走向另外一个极端,即只看质量不看价格。再后来,量化投资才发现价格与质量都很重要。

如果把上涨看作果,各种因子看作因,那么从最简单的单因子到多因子,从线性因子到非线性因子,从必然的因果关系到概率关系,就是人们一步步认知量化投资的过程。

举个最典型的可转债的例子,就是可转债价格和转股价值的关系,集思录有个藏宝图,2022年6月17日的结果如图11-1所示。

我们都知道,转股价值=100/转股价×股价,一般情况下转股价是不会变化的,也就是说,转股价值和股价是一维的线性关系。

但转股价值是怎么影响转债价格的呢?从图11-1来看,两者似乎又存在一定关系,肯定不是像股价和转股价值那样。集思录用最小二乘法最终得到了一个可转债价格 Y 和转股价值 X 的公式:

$$Y=0.003 \times X^2 - 0.09 \times X + 108.99$$

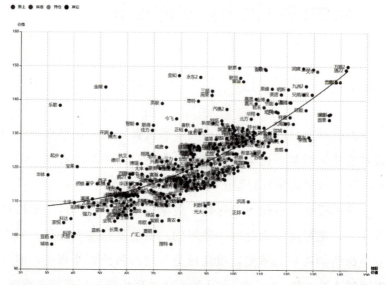

图 11-1　可转债价格和转股价值的关系（2022 年 6 月 17 日数据）

这是一个二次曲线，为了看清它们之间的关系，我们用转债价格除以转股价值减去 1，计算出对应的转股溢价率，如表 11-1 所示。

表 11-1　转债价格、转股价值和转股溢价率的关系

转股价值	转债价格 / 元	转股溢价率 /%
20	108.39	441.95
30	108.99	263.30
40	110.19	175.48
50	111.99	123.98
60	114.39	90.65
70	117.39	67.70
80	120.99	51.24
90	125.19	39.10
100	129.99	29.99
110	135.39	23.08

续表

转股价值	转债价格/元	转股溢价率/%
120	141.39	17.83
130	147.99	13.84
140	155.19	10.85
150	162.99	8.66
160	171.39	7.12
170	180.39	6.11
180	189.99	5.55

从表 11-1 中可以看出，转股价值越来越高，在转股价一定的情况下，也就是正股的价格越来越高，那么对应的转债价格也会越来越高，但不是线性的，随着正股价格的下跌，转债越来越跟不上正股的下跌，就表现在转股溢价率越来越高。低价债有债底的保护，所以转股价值下跌，可转债价格并不会线性下跌。

从图 11-1 来看，价格在这条二次曲线上的，相对来说就估值偏高，下跌的可能性比较大，但这也是一个概率，并不是一定的。而且这条二次曲线本来就是根据现有的 400 多只可转债的价格拟合出来的，每天都会随着价格的变化而变化。影响因素有很多，比如新规对双高（高价格、高溢价）"妖债"可能就有影响。

所以，真实的量化投资世界是多维的、非线性的、概率的。理解这一点对理解量化投资非常重要。所谓多维，是指影响最终价格的不是一个因子而是多个因子在起作用；所谓非线性，是指因子对价格的影响是非线性的；所谓概率，是指这样的影响不是 1 加 1 一定等于 2，而是有一定的概率在起作用。

所以某个利好公布后股价下跌,也可能是因为大家对它的期望值更高;而某个利空公布后股价反而上涨,也有可能是因为大家前期对这个利空过度恐慌了。更有很多现象单个看可能找不到原因,实事求是说,找不到原因可能比胡编一个原因强很多。量化投资里面,一切都是概率,只有概率大小之分,没有绝对的可能和绝对的不可能之分。

"三只乌鸦"和"红三兵"

所谓"三只乌鸦",就是指股票连续3个交易日每天的收盘价比前一天的收盘价低,按照老股民的说法,这是市场下跌的先兆。下面我们用量化投资的方法来回测验证一下,看看这种说法是否有道理。

我们选择最常见的沪深300。如表11-2所示,在沪深300 4240个交易日中,发生过426次"三只乌鸦",其中196次发生"三只乌鸦"后的次日是下跌的,胜率平均只有46.01%。

有人可能会觉得只看次日一天的数据不能说明问题,那么我们看看发生"三只乌鸦"后5个交易日的情况,在426次"三只乌鸦"中,5天后下跌的次数是187次,胜率是43.90%,还是不到50%,而且这5天不仅没有下跌,平均还上涨了0.25%。

那么是不是可以说,"三只乌鸦"的出现不是预示着下跌,而是上涨呢?也不是,这4240个交易日中一共有2259个交易日是上涨的,上涨的胜率高达53.28%,平均每天上涨0.05%;5日上涨率平均高达0.25%,这也容易理解,因为长期来看,股市本来就是向上的。所以,从"三只乌鸦"的历史回测数据来看,发生"三只乌鸦"后,并不预示着一定下跌或者一定上涨。

和"三只乌鸦"相反是"红三兵",即每天的收盘价都比前一天高,预示着市场将开启上涨趋势。我们再回测验证一下。

表 11-2　沪深 300 的"三只乌鸦"（截至 2022 年 6 月 17 日）

年份	总数/只	上涨数/只	胜率/%	日涨平均/%	5日涨平均/%	"三只乌鸦"数/只
2005	242	118	48.76	-0.02	-0.10	26
2006	241	156	64.73	0.34	1.64	12
2007	242	160	66.12	0.43	2.19	9
2008	246	109	44.31	-0.39	-1.89	44
2009	244	158	64.75	0.30	1.43	10
2010	242	121	50.00	-0.04	-0.20	28
2011	244	115	47.13	-0.11	-0.54	34
2012	243	119	48.97	0.04	0.17	29
2013	238	114	47.90	-0.02	-0.10	39
2014	245	130	53.06	0.18	0.87	24
2015	244	138	56.56	0.05	0.34	17
2016	244	127	52.05	-0.04	-0.22	22
2017	244	137	56.15	0.08	0.41	21
2018	243	114	46.91	-0.11	-0.55	42
2019	244	127	52.05	0.13	0.64	19
2020	243	137	56.38	0.11	0.53	19
2021	243	127	52.26	-0.02	-0.03	19
2022	108	52	48.15	-0.12	-0.64	12
合计	4240	2259	53.28	0.05	0.25	426

年份	次日下跌数/只	胜率/%	平均上涨/%	一周后下跌/只	胜率/%	平均上涨/%
2005	12	46.15	-0.11	10	38.46	0.77
2006	7	58.33	0.05	5	41.67	1.16
2007	3	33.33	1.06	4	44.44	-1.10
2008	24	54.55	-0.05	24	54.55	-0.53
2009	3	30.00	0.19	4	40.00	1.26
2010	15	53.57	-0.21	14	50.00	-0.65
2011	16	47.06	0.09	17	50.00	0.34
2012	16	55.17	0.05	10	34.48	0.64
2013	21	53.85	-0.39	22	56.41	-0.85
2014	8	33.33	0.40	10	41.67	1.30
2015	6	35.29	0.99	6	35.29	2.70
2016	9	40.91	0.12	9	40.91	0.12
2017	8	38.10	0.15	5	23.81	0.67
2018	22	52.38	-0.12	23	54.76	-0.22
2019	6	31.58	0.49	4	21.05	1.78
2020	8	42.11	-0.14	8	42.11	-0.13
2021	6	31.58	0.26	4	21.05	1.10
2022	6	50.00	-0.23	8	66.67	-1.99
合计	196	46.01	0.06	187	43.90	0.25

表 11-3　沪深 300 的"红三兵"（截至 2022 年 6 月 17 日）

年份	总数/只	上涨数/只	胜率/%	日涨平均/%	5日涨平均/%	红三兵数/只
2005	242	118	48.76	-0.02	-0.10	22
2006	241	156	64.73	0.34	1.64	64
2007	242	160	66.12	0.43	2.19	73
2008	246	109	44.31	-0.39	-1.89	22
2009	244	158	64.75	0.30	1.43	60
2010	242	121	50.00	-0.04	-0.20	25
2011	244	115	47.13	-0.11	-0.54	27
2012	243	119	48.97	0.04	0.17	28
2013	238	114	47.90	-0.02	-0.10	28
2014	245	130	53.06	0.18	0.87	40
2015	244	138	56.56	0.05	0.34	47
2016	244	127	52.05	-0.04	-0.22	34
2017	244	137	56.15	0.08	0.41	39
2018	243	114	46.91	-0.11	-0.55	25
2019	244	127	52.05	0.13	0.64	25
2020	243	137	56.38	0.11	0.53	44
2021	243	127	52.26	-0.02	-0.03	27
2022	108	52	48.15	-0.12	-0.64	10
	4240	2259	53.28	0.05	0.25	640
年份	上涨数/只	胜率/%	平均上涨/%	5日上涨/只	胜率/%	平均上涨/%
2005	8	36.36	-0.09	14	63.64	-0.02
2006	39	60.94	0.12	46	71.88	0.34
2007	49	67.12	0.22	55	75.34	0.43
2008	9	40.91	-1.36	6	27.27	-0.39
2009	36	60.00	0.07	44	73.33	0.30
2010	11	44.00	-0.18	16	64.00	-0.04
2011	14	51.85	0.02	14	51.85	-0.11
2012	12	42.86	-0.17	15	53.57	0.04
2013	14	50.00	-0.10	12	42.86	-0.02
2014	27	67.50	0.67	28	70.00	0.18
2015	22	46.81	0.09	23	48.94	0.05
2016	21	61.76	0.30	20	58.82	-0.04
2017	21	53.85	0.06	22	56.41	0.08
2018	12	48.00	0.02	11	44.00	-0.11
2019	14	56.00	0.18	12	48.00	0.13
2020	24	54.55	0.27	28	63.64	0.11
2021	9	33.33	-0.25	8	29.63	-0.02
2022	4	40.00	0.09	5	50.00	-0.12
	346	54.06	0.06	379	59.22	0.05

同样用沪深 300 作为标的，总计 4240 个交易日中，共发生了 640 次"红三兵"，次日上涨 346 次，胜率是 54.05%，虽然超过了 50%，但这 4240 个交易日中本来就有 2250 个交易日是上涨的，上涨的概率是 53.28%。也就是说，在一个胜率是 53.28% 的集合中，通过"红三兵"选择出了胜率是 54.06% 的策略，基本上选择是无效的。

再看看 5 个交易日后的数据，"红三兵"的胜率是 59.22%，平均上涨 0.05%，与全体 5 个交易日平均上涨 0.25% 相比，涨幅还小了，说明选择也是无效的。

从上面的回测我们可以得到一个结论：不管是"三只乌鸦"还是"红三兵"，都不能作为判断市场上涨或者下跌的依据。造成这种情况最根本的原因是中国股市长期还是趋向上涨的。

那么这些股市谚语是怎么来的呢？笔者相信历史上肯定多次发生过"三只乌鸦"后下跌或者"红三兵"后上涨的现象。就像传统有说法认为，看到喜鹊叫，发生了喜事，于是就把喜鹊叫总结成吉兆；看到乌鸦叫，发生了一件不吉利的事，就把乌鸦叫总结成凶兆。

这就是量化投资和传统投资方法最大的区别，传统方法是老股民和专家根据过去的数据总结出一些类似"三只乌鸦"和"红三兵"的规律，殊不知时过境迁，这些规律可能也会失效。

那么过去失效的这些谚语，将来会不会有效呢？笔者相信大概率也不会有效。量化投资相信实践是检验真理的唯一标准，不相信任何专家，只相信数据、相信自己。学会这种方法论，在股市中你会受益匪浅。

低市盈率策略

上面我们讲了经过量化回测无效的例子,那有没有有效的例子呢?我们来看一个低市盈率策略。我们利用果仁网进行回测,选取A股市场市盈率最低的20只股票,每10个交易日轮动一次,交易成本为单向收取2‰的费用,从2007年初回测到2022年6月17日,结果如表11-4所示。

表11-4 低市盈率策略回测数据(截至2022年6月17日) %

年 份	沪深300	低市盈率策略	跑 赢
2007	157.53	277.63	120.10
2008	-65.95	-64.87	1.08
2009	96.71	159.46	62.75
2010	-12.51	-8.91	3.60
2011	-25.01	-10.22	14.79
2012	7.55	27.37	19.82
2013	-7.65	3.21	10.86
2014	51.66	81.71	30.05
2015	5.58	23.25	17.67
2016	-11.28	1.98	13.26
2017	21.78	15.15	-6.63
2018	-25.31	-19.37	5.94
2019	36.07	22.80	-13.27
2020	27.21	-11.76	-38.97
2021	-5.20	-19.03	-13.83
2022	-12.78	-1.86	10.92
总收益率	107.88	575.73	467.85
年化收益率	4.85	13.17	8.32

15年多的时间，沪深300的年化收益率是4.85%，而这个最简单的低市盈率策略的年化收益率是13.17%，每年跑赢8.32%，看起来既简单又美好，但我们仔细看每年的情况，就不那么乐观了。

2007—2016年，每年低市盈率策略少则跑赢1.08%，多则跑赢120.10%，平均每年跑赢29.40%，平均年化收益率高达23.79%，已经是非常好的一个策略了。

但2016年后就发生了变化，除2018年低市盈率策略勉强跑赢了5.94%外，2017年、2019年、2020年、2021年四年都跑输，跑输最严重的2020年，沪深300涨了27.21%，低市盈率策略还跌了11.76%。假设你是参考了2007—2016年10年的数据，觉得低市盈率策略都跑赢了沪深300，而且低市盈率策略的逻辑够硬，买便宜的总没错，于是就下决心做低市盈率策略了，那么2017—2021年这5年，低市盈率策略最终会让你亏损18.54%，而同期沪深300涨了49.26%，低市盈率策略会严重跑输大盘。

但到了2022年，截至6月17日，沪深300又大跌了12.78%，低市盈率策略只跌了1.86%，又开始跑赢指数了。当然半年的时间还不好说，但至少看到了一丝反弹。

再好的逻辑，历史回测数据再漂亮，我们都要考虑未来市场的趋势，不能盲目使用历史上看上去不错的回测数据。

北上资金策略

我们上一节讨论的低市盈率策略是有强逻辑的,如果一种策略没有那么强的逻辑,只是符合统计规律,能不能用呢?下面我们再来看北上资金策略。

这个策略的回测还是用果仁网平台,选择的条件是 61 天北上资金净流入的前 20 名,61 天轮动一次,单向佣金的 2‰,从 2018 年初回测到 2022 年 6 月 17 日。另外我们还选择了高管增持、机构环比增长、十大股东环比增长、国家队环比增长、社保环比增长 5 个因子作为对比。

从表 11-5 来看,北上资金策略的收益是最好的,年化收益率 16.07%,好于其他 5 个因子。在其他 5 个因子中,最差的是高管增持,年化是 −2.88%,最好的社保环比增长率 10.45%,但也明显弱于北上资金策略。

表 11-5 北上资金策略回测数据(截至 2022 年 6 月 17 日)   %

年 份	沪深 300	北上资金	高管增持	机构环比增长
2018	−26.34	−19.74	−33.77	−35.48
2019	36.07	60.06	−9.24	26.06
2020	27.21	58.84	51.00	19.31
2021	−5.20	17.65	17.88	43.28
2022	−12.78	−19.09	−17.96	−17.08
总收益	5.42	94.22	−12.22	15.29
年化收益	1.19	16.07	−2.88	3.24

续表

年 份	十大股东环比增长	国家队环比增长	社保环比增长
2018	-32.79	-31.64	-24.01
2019	22.96	37.99	42.64
2020	18.51	42.02	44.83
2021	36.16	-5.38	17.39
2022	-16.67	-15.92	-15.46
总收益	11.12	6.58	55.79
年化收益	2.39	1.44	10.45

其中的原因，大概是因为北上资金的数据都是每天及时公布的，而机构等数据都是在季报年报中披露的，及时性相差很多。北上资金还实时披露了整体资金的流入流出，虽然北上资金相对整个A股市场的比重并不大，但因为是实时数据，反而成为很多投资者的风向标。

但进入2022年，虽然只有半年的统计数据，但不管是机构策略还是北上资金策略，都跑输了沪深300，这说明什么呢？这说明2022年跌的股票大部分都是机构和北上资金的重仓股。在前几年机构策略和北上资金策略的推动下，它们的重仓股相比较沪深300有了超额收益，但成也萧何，败也萧何，跌的时候可能会引起这些重仓股的踩踏。

用 Excel 做量化

现在可以用来做量化的工具非常多，这里我是想介绍一下 Excel，我们怎么用 Excel 来做量化回测呢？我们就以前文提到的"三只乌鸦"为例来详细说明。

首先我们要找到沪深 300 的原始数据，这个比较容易做到，一般的炒股软件里都有，让屏幕显示日 K 线，然后导出数据，选择 Excel 格式，保留日期和收盘价两列。这时的日期还不是真正的日期格式，而是文本格式，需要进行转换，笔者一般用"TRIM(日期)+0"，TRIM 函数是去掉了原来日期中的空格，+0 是变成数字格式。

如表 11-6 所示，除了 A 列的日期和 B 列的沪深 300 的每天收盘点位外，我们还需要计算一些数据：

（1）C 列是日涨幅，公式 = 当天收盘点位 / 前一天收盘点位 -1

（2）D 列是 5 日涨幅，公式 = 当天收盘点位 / 前 5 天收盘点位 -1

（3）E 列是年份，公式 =year(日期)

（4）F 列是"三只乌鸦"发生后的次日涨幅，公式 =if(and(昨天涨幅 <0, 前天涨幅 <0, 大前天涨幅 <0), 当天涨幅 ,"")，也就是说如果发生了"三只乌鸦"，则返回当天涨幅，否则就返回空。

（5）G 列是"三只乌鸦"发生后的 5 日涨幅，公式 =if(F 列不为空 ,5 日涨幅 ,"")

表 11-6 "三只乌鸦"回测实例示意

A	B	C	D	E	F	G	H	I
日 期	收盘点位	日涨幅/%	5日涨幅/%	年份	"三只乌鸦"/%	"三只乌鸦"一周后/%	"红三兵"/%	"红三兵"一周后/%
2004-12-31	1000.00							
2005-1-4	982.79	-1.72		2005				
2005-1-5	992.56	0.99		2005				
2005-1-6	983.17	-0.95		2005				
2005-1-7	983.95	0.08		2005				
2005-1-10	993.87	1.01	-0.61	2005				
2005-1-11	997.13	0.33	1.46	2005				
2005-1-12	996.74	-0.04	0.42	2005			-0.04	-2.25
2005-1-13	996.87	0.01	1.39	2005				
2005-1-14	988.30	-0.86	0.44	2005				
2005-1-17	967.45	-2.11	-2.66	2005				
2005-1-18	974.68	0.75	-2.25	2005				
2005-1-19	967.21	-0.77	-2.96	2005				
2005-1-20	956.24	-1.13	-4.08	2005				
2005-1-21	982.60	2.76	-0.58	2005				
2005-1-24	998.13	1.58	3.17	2005				
2005-1-25	997.77	-0.04	2.37	2005				
2005-1-26	989.92	-0.79	2.35	2005				
2005-1-27	974.63	-1.54	1.92	2005				
2005-1-28	969.20	-0.56	-1.36	2005	-0.56	1.91		
2005-1-31	954.87	-1.48	-4.33	2005	-1.48	4.92		
2005-2-1	955.95	0.11	-4.19	2005	0.11	7.20		
2005-2-2	1006.91	5.33	1.72	2005				
2005-2-3	993.21	-1.36	1.91	2005				

后面的"红三兵"类似"三只乌鸦"。

完成了这个 sheet 表后,我们就可以在表 11-7 里进行统计了。

(1)年份:从 2005 年到 2022 年。

(2)总数:每年的交易日数。B2=COUNTIFS('000300'!E:E,A2)。

表 11-7 "三只乌鸦"统计（截至 2022 年 6 月 17 日）

年份	总数 / 只	上涨数 / 只	胜率 /%	日涨平均 /%	5 日涨平均 /%	"三只乌鸦"数 / 只
2005	242	118	48.76	-0.02	-0.10	26
2006	241	156	64.73	0.34	1.64	12
2007	242	160	66.12	0.43	2.19	9
2008	246	109	44.31	-0.39	-1.89	44
2009	244	158	64.75	0.30	1.43	10
2010	242	121	50.00	-0.04	-0.20	28
2011	244	115	47.13	-0.11	-0.54	34
2012	243	119	48.97	0.04	0.17	29
2013	238	114	47.90	-0.02	-0.10	39
2014	245	130	53.06	0.18	0.87	24
2015	244	138	56.56	0.05	0.34	17
2016	244	127	52.05	-0.04	-0.22	22
2017	244	137	56.15	0.08	0.41	21
2018	243	114	46.91	-0.11	-0.55	42
2019	244	127	52.05	0.13	0.64	19
2020	243	137	56.38	0.11	0.53	19
2021	243	127	52.26	-0.02	-0.03	19
2022	108	52	48.15	-0.12	-0.64	12
合计	4240	2259	53.28	0.05	0.25	426

年份	次日下跌数 / 只	胜率 /%	平均上涨 /%	一周后下跌	胜率 /%	平均上涨 /%
2005	12	46.15	-0.11	10	38.46	0.77
2006	7	58.33	0.05	5	41.67	1.16
2007	3	33.33	1.06	4	44.44	-1.10
2008	24	54.55	-0.05	24	54.55	-0.53
2009	3	30.00	0.19	4	40.00	1.26
2010	15	53.57	-0.21	14	50.00	-0.65
2011	16	47.06	0.09	17	50.00	0.34
2012	16	55.17	0.05	10	34.48	0.64
2013	21	53.85	-0.39	22	56.41	-0.85
2014	8	33.33	0.40	10	41.67	1.30
2015	6	35.29	0.99	6	35.29	2.70
2016	9	40.91	0.12	9	40.91	0.12
2017	8	38.10	0.15	5	23.81	0.67
2018	22	52.38	-0.12	23	54.76	-0.22
2019	6	31.58	0.49	4	21.05	1.78
2020	8	42.11	-0.14	8	42.11	-0.13
2021	6	31.58	0.26	4	21.05	1.10
2022	6	50.00	-0.23	8	66.67	-1.99
合计	196	46.01	0.06	187	43.90	0.25

（3）上涨数：每年中每天上涨的数量。C2=COUNTIFS('000300'!C:C,">0",'000300'!E:E,A2)。

（4）胜率：每年上涨的比例。D2=C2/B2。

（5）日涨平均：每天涨幅的算术平均值。E2=AVERAGEIFS('000300'!C:C,'000300'!E:E,A2)。

（6）5日涨平均：每5天涨幅的算术平均值。F2=AVERAGEIFS('000300'!D:D,'000300'!E:E,A2)。

（7）"三只乌鸦"数：发生"三只乌鸦"的股票总数。G2=COUNTIFS('000300'!F:F,">=0",'000300'!E:E,A2)+COUNTIFS('000300'!F:F,"<0",'000300'!E:E,A2)。

（8）次日下跌数：发生"三只乌鸦"后次日下跌的数量。H2=COUNTIFS('000300'!F:F,"<0",'000300'!E:E,A2)。

（9）胜率：发生三只乌鸦后次日继续下跌的比例。I2=H2/G2。

（10）平均上涨：发生"三只乌鸦"后的次日平均上涨。J2=AVERAGEIFS('000300'!F:F,'000300'!E:E,A2)。

（11）一周后下跌：发生"三只乌鸦"后5个交易日内累计下跌的数量。K2=COUNTIFS('000300'!G:G,"<0",'000300'!E:E,A2)。

（12）胜率：发生"三只乌鸦"后5个交易日累计继续下跌的比例。L2=K2/G2。

（13）平均上涨：发生"三只乌鸦"后的5个交易日内平均上涨率。M2=AVERAGEIFS('000300'!G:G,'000300'!E:E,A2)。

这样我们就完成了对"三只乌鸦"发生后的次日和5个交易日内的胜率和赔率的回测,"红三兵"的回测也类似,这里就不再赘述了。

整个回测过程基本只用到了初中的数学知识,可能大量的数据会让部分读者感觉有点烧脑,但量化至少可以证伪,让我们不再走弯路。

利用果仁网做回测

现在有很多平台都可以用来量化回测，不过都需要编程的知识。为了解决这个问题，普及量化知识，部分平台也提供了不用编程的量化回测，果仁网就是其中的一个代表。

我们用低市盈率回测的例子来说明一下。

进入果仁网网站，找到"创建策略"里的"股票策略"，如图 11-2 所示。

然后选择"交易模型"，我们可以看到模型 1 是定期轮动，调仓周期（交易日）和最大持仓股票数是可以选择的，比如我们选调仓周期为 5 个交易日，最大持仓股票数为 10 只股票，结果如图 11-3 所示。

在"选股指标"中，有行情、技术指标、财务指标、财报条目、公司、分析师、大盘指标、自定义等，我们选择财务指标，下面又有估值、清偿能力、资本结构、盈利能力、营运效率、成长能力、研发投入、每股指标、最近一年合计 TTM、市值行业中性、业绩评分等选择，我们再进入"估值"，第一个选项就是市盈率。我们在排名条件下选择市盈率从小到大显示。在处理回测里有回测时间，我们选择从这个系统能找到最早数据的 2007 年 1 月 4 日到 2022 年 6 月 20 日（见图 11-4）。

结果我们就得到了图 11-5 所示的回测结果，回测结果可以导出，里面有非常详细的数据，读者可以自行下载。

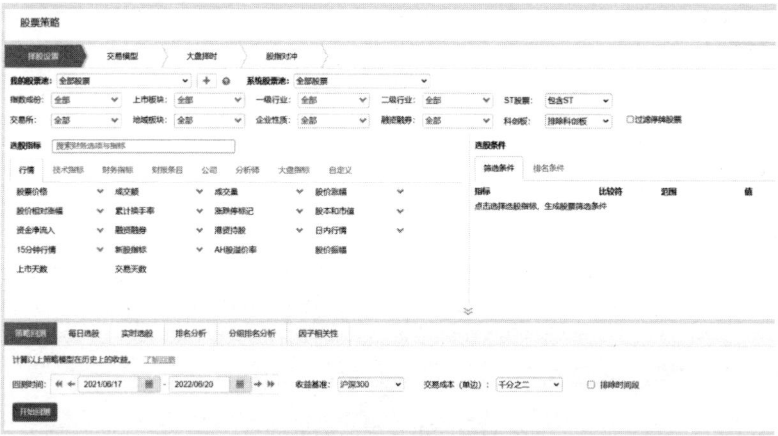

图 11-2 果仁网界面

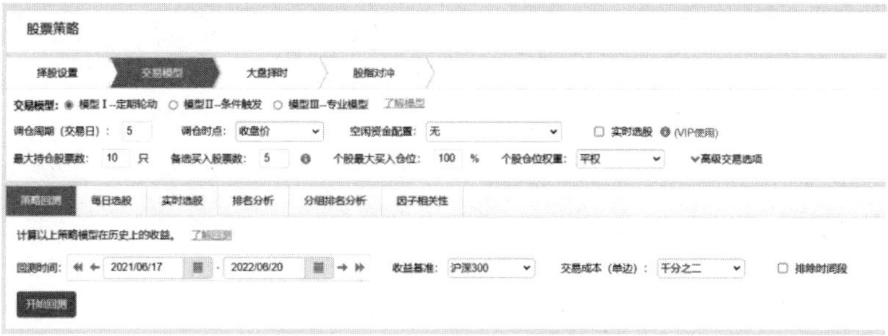

图 11-3 果仁网的交易模型

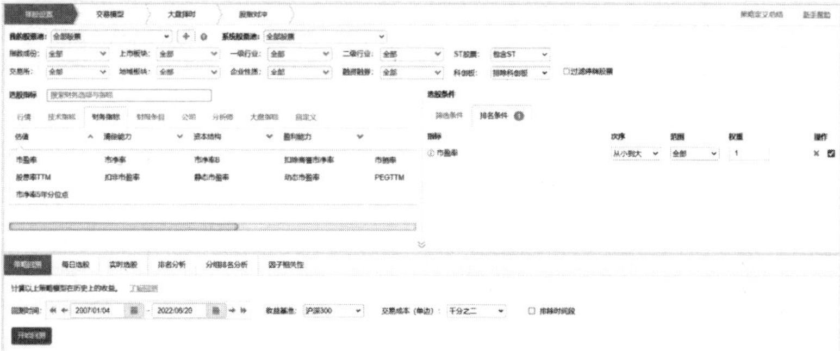

图 11-4 果仁网的财务指标

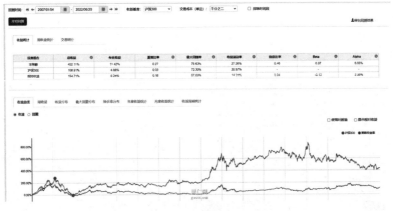

图 11-5　果仁网的回测结果

正确对待量化

量化投资是一种方法论,它认为历史上发生过的事情将来大概率也会发生,通过大量数据的回测,用胜率和赔率来下注。它认为历史上低胜率、低赔率的事情,未来成功的概率也很小,不值得下注。量化投资至少可以证伪很多过去似是而非的想法。

当然,过去很多年的显示有超额收益的量化策略,不管逻辑有多强,都不能代表将来一定成功。具体参见本章低市盈率策略和北上资金市盈率策略回测的例子。

如果你想找一个适用一切的量化策略,基本是不可能的。任何量化策略都不能无脑地使用,还要分析未来的趋势。这种趋势的改变通常是中长期的,以天或者周为单位出现失效也是常见的事情。把握好节奏或者多个策略并行使用,可以比较好地平滑量化投资收益。

第十二章
投资的心理误区

除了学习投资知识,拥有正确的投资心态也非常重要,甚至比投资知识更重要。笔者总结了投资者10种常见的心理误区,以帮助大家克服。

赌博心理

投资通常伴随我们一生，需要慢慢积累。假设你有10万元，如果平均每年能赚12%，40年后这10万元会变成930万元。如果晚投资10年，同样的收益率，10万元就变成不到300万元，整整差了630万元。

如果你年轻的时候不及早开始投资，牛市来了，看到周围人赚了钱又嫉妒，在这种心态下进入股市，很容易产生赌博心理。

在赌博心理的影响下，你会很容易把所有的资金都注入股市，满仓一个品种，甚至使用高杠杆，而这个时候往往已经是牛市的高点。如果碰巧你又赚了点钱，会更加强化这种行为，直到彻底失败为止。

如果硬是把投资和赌博类比，它们有一个相同点，就是都有不确定性。有一部美国电影《决战21点》，就是利用赌场的漏洞，通过严密的胜率和赔率计算，最终战胜了赌场。某种意义上，投资就是寻找高胜率、低赔率的游戏，但不能孤注一掷。

从众心理

初入股市的投资者因为自身不具备相应的投资理念和知识,看周围的人赚钱了,就很容易产生从众心理。别人买什么,自己也买什么。

从众心理不完全错,但投资者也要有自己的独立思考,在学习了投资相关知识后,应该理智地把其他的投资行为作为一种信息进行判断。盲目从众很容易在牛市的疯狂中推波助澜,被套在高高的山冈上。而到了市场的底部,这时大众心理往往是最沮丧的,一味从众反而有可能在底部割肉。

迷信心理

一般来说,大部分专家的水平肯定比普通投资者高,不过,对于他们的言论,我们也应该有自己的独立思考和判断。即使他们说的是正确的,我们也要考虑他们说这些话的前提条件。

比如，巴菲特推崇标普 500 指数基金，而且在与对冲基金经理的十年之约中用标普 500 打败了对冲基金。但巴菲特针对的是美国市场，中国市场由于存在大量的散户交易，获得阿尔法收益的机会要远远多于美国市场，就导致最近几年大量的主动型混合基金反而战胜了指数基金。即使在美国市场，这几年纳斯达克指数基金也远远战胜了标普 500。这里不是巴菲特错了，而是巴菲特的结论是很多年前针对美国市场的。连巴菲特这样伟大投资家的结论都需要进行独立思考和判断，更何况其他的专家呢？

短线心理

持有短线心理的人，喜欢追涨杀跌，并乐此不倦。短线心理特别是超级短线，根本上还是赌博心理造成的。偏爱短线的投资者，要么是因为长线被套，要么是因为看到别人做短线成功了。事实上，频繁的短线操作大概率会亏损，通达信上有个活跃股指数，从 2011 年的最高点一直跌到 2020 年 7 月 27 日，整整跌去了 99%，这还不算每天的交易成本。当然，一个大概率亏损的行为，总会有少量幸存者，甚至还会有人因此赚了大钱。

正是这些极少数赚了大钱的人，给了许多人错误的印象。

心理学有一个名词叫"延迟满足"，很多短线行为爱好者乐此不疲最根本的原因就是不愿意延迟满足。就像打麻将不可能所有玩家都赚钱，股票交易更是如此，如果没有企业的盈利推动，扣除交易成本，零和博弈都算不上。把短线操作作为长期盈利的手段，更是水中月镜中花了。

我们可以通过果仁网模拟一个短线操作的实例。为了防止成交额过小，我们剔除了所有日成交额小于 1000 万元的股票和当天涨跌停的股票，佣金等成本 2‰，选择从 2007 年熊市开始到 2017 年 7 月 7 日，每 20 个交易日轮动一次 10 只换手率最高的股票，如表 12-1 所示，总收益率是 -99.99%，每年平均亏损 46.01%。在这 10 年多的时间里，只有 2009 年、2014 年、2015 年这三年是正收益，其他时间都是负收益，甚至在历史上最大的牛年 2007 年，都因为追高换手的热门股票而导致亏损 3.71%。

表 12-1　高换手率与低换手率投资业绩比较（截至 2022 年 6 月 21 日）　%

年　份	沪深 300	换手率最高	换手率最低	低换手－高换手
2007	157.53	-3.71	161.09	164.80
2008	-65.95	-69.87	-55.94	13.93
2009	96.71	29.40	85.34	55.94
2010	-12.51	-28.75	-20.44	8.31
2011	-25.01	-59.45	-15.55	43.90
2012	7.55	-46.35	4.88	51.23
2013	-7.65	-29.59	1.70	31.29
2014	51.66	30.43	55.74	25.31
2015	5.58	11.87	-7.95	-19.82
2016	-11.28	-39.17	2.62	41.79
2017	21.78	-63.83	17.13	80.96

续表

年 份	沪深300	换手率最高	换手率最低	低换手－高换手
2018	-25.31	-72.59	-17.36	55.23
2019	36.07	-67.46	15.08	82.54
2020	27.21	-61.98	-7.47	54.51
2021	-5.20	-58.16	28.85	87.01
2022	-12.44	-61.03	-4.26	56.77
总收益	108.67	-99.99	185.88	285.87
年化收益	4.87	-46.01	7.03	53.04

我们再来看看相反的结果，如果每天换的不是最热门的股票，而是最冷门的股票，结果又会怎样呢？我们还是平均持有10只当天换手率最低的冷门股票，还是20个交易日轮动一次，单向成本2‰，15年多累计收益率是185.88%，不仅远远跑赢了追热门的高换手率策略，还跑赢了沪深300。分年看，低换手率策略有9年跑赢沪深300，7年跑输。如果与高换手率策略相比，除了2015年跑输，低换手率其他15年全部跑赢。这就是残酷的真相，追热门付出的代价不可谓不高。

可惜的是，换手率最高的股票交易，绝大部分都是来自散户，这也充分说明大部分投资者的认知都存在误区，绝大部分散户都成了高换手率股票的牺牲品。

大部分普通投资者囿于各种局限，成不了短线高手，况且高手里面还有一部分人是在利用信息、资金等优势在做市，这更是普通投资者做不到的。

炒消息心理

部分投资者因为缺乏投资知识，无法进行理性判断。除了受周围的人以及专家影响，还容易受消息面的影响。其中有个很重要的问题是，很多人没有判断消息是短期的影响还是长期的影响、是心理层面上还是对业绩有实质性的，以及股价是否存在过度反应等。

与短线心理类似，这种炒消息的行为，也只有个别提前介入、提前退出的人受益，而我们中的大部分人根本不可能成为这样的少数幸存者。

贪婪心理

有的投资者看好某只股票，或者看到某个板块或者风格盛行，就全仓压上，甚至意犹未尽还加杠杆，或者去做场外配资。只要有一点牛市的味道，这些场外的高杠杆配资就屡见不鲜。这就是笔者所说的贪婪。

贪婪有时还表现在，有的投资者试图让每一个买入的品种都盈利。当然这种愿望是好的，但理性思考后就知道无法做到。贪婪的投资者遇到亏损的品种会采取死守或者补仓降低成本等方法，而不顾这个品种本身的质地及未来的趋势，始终做不到忘记成本，而长期浮亏的品种一旦略有盈利就进行所谓的止盈操作。结果即使有盈利的品种也只是微利，对被套的品种则美其名曰：长期投资。

贪婪心理还体现在下跌时的痛苦程度要远远超过上涨时的愉悦程度，如果某个品种上涨后跌回原点，这样投资者感受最多的就是痛苦。贪婪心理会导致投资者每天都陷于后悔和懊恼的情绪中，反而忘记了自己投资的真正目的。

恐惧心理

和贪婪心理不同，恐惧心理同样有害。有的投资者在牛市极度贪婪，到熊市又会极度恐惧，对同样的消息会进行完全不同的解读。投资的恐慌心理，主要还是投资者对持有品种未来走势的不确定性导致的。即使持有的是债券或可转债，到期时间确定、价格确定，还是会有很多人对过程中的下跌产生恐慌心理，这样的投资者即使学习了一些技术指标，结果发现典型的技术指标下跌后变得更加恐惧，殊不知这些技术指标只是过去经验的总结，并不一定准确，而且有些成交量不是很活跃或者被控制的股票，有时还会故意做出下跌趋势引导散户割肉，凡此种种，屡见不鲜。

要战胜恐惧和贪婪这两个敌人是非常困难的，我们不如换个思路想想，既然无法彻底战胜，不如想想如何以其之矛，攻其之盾。就像人类通过把病毒制成疫苗从而使人获得免疫能力，那我们怎么接种投资的"疫苗"呢？我们可以在市场大涨忍不住要加仓时，复习一下过去自己和别人的类似案例，看看大涨追高的结果是怎样的；同样，在市场大跌别人都开始割肉时，看看历史上大跌后割肉的结果又是怎样的。当然，疫苗要在没感染病毒时接种才管用，投资也一样，平时有空就复习一下那些用钱换来的经验，才能有"免疫力"，才能抓住更大的机会。

锚定心理

出于对未来不可知的恐惧，我们很喜欢在决策时找一个参照物。比如去市场买东西，如果不熟悉价格，会很容易发生讨价还价，摊贩可能会故意开一个比较高的价格让你砍价，最后即使事实上你买贵了，还是会因为锚定的是摊贩开出的高价而觉得自己占了大便宜。

投资中也一样，有人卖出的理由就是觉得自己赚钱了，有5%、10%的收益就可以止盈，殊不知股票价格的涨跌和你的持仓成本基本没什么关系。如果股票的基本面发生了恶变，股价下跌并不会因为你的持仓成本的高低而停止下跌甚至反弹。凡此种种，都是锚定效应导致的误区。

投资中说得比较多的"沉没成本"，指的是已经付出且不可收回的成本。实际投资实践中，对已经买入的股票、基金、债券，我们要忘记成本！但很多人总是念念不忘自己的买入成本，其表现如下：一曰死扛，二曰补仓，三曰止盈，四曰止损。具体举例来说。

如果持有 A、B 两只股票，买入的成本价都是 10 元，现在 A 涨到 12 元，B 跌到 8 元，一般人受锚定效应的影响，总是卖出赚钱的 A 保留亏钱的 B，我们称之为甲方案；另外还有一种相反的乙方案，就是卖出 B 保留 A。那么后面会出现 4 种可能：

（1）A 涨 B 涨，A 到 14 元，B 到 10 元，甲、乙方案持平；

（2）A 涨 B 跌，A 到 14 元，B 到 6 元，乙方案胜；

（3）A 跌 B 跌，A 到 10 元，B 到 6 元，甲、乙方案持平；

（4）A 跌 B 涨，A 到 10 元，B 到 10 元，甲方案胜。

所以最终的结果完全取决于是 A 胜过 B 还是 B 胜过 A，与过去 A 盈利还是 B 盈利毫无关系。如果要操作，唯一要做的事情，就是预估 A 和 B 未来的涨跌。理智的做法是，如果预期 A 胜过 B，就采用乙方案，卖出 B 保留 A；如果预期 B 会胜过 A，就采用甲方案，卖出 A 保留 B。

除了甲和乙方案，还有更好的方案吗？当然有，就是把视野放大到 4000 多只股票中，如果有超过 A 和 B 的 C 股票，就把 A 和 B 全部卖了买入 C，如果 A 或者 B 或者它们在几千只股票中预期都不错，只需要继续持有就可以了。

要对近 4000 多只股票进行比较，解决之道还得是通过量化的手段，把我们想的选股思想通过电脑去检验是否可行，不断演练再去实战验证、不断修正，以取得更好的效果。这就是为什么现在国外量化投资越来越流行，使用率越来越超过传统投资方法。

有人可能会问，怎么能找到永远比持有的股票多涨 10% 的股票呢？这当然和个人的能力圈有很大关系，如果只盯着手中的股票，最好的策略就是涨的时候持有这只股票，跌的时候空仓，依然很难跑赢涨得多的股票；如果能力圈扩大到上百只股票，选出优秀股票的可能性就会大很多；如果用量化策略把 4000 多只股票一网打尽，选出优秀股票的可能性就非常大了；如果把债券、可转债、基金等全部包含在内，那你就有可能在 2008 年熊市买的是债券、2014 年买的是可转债、2015 年暴跌时买的是分级 A、2021 年买的是可转债。

总之，忘记沉没成本，向前看才能赚得更多。我们要算的是大账，而不是持有品种的得失这样的小账。如果你只盯着自己持有的品种，就像孙悟空不管怎么折腾都逃不出如来佛的手掌心，难有更大的收益。

惯性心理

心理学有一个名词叫近因效应，是指最近一次成功或者失败的经历对个体的影响很大。殊不知你遇到的只是个案，并不具备普遍意义。

2019—2021年基本上都属于牛市，有一部分人运气比较好赚了钱，长期的牛市使得有些人的心理膨胀，把周期当作常态，不断加仓甚至满仓满融地加满杠杆，结果遇到2022年开始的赛道股踩踏式的大跌，不仅当年亏损，还回吐了前几年的盈利，更有极少数投资者因此而爆仓，一夜之间回到原点。

笔者在投资中也多次吃过惯性心理的亏。比如，2008年大熊市靠债券获得了很好的收益，到2009年"4万亿"行情来了还是固守熊市的债券思维模式，结果错失了一次大牛市。之前成功的经验就一直使用，失败了就再也不敢碰，这就是把个案当成普遍规律，殊不知外界条件一变，之前的经验就会失效。

不管是时间维度还是空间维度，都存在距离越近，影响越大的现象。股市也是一样。

喜新厌旧心理

和惯性正好相反的是喜新厌旧心理。过去股市炒新股屡见不鲜，主要是新股上面没有套牢盘，很多人不讲基本面不讲估值，一个劲地往上炒，直到由于某种原因崩盘。这些人总觉得只要自己不去接最后一棒就可以了，但这次你没接，不代表将来不接，刀口舔血的活不是好干的。

基金投资中也存在一个怪现象，就是人们喜欢买新基金。原因有以下几个：一是受客户经理的影响，或者受基金公司宣传的影响；二是觉得老基金净值高，太贵，不如新基金的净值从1开始算起。

一般情况下，笔者不建议去买新的基金，特别是新的主动型基金。因为指数基金还有历史的指数可以追溯，主动型基金虽然可以根据基金经理过往的业绩来推测，但如果你这么相信这个基金经理，为什么一定要去认购新的基金而不去买他的老基金呢？新基金还有一个募集期，资金到账后还要建仓，一般除非有不同主题，同一个基金经理不同基金的持仓大概率会重叠。

有人觉得新基金净值从1算起比较便宜，这更是一个误区。举例来说，如果我们假定新老基金都只持有茅台，茅台2000元一股，那么新基金净值是1，1份基金就相当于1/2000份额的茅台，而老基金净值是2，1份基金就相当于持有1/1000份额的茅台，如果你花了2000元买了2000份新基金，就相当于买了1股茅台，但如果你花2000元买了1000份老基金，一样相当于买了1股茅台。虽然老基金看起来净值高，但其实价值与新基金是一样的。

后　记

和中国资本市场一起成长

　　1990 年，中国资本市场诞生。当时的静安交易所离我家很近，但当时我除了买国库券，股票我是不敢去碰的，我总觉得这是一个投机的品种。

　　作为一个上海人，我 48 岁才进入中国投资市场，是相当晚的，这要从第一次买认购证开始。当时我记得是 1992 年，我的月工资才 100 多元，一张认购证就要 30 元，还不知道能不能中签，也不知道中了后市场价格到底是多少。要拿出三分之一的工资买一张可能是废纸的东西，我好不容易下定决心，结果接待我的银行员工说让我等等，本来我就很犹豫，就干脆放弃了。结果与 10 000 元失之交臂。

第二次买认购证的时候我还是没钱，是和同事一起买的，但非常不幸地中了一个上海石化，5元的认购证成本，加上3元的价格，一共是8元的总成本，结果它从1993年上市一直到2007年的大牛市，整整14年都再没到过这个价格，我一气之下全部割肉之后很长时间再也没碰过股市。

2005年，股市已经连续跌了好几年，都说股市快要见底了。有一天，我路过徐家汇的招商银行，那里放着块牌子在做开户的广告，我就稀里糊涂去开了户，对方问我是否要开深圳的，当时什么都不懂，最后才知道这家招商证券的营业部竟然是在深圳。

但因为我那时候不懂，开了户也一直没做过交易。2006年，轰轰烈烈的大牛市来了，我也随着投资大军一起投资了基金，当时我的想法很简单，与其到证券公司、银行去买基金公司的基金，不如直接去基金公司买基金。2006年9月开始，我陆续买了招商成长、摩根中国优势等当时的牛基。

2006年底，一个偶然的机会，我看到媒体上介绍封基，当时很多封基都是打了对折在卖，年底我好不容易买了100股基金景阳，因为不放心是否能卖出以及卖出后钱是否会到账，没过多久我就卖出了。当时我还对封基一无所知，甚至媒体公布的净值和市价的差异都搞不懂，只知道打折便宜，当时的水平可想而知。

2007年初，轰轰烈烈的牛市终于来了。我当时想卖掉一套房子后做启动资金，但自己什么都不懂，唯一的办法就是加强学习，从和讯论坛到东方财富网及各大网站，我知道了"封基教主"胡立峰，知道了封基的净值是一周公布一次，平时看到的是市价,知道了影响价格的因素有净值的增长、折价率、分红比例、到期年化收益率,等等。有一天我突发奇想:能不能建个模型,预测动态的净值,然后根据这些因子合并成一个综合分,回测历史数据,使得历史上这样的加权分对应的综合分最高时,收益率也最高?

我是在2007年建立了自己的封基量化模型,当年很少有人做量化模型,我的量化模型完全来自工作中。当时我负责联想的华东区服务业务,管理着上海、安徽、江苏、江西、浙江、福建五省一市的服务,大部分服务站和工程师都不在上海,即使出差也很难时刻在现场,所以我们就为服务站和工程师建立了一套评价体系。我做封基量化模型,就是受这个模型的启发。

我建立了至少三年封基数据的模型,调整模型的各个因子,使得目标值最佳。所谓最佳,不一定是收益率最高,可能还要加上回撤最小、收益率最稳定(如最近3年不出现忽高忽低的情况)。我还是用最原始的办法:用Excel写代码,再一句句调试。后来因为做得多了,速度甚至能和专用工具媲美,缺点就是会漏掉最佳点,不过对大部分小散户来说已经足够了。

当时我还不知道,这样的做法就是量化投资的雏形。当时因为投资做封基的很多人还是看着上周五的净值在做,净值预测还非常少而且也不准,我基本上每周五下午换基,周一总是大获全胜。工作和投资上的双赢使得我有点飘飘然了,总以为天下没有解决不了的问题。

古人说得好,月圆则亏,水满则溢,问题马上来了。2006年的牛市,让我积累了大量的分红,而2007年又是第二个大牛市,当时一分红就是以元为单位,分红后我就填权,财富急剧增加，当时我只恨自己钱少。那一年虽然经过 5 月 30 日、6 月 4 日等暴跌，但我还是实现了整整 180% 的收益，收获了自己人生意义上投资的第一桶金。2007 年封基分红的辉煌，可以说前无古人，后无来者，2008 年虽然也积累了大量的分红，但乐极生悲，悲剧终于拉开了序幕。

大盘在 2007 年 10 月到了高点，封基和小盘是在 2008 年 1 月到的高点。当时我已经意识到风险了，但还是觉得那么多分红是我坚持下去的一个很厚的安全垫，记得我还在东方财富网上发表文章，详细计算了这些分红和对应的折价能够抗多少暴跌。2008 年 1 月 21 日暴跌 5 个多点，1 月 22 日暴跌 7 个多点，1 月 28 日又暴跌 7 个多点，我一直扛到 3 月 18 日，在看不到未来的悲观情绪的驱动下，终于把所有的封基全部清仓了。

当时，我的情绪沮丧到了极点，但后来大盘继续下探，人性幸灾乐祸的劣根性反而让我的心情好了点。当时大盘虽然暴跌，但有一个品种还是逆势而涨的，就是债券。我从头学习了债券的所有知识，包括看似简单其实复杂万分的 YTM 的各种算法，也结识了不少好友。当时我做债券就建立了按照 YTM 轮动的模型，买了 08 青啤债、08 康美债，以及当时受诟病但后来给我带来巨大财富的 08 新湖债。

2008 年的股市已经跌到 3000 点以下了，我当时的想法很简单，认为我们国家不可能在奥运会期间让股市继续暴跌。这不仅仅是我的想法，也是当时几乎所有中国股民的想法。

8 月 8 日当天，上证指数暴跌 4.47%，第二天是周六，到下周的周一，大部分人都认为国家要出手护盘，谁知周一跌得更厉害，整整跌了 5.31%，我忍痛清仓封基，继续做债券，最后尽管靠债券勉强减少了不少亏损，但还是亏了20%，这也是我投资亏损2年中的其中一年。

2010年，我又重新回到满仓封基轮动模式，当时我想了很多办法，着迷一样地优化着封基量化模型，当年取得29%的收益率，虽然不高，但与大盘下跌14%比，还是跑赢了整整43%。

接下来的2011年依然是个大熊市，跌幅超过21%，很多高手都出现了亏损，2011年9月，甚至出现很多债券因为信用问题导致的暴跌，债券一天的跌幅高达5%，并且连续多天下跌，到9月30日已经出现很多用高杠杆做正回购的爆仓事件。当时我因为做过债券，对中国的债券有相当的了解，在9月30日暴跌的最后一天满仓抄底债券，我记得买了当时跌幅最大、YTM最高的10红谷滩、10红投02等债券，其实9月30日当天已经出现强烈反弹，10月8日开盘后10红谷滩、10红投20等像股票那样一天涨了两三个点，当时我的欣喜无法言表。

复盘这段历史，我觉得成功的关键是经过2008年做了一年的债券，我积累了相当多的债券知识，才敢在2011年9月30日满仓抄底进去。这一年大盘跌了近22%，我却因为满仓抄底债券，不仅挽回了损失，还盈利了5%多。我深深体会到，机会只垂青于时刻准备着的人。如果我当年不具备丰富的债券知识，进场只能是输赢未知的赌博。

2012年，当时我的封基模型已经很成熟了，但投资的敌人出现了，一个叫贪婪，一个叫恐惧。我总想把模型尽量优化，于是拼命修改各项参数，想达到更高的收益率，模型越改越复杂，回测的收益率越改越高，但实盘表现却不尽人意。后来我才知道，我这是犯了过度优化的错误。当目标没达到时，大盘暴跌，恐惧心理又占了上风，我又匆忙加上了跌破多少值清仓，结果弄得动作变形，2012年、2013年这两年我虽然战胜了大盘，但收益率都没超过10%。当时我感到很迷惑，按理说老封基的模型从2007年到2012年、2013年已经经过五六年时间的锤炼，应该非常成熟了，最主要的还是我的心魔在作怪，贪婪和恐惧一直在我左右。

转眼到了2014年，当时我已经开通了债券的正回购，2014年靠债券正回购，最多的时候我上了3倍的杠杆，取得了72.47%的收益。

2014年末，我又突发奇想，统计了所有打新资金释放的情况，发现了一个规律：凡是打新资金释放超过3000亿元的，当天必定大涨，而且无一例外。我当时异常兴奋，一直在数日子，终于等到释放前一天，我清仓了所有品种，为了抵御风险，我买了不少分级基金B，到第二天一早，一开盘果然大涨，我的账面上财富增加的绝对值和相对值都创了新高。

第二次同样打新资金出来超过3000亿元，同样清仓后满仓分级基金B，可惜我猜对了开头，没猜对结尾。当天不仅没有大涨，还下跌了，我一个晚上没睡着觉，第二天醒来做了一个决定，全部割肉！结果割肉没多久，我记得大概最多一个小时，大盘神奇地开始慢慢上涨，到收盘居然大涨收红了，局面让我痛苦万分！但当时我已经全部割肉，无法挽回了。就好像做了一场梦，一笔巨额财产在我手中得而复失。

这是我量化投资历史上最严重的一次打击，我反复思考这个问题，很久才想明白，这就是概率，小概率的黑天鹅事件是永远会发生的，我们永远要做好两手准备。

我的投资理念因为这次黑天鹅事件得到了巨大的升华，这时我的身体却出了问题。多年来巨大的工作压力再加上长期积累的疲劳，我发现自己得了甲状腺癌，尽管后来手术非常成功，但我自己的思想压力特别大，整宿整宿地失眠，刚开始坚持不吃药，到后来身体实在不行了，甚至出现了抑郁的症状。

整整半年，我什么事情都无法静心去做，包括投资。2015年7月我基本恢复，8月我完全恢复了健康，再加上当年下半年股市大跌，我幸运地满仓了分级A，三次大的下折还获得了24%的收益。身体完全恢复后再加上退休后有大量时间，我在雪球网、集思录、东方财富网等平台写了很多帖子。2016年AlphaGo战胜了李世石后量化投资大热，我的量化主题的帖子恰逢这个热点，几乎每次都会被雪球网顶到头条，一下子多了很多粉丝。

2016年后封基接近尾声，我需要找个替代的品种。机缘巧合我发现了果仁网，这是一个可以不用编程就能做量化回测的平台。经过多次回测，我用了历史上效果非常好的小市值策略，2016年的效果非常好，沪深300当年下跌了11.28%，我实盘合计还盈利了18.96%。

2017年对于我是另一个翻天覆地的年份，因为管理层打击壳资源，小市值策略失效，当年虽然我也盈利了4.63%，但与沪深300的21.78%相比跑输甚多。后来我又换成了跟踪港资的策略，但2018年初港资重仓股踩踏，再次出现跑输指数。

痛定思痛，我静下心重新思考投资的本质。我发现自己很多年的盈利都是利用了A股市场存在的无效性，比如，让我获益颇丰的封基，是因为2000—2005年近6年的漫长熊市，使得大家对封基未来的收益丧失了信心，才会出现如此大的折价，提供了千载难逢的机会；债券的刚兑，导致了只要看TYM和修正久期就可以获得非常高的收益；2015年下半年分级A的机会，也是因为市场暴跌，很多人不熟悉特殊的条款而导致的机会。随着市场越来越有效，这样的机会就越来越小，我必须去研究投资的本质，真正通过企业的盈利去获利，和优秀的企业长期为伴。

后来的几年，虽然我陆陆续续修正了自己的策略，但整体策略还是坚持赚企业的盈利，放弃了赚对手的钱的策略。我持有时间最长、盈利最多的无疑就是贵州茅台了，即使2018年10月遇到了茅台历史上唯一一个跌停，我也非常坦然，一方面虽然茅台是我第一重仓股，但没超过20%，一个跌停最多影响2%。另一方面，我觉得2200多元的实际零售价，和969元的出厂价中间有着巨大的空间。即使不调价，只要增加一点直销的比例，都是巨大的利润空间。想明白了这件事情，茅台我就从400多元一路拿到现在的1800多元毫不动摇。

当然，其他股票没有像茅台那样有那么宽的护城河，我也有增减仓位的操作，有的效果很好也有做反的。我的经验是，尽可能谋定而后动，想明白后尽可能少动。看似估值很高的品种，可能市场还会因为惯性继续上涨，反之继续下跌的也不在少数。

但这个策略在2021年受到严重挑战，我当时的第一重仓股贵州茅台，在年初创出2600元的历史高位后一路下跌。我在2021年6月花费了整整一个月的时间回测了可转债的量化模型，过去我也做过可转债，但可转债的数量是从2018年才开始增多的，历史数据太少无法用量化模型，后来一个偶然的机会，我在宁稳网上发现了可转债的历史数据，回测表明，最好的策略年化收益率大概可以达到 70% 以上。当然，这是事后的计算，按照我的经验，大概收益率能有一半 35%，茅台当时的价格是 2000 元左右，到 2600 元需要涨 30%，这个概率肯定不如可转债的收益概率大了。反复计算了可转债回测的数据后，我从 2021 年下半年清仓了茅台、隆基、招行等白马股，全仓了可转债。

从 2021 年下半年起到 2022 年 7 月 29 日，茅台跌了 6.52%、隆基跌了 2.74%，最惨的招行跌了 31.28%，我曾经的前三大重仓股平均下跌了 13.51%。而我清仓这些白马股后换了可转债，13 个月涨了 42.16%。一进一出简单相加差了 55% 以上。

近 16 年的投资经历告诉我，一个策略不可能永远有效，特别是策略表现好的时候，更要警惕它走向反面。

除了投资收益，这几年我最大的收获是在投资上成长的机会。我虽然有近 40 年的职业生涯经验，但与投资的关系都不是很大。一个退休多年的人，能在另外一个和自己过去所在的行业完全不相干的行业里获得成长，这完全得益于互联网的魅力。在互联网上，不管你学历、年龄、出身怎样，只要努力，就都会成长起来。

感恩这个伟大的时代，才使得我的投资理财取得了 25 倍的收益，感谢中国资本市场 30 多年来的发展给我们普通人提供的机会。